Sven Ottke

Aufgezeichnet von Andreas Lorenz

ICH LEBE MEINEN TRAUM

wero press

wero press

2. Auflage: © März/April 2003 by
Verlag wero press, Inh. Anne Kauer, Schwabenmatten 3, D-79292 Pfaffenweiler

Autor:	Sven Ottke, Karlsruhe
Co-Autor:	Andreas Lorenz, Berlin
Titelgestaltung:	Michael Pieper, Köln
Titelbild:	Pressefoto Bongarts
Titelrückseite:	Arno Fuhrmann
Klappenfoto:	Winfried Mausolf
Fotos:	Pressefoto Bongarts, Arno Fuhrmann, Seeger-Press, Wende Photoagentur, Helga Krieghoff, Sven Ottke, Bubi Dieter, Winfied Mausolf, J.-L. Debione, Die Agentur für PR, GES Sportfoto, Sven Simon, imago-Sportfotodienst, Holger Nagel, Gerhard Schnatmeyer, Pressefoto Seydel, WDR, Harald Thierlein (BZ, Berlin)
Fotos Vereinigungskampf:	Arno Fuhrmann (13), Pressefoto Bongarts (1)
Layout und Satz:	Verlag wero press, Pfaffenweiler Michael Pieper, Köln
Druck:	Poppen & Ortmann, Druck und Verlag KG, Freiburg
ISBN:	3-9808049-5-X

Vier Generationen und zwei Weltmeistergürtel

Ganz, ganz wichtige Dinge im Leben des Sven Ottke: Weltmeistergürtel und die Familie. Zwei Gürtel gehören ihm seit dem 15. März 2003 nach dem Sieg über Byron Mitchell (Foto rechts). Und strahlend posiert er mit der Familie vor dem Objektiv des Fotografen: Vier Generationen der Ottkes auf einem Bild - Großvater Erwin (links), Vater Bruno (rechts) und zusammen mit Ehefrau Gabi die beiden Kinder Rebecca und Marc-Steffen.

Waldemar Hartmann,
ARD-Kommentator, Ringsprecher und Boxexperte

Svennie ist einer von uns

Wenn wir Deutsche anfangen, jemanden ins Herz zu schließen, kleiden wir seinen Namen gerne in eine Koseform. Gewöhnlich hängen wir dann ein „i" an den Vornamen und wollen damit zeigen, dass Rudi, Wasi und Willi oder Rosi, Susi und Anni einer oder eine von uns ist.

Wenn aber in Berlin, Magdeburg oder Nürnberg die Zuschauer in der Halle ihr „Svennie" anstimmen, dann ist das ein sicheres Zeichen dafür, dass sie Sven Ottke nicht nur als Boxer beim Kampf unterstützen und anfeuern wollen, sie sehen ihn als einen der ihren an.

Sven Ottke ist für die Boxanhänger so etwas wie der Straßenfußballer für die Freunde des Balls. Er ist ehrlich, unkompliziert und trägt Herz und Zunge am rechten Fleck. Er verstellt sich nicht und bürstet auch mal gegen den Strich. Nicht immer zum Wohlgefallen der Leute, die mit ihm und um ihn Geschäfte machen. Sven ist sich selbst und seiner Linie treu.

Vor allem die Menschen im Osten unseres Landes mögen und feiern ihn. Die meisten glauben – ich habe es oft genug erlebt – er sei einer von ihnen. Er, der klassische Wessi aus Berlin-Spandau. Darüber aufgeklärt kommt Erstaunen, aber nicht Enttäuschung auf. Beim nächsten Kampf stimmen sie wieder ihr „Svennie" an.

Häufig wird das nicht mehr der Fall sein. Denn, da bin ich ganz sicher: Bei Sven wird es nicht den entscheidenden Kampf zu viel geben. Dafür sorgt schon Gabi.

Und ich werde mich als Ringsprecher an schöne, gemeinsame Stunden erinnern können.

Waldemar „Waldi" Hartmann

Mein Svennie

Trainingslager: Der Coach

„Manövrierboxer. Im Wechsel Angriff und Gegenangriff. Bevorzugt Gegenangriff. Das habe ich Ende 1990 geschrieben, als ich eine streng trainingswissenschaftliche Analyse von Sven zu Papier gebracht habe. Es gibt diese zwei Blätter heute noch. Blätter, auf denen die Strategien aufgezeichnet sind, bis hin zu der Tatsache, dass er kein Konter- sondern ein Antwortboxer ist. Sie liegen in meinem Büro bei den ganzen Trainingsplänen und Notizen, die ich seit zwölf Jahren sammle. Sven ist aber viel mehr als ein paar Buchstaben auf dem Papier. Sven ist ein großer Teil meines Lebens, und ich weiß, dass das auch umgekehrt gilt.

Ulli Wegner (60) ist seit 35 Jahren Box-Trainer und bestritt als Amateur selbst 176 Kämpfe.

Weil wir beide keine Menschen sind, die sich das gegenseitig um die Nase schmieren, sind Komplimente eher rar. Aber Sven belohnt mich durch seine Trainingseinstellung, seine Lernfähigkeit und seine dauernde Arbeitsbereitschaft genug. Aus einer Arbeitsgemeinschaft zum gegenseitigen Vorteil hat sich längst eine Respektsbeziehung entwickelt. Eine, in der auch die Fetzen fliegen. Aber das ist ganz normal.

Sven ist mir zum ersten Mal 1988 bei den Olympischen Spielen aufgefallen. Er hat einen Russen klar besiegt – und ich habe West-Fernsehen geguckt. Mein Urteil war schnell klar: Da ist ein Talent, das durch Talent alleine bemerkenswerte Erfolge sammelt, in dem aber noch viel mehr steckt. Als wir dann zusammenkamen, habe ich gemerkt, wie sehr er nach boxerischem Wissen giert. Ich weiß noch, dass ich damals als fast hilfloser Ossi mit einem geliehenen Isuzu-Kleinbus jeden Morgen 24 Kilometer von Hohenschönhausen nach Spandau gefahren bin, um von acht bis neun Uhr mit Sven zu trainieren. Ich habe über eine Stunde für die Fahrt gebraucht, so fremd war mir die plötzlich so große Stadt Berlin. Zwölf Jahre später stehen wir auf dem Gipfel, stehen seit Jahren dort – und Sven wird immer noch besser.

Von seinem Halbfinal-Kampf bei der EM 1991 gegen Lebsjak, wo er sich für mich geopfert hat, um acht Punkte Rückstand in einer Runde aufzuholen, bis zu der Serie von Titelverteidigungen im Profilager hat mich Sven, mein Svennie, immer wieder bestätigt. Denn ich habe ihm von Anfang an gesagt: Du bist nicht einfach nur gut, Du bist, wenn Du den richtigen Weg erkennst, der Beste der Welt. Dass ich dazu beitragen konnte, ist etwas, das ich kaum beschreiben kann. Wenn er boxt, boxe ich mit. Ich stehe dort oben irgendwie mit im Ring. Und die Gefühle überschlagen sich. Stolz ist dabei, Begeisterung, Dankbarkeit – und die Gewissheit, an etwas Außergewöhnlichem beteiligt zu sein. Ich habe mir irgendwann Anfang des Jahres 2002 geschworen, jeden verbleibenden Tag seiner Karriere bewusst zu genießen. Ich darf es ihn nur in der Trainingsphase nicht zu deutlich merken lassen."

Prolog

24. Oktober 1998:
Der Beginn einer Ära

Schärfer als das Hackebeil

Sven Ottke, der von den Experten belächelte und von den Fans bedauerte Möchtegern-Weltmeister, war noch nicht einmal in der Düsseldorfer Philipshalle eingetroffen, da war das Urteil über ihn bereits gesprochen. Dort hinten rechts im ziemlich ranzigen Ambiente der Katakomben, keine zehn Schritt von der zu diesem Moment lediglich von einem mannshohen Spiegel bewohnten Kabine des Hoffnungsträgers des Sauerland-Boxstalls, lag hinter einer Glastür der Produktionsraum von RTL. Auch wenn dort Henry Maske, als Co-Kommentator für den Privatsender im Einsatz, gerade seinen Kaffee aus einem weißen Plastikbecher trank, schienen die eben erst durchlebten Boom-Jahre des Faustkampfs Jahrhunderte zurück zu liegen. Keine Promis, eine halb leere Halle, der deutsche Kämpfer als Außenseiter - nichts glitzerte. Dafür roch es komisch.

Dann flog die Türe auf und RTL-Programmdirektor Hans Mahr zelebrierte einen seiner typischen Auftritte. Den Rücken bolzengerade durchgestreckt, das Lächeln so breit, dass die Mundwinkel an die Ohrläppchen zu stoßen drohten, ein donnerndes „Hallo zusammen", ein kaum weniger donnerndes „Hallo Henry", ein Blick über den Kontrollstand und dann die messerscharfe Analyse zur Lage der Box-Nation: „Also Jungs, lasst uns unseren letzten Kampf noch sauber über die Bühne bringen."

So war das damals, am 24. Oktober 1998, als eine Geschichte begann, die eigentlich hätte enden sollen. Die Geschichte des ewigen Amateurboxers Sven Ottke, der auszog, um das Fürchten zu lernen. So jedenfalls sah es selbst das engste Umfeld des bereits 31-Jährigen. „Außer meinem Trainer hat niemand wirklich an mich geglaubt", erinnert sich Ottke 16 Titelverteidigungen später. „Um es auf den Punkt zu bringen: Nur Ulli Wegner hat an mich geglaubt - weil er auch mich erst überzeugen musste."

Ottke, mit der Etikettierung „Flitzer ohne Punch", nach landläufiger Meinung zur Absicherung der Sportlerrente ins Profigeschäft gewechselt. Nur heiß auf die rund 200.000 Mark Garantiegage pro Jahr (bei sechs bis acht Kämpfen), mit der Großveranstalter Wilfried Sauerland ihn gelockt hatte. Ottke, der anscheinend Ahnungslose, der freiwillig den Fahrstuhl zum Schafott bestieg. Nur 581 Tage, exakt 83 Wochen nach seinem Debüt im Berufsboxen, nach lediglich zwölf Kämpfen mit einem einzigen mickrigen K.o.-Sieg. Und die ganze deutsche Box-Szene erwartete, dass es für „Svennie", den Sonnyboy, 13 schlagen würde.

Denn als Gegner wartete das Hackebeil. Die Streitaxt. „The Hatchett". Charles Brewer, regierender Supermittelgewichts-Weltmeister nach Version des Profibox-Weltverbandes IBF (International Boxing Federation) - und ein K.o.-Matador par excellence. Brewer, neun Tage vor dem Kampf gegen Ottke 29 Jahre alt geworden, hatte das Boxen in Philadelphia gelernt. In jener Stadt, die Kampfmaschinen wie Schwergewichts-Idol Joe Frazier hervorgebracht hat. In jener Stadt, in der nach einem legendären Spruch eines US-Journalisten Kämpfe nur gewertet werden, wenn aus mindestens drei Augenbrauen Blut fließt.

63 Tage vor dem Showdown in Düsseldorf hatte Brewer den Sauerland-Stall noch einmal in den Grundfesten erschüttert. Im Rahmenprogramm einer Veranstaltung in Leipzig lieferte er sich mit seinem Landsmann Antoine Byrd auf der Grundfläche eines Bierkastens eine nicht einmal neunminütige Ringschlacht, die die Fans von den Sitzen riss. Dann war Byrd kampfunfähig, Brewer buchte den 23. K.o.-Sieg in 37 Kämpfen (32 gewonnen, fünf verloren) - und eine Halbweltgröße mit der Lizenz zum Schnorren sprang von ihrem geschenkten Platz in der ersten Reihe auf und brüllte: „Den Kopf wird er ihm abschlagen, dem Svennie. Den Kopf wird er ihm abschlagen."

Beste Wünsche also allenthalben. Und den Druck bekam vor allem Ulli Wegner ab. Er war es, der den WM-Kampf gefordert hatte. Nach Ottkes elftem Profiauftritt, einem genauso souveränen wie unspektakulären Punktsieg gegen den Kroaten Asmir Vojnovic in Riesa, war der Erfolgstrainer seltsam unzufrieden mit sich und der Boxwelt. Treubrav hatte Ottke seinen ersten Zwölf-Runden-Auftritt erledigt, ein wenig scheu den Gürtel als Zeichen des WBC-Intercontinental-Meisters in die Höhe gereckt, aber gekitzelt hatte es bei niemandem. Also schnappte Ulli Wegner sich Manager Wilfried Sauerland und setzte alles auf eine Karte: „Wilfried, Sven ist unterfordert. Wenn ich schon anfange, in der Ecke zu gähnen, dann laufen uns demnächst die Fans davon. Wenn Sven auf diesem Niveau boxt, sind das zwar super Lehrvideos - aber nichts fürs Fernsehen. "

Als die Verantwortlichen in der Kölner RTL-Zentrale später von diesem Spruch hörten, schauten sie sich befriedigt an. Endlich sagt's mal jemand. Jemand außer uns.

Sauerland, ein Freund des behutsamen Aufbaus potenzieller Champions, reagierte auf Wegners Vorstoß mit seiner typisch väterlichen Art: „Jaja, Ulli, noch ein paar Kämpfe, dann eine Europameisterschaft, dann eine Weltmeisterschaft." Aber Wegner, der Sauerland überhaupt erst davon überzeugt hatte, dem bereits alternden Amateur Ottke einen Profivertrag zu geben, setzte nach: „Wir brauchen einen Gegner, der richtig hauen kann. Einer, der den K.o. sucht. Mensch, Wilfried, Sven hat als Amateur jedes Jahr solche Bolzen geboxt und ist nie untergegangen. Und jetzt ist er stärker als je zuvor." Die Unterhaltung soll über eine Flasche Wein (Sauerland) und diverse Liter Bier (Wegner) gedauert haben. Ein typischer Manager-Trainer-Stammtisch in dieser Szene also, aber einer mit knallharter Wirkung.

Sauerland selbst erinnert sich ein wenig anders an den Ablauf. „Es war schon so, dass ich Sven lediglich mit der Prognose Europameister ins Profilager geholt habe. Gegen den Rat von RTL, übrigens. Aber das mit der WM war eine gemeinsame Entscheidung von Ulli Wegner und mir. Zu diesem Zeitpunkt hatte mich die Entwicklung von Sven schon davon überzeugt, dass er doch Weltmeister-Qualitäten entwickeln würde."

Die endgültige Offenbarung kam Sauerland quasi im Schlaf. „Ich war im März 1998 in Atlantic City, um das Schwergewichts-Duell Lennox Lewis gegen Shannon Briggs zu sehen. Im Vorprogramm besiegte Brewer den Engländer Herol Graham, einen der technisch besten Boxer der damaligen Zeit. Aber Graham traf Brewer oft genug, schickte ihn sogar zweimal zu Boden. Irgendwann in der Nacht, im Halbschlaf, schoss dieser Gedanke durch mein Gehirn: Das ist ein Mann, der für Sven maßgeschneidert ist." Sauerland brauchte also nur die Bestätigung durch Wegners Analyse. „Ulli ist mit der Idee, einen schlagstarken, nach vorne gehenden WM-Gegner zu verpflichten, offene Türen bei mir eingerannt." Mitten in der Sommerpause 1998 klingelte Wegners Handy. Sein Boss gab den erhofften Marschbefehl: „Du hast es so gewollt. Charles Brewer kommt zur Titelverteidigung nach Deutschland. Er boxt übrigens schon in Leipzig." Sauerland verzichtete bewusst auf Verhandlungen mit dem Engländer Richie Woodhall, Champion der WBC (World Boxing Council), und dem US-Amerikaner Frankie Liles, Titelträger der WBA (World Boxing Association). Brewer war der Haudrauf in diesem Trio.

Sven Ottke selbst erlebte den ersten Deutschland-Auftritt des Hackebeils nicht. Nachdem er den holländischen Aufbaugegner William Krijnen über zehn Runden gewohnt souverän ausgeboxt hatte, stand er noch unter der Dusche, als Brewers finales Schlaggewitter die Halle elektrisierte. Aber noch heute erinnert Ottke sich, wie nach dem Wirbelsturm im Ring die Stimmung urplötzlich um ein paar Grad ins Minus rutschte: „Plötzlich haben mich alle angeschaut, als wollten sie sich verabschieden. Selbst Herrn Sauerland ging wieder die Düse." Was Sauerland bestätigt. „Die Bedenken waren da."

Es blieben 62 Tage. 62 Tage im Leben eines Boxers, der mit den Zweifeln im Umfeld leben musste. 62 Tage im Leben eines Trainers, dessen einzige Chance darin bestand, nicht noch den letzten Gläubigen zu verlieren.

„Man redet, redet und redet. Man trainiert und ackert. Und darf nie auch nur ein bisschen Unsicherheit zeigen", beschreibt Wegner die Vorbereitungsphase, an die er sich über vier Jahre später noch in grellen Details erinnert. Unzählige Male weckte er nächtens seine Frau Margret, weil er aus dem Bett kroch und noch einmal zum Videorecorder taperte, um ein weiteres Mal das Band mit dem weißen Klebezettel und der roten Filzstift-Aufschrift „Brewer, div. Kämpfe" laufen zu lassen. Fast jeden Tag diskutierte er Training, Psyche und Taktik mit Manager Sauerland, der trotz seines Schrecks zur Durchführung der WM stand, aber noch viel mehr als sonst über jedes Detail der Vorbereitung informiert werden wollte. Denn längst war es ein offenes Geheimnis in der deutschen Berufsbox-Szene, dass in Düsseldorf nicht nur Ottkes Karriere, sondern auch die Zukunft des Sauerland-Stalles zu Markte getragen werden würde. RTL, verwöhnt durch die teilweise achtstelligen Einschaltqouten der Maske/Schulz/Rocchigiani-Ära hatte schließlich noch die sündhaft teure Formel 1 und damit jede Menge Argumente gegen die eher unspektakulären Faustkampf-Darbietungen.

„Privatsender sind nicht für das Füttern zuständig, sondern fürs Melken", formulierte Jean-Marcel Nartz, von frühesten Anfängen bis Ende 2002 Technischer Leiter und damit allgewaltiger Kampforganisator bei Sauerland, das Gesetz der Branche. „Wir alle hatten den starken und durch einige Bemerkungen auch begründeten Verdacht, dass RTL selbst eine mögliche Vertragsstrafe oder die Auszahlung der vereinbarten Gelder in Kauf nehmen und uns einfach den Saft abdrehen würde." Auch wenn RTL zwischendurch Kleinring-Veranstaltungen des Sauerland-Stalls als „Sonntags-Boxen" übertragen hatte, auch wenn mit Michael Lion ein guter Freund Sauerlands bei RTL die Verantwortung für den Sport trug, die Fallhöhe nach goldenen Zeiten war einfach zu groß. Der Kredit war aufgebraucht.

Das für die Zukunft des mittelständischen Unternehmens namens Sauerland-Event-Promotion zuständige Duo arbeitete natürlich daran, Ottkes Schnelligkeit gegen Brewers Brecher-Taktiken auszunutzen. Aber Wegner wusste, das würde nicht reichen. Bis zum Erbrechen appellierte er an die Ehre seines Sportlers. Bewusst überdreht, so erklärte er jedenfalls später. „Ich weiß, dass Sven damit ein Problem hat. Dass er es hasst, mehr als nur die Verantwortung für sich selbst aufgebürdet zu bekommen. Aber das musste hinein in seinen Schädel. Ich hatte meine Gründe."

Wegen einer anderen Sache kam es zu einer der heftigsten Streitereien der Erfolgskombination. Brewer im Infight mit einer Hand festzuhalten, damit den als K.o.-Schlag gefürchteten linken Aufwärtshaken zu neutralisieren, aber mit der anderen Faust zum Körper des Gegners zu hämmern, diese Übung ließ Wegner Sparringsrunde um Sparringsrunde wiederholen. Ottke hasste die Stupidität der Aktion, die seinen jahrelang ausgeübten Bewegungsablauf, mit abgespreiztem Ellenbogen auf eine Schlagchance zu lauern, grundlegend veränderte. Es kam zu einem Duell der Sturköpfe - denn erst, als es dem Supertechniker nach endlosem Probieren das erste Mal nach Wegners Meinung automatisch gelang, das Manöver auszuführen, hatte der Trainer genug gesehen.

„Na endlich", brüllte er durch die Halle, „Ellenbogen an den Körper und fertig. Endlich kapiert der Herr, was Sache ist." Und stürmte in die Kabine. Ottke rannte hinterher, seiner Meinung nach vor den gesamten Teamkollegen bloßgestellt und dementsprechend krachsauer. „Wir haben uns angebrüllt, er hat seinen ganzen Frust und einen Teil der Anspannung abgelassen", erzählt Wegner heute. „Aber man muss dazu zwei Dinge wissen: Sven wird manchmal laut, aber nie beleidigend. Und, was viel wichtiger ist: Er macht erst einmal, was im Training verlangt wird - und mosert erst danach. Er schaltet in der Trainingsbelastung sein Ego aus - und das ist das Vertrauen, das ein Trainer braucht. Mehr als Arbeit *und* Respekt kann man nicht verlangen." Dann schmunzelt der damals 57-Jährige: „Ich werde diese Auseinandersetzung nie vergessen. Denn genau seit diesem Tag nennt Sven mich Diktator."

Mein Svennie

1. Runde: Die Mutter

„Ich hätte ja stutzig werden müssen, als mich Sven ins Auto gelockt hatte und mich nicht mal die schäbigen und verschmierten Klamotten wechseln ließ. Wir renovierten gerade das neue Haus von Sven und Gabi, und Sven sagte, wir müssen nochmal zum Baumarkt, weil irgendwelches Material nicht ausreicht. Ich habe nicht mal was gemerkt, als Gabi auf dem Rücksitz plötzlich die Videokamera auspackte.

Auf jeden Fall hatte mein Herr Sohn plötzlich etwas unglaublich Dringendes bei Mercedes zu erledigen und scheuchte mich gegen meinen Willen in den Verkaufsraum. Da stand dann plötzlich dieser blau-silberne Smart und Sven drückte mir die Schlüssel in die Hand. 'Für Dich, Mutti', sagte er, 'Du hast doch mal gesagt, der gefällt dir.' Ich habe am ganzen Körper gezittert und vor Glück geweint. Ich konnte das Auto nicht einmal zurück zum Haus fahren, so fertig war ich.

Helga Krieghoff (59) zog mit Svens Stiefvater Hans 1999 aus Berlin weg und lebt in der Nähe von Stade.

Und Gabi hatte alles auf Video. Später habe ich rausgekriegt, dass auch die Schwiegereltern Bescheid wussten. Und sogar Rebecca. Naja, alle haben was mitbekommen, nur ich nicht. Fast wie früher, als Sven klein war und irgendetwas angestellt hat.“

Die Person, die stolz und verliebt den Titel Ehefrau trug und trägt, war in den Tagen vor dem großen Kampf ein Nervenbündel. „Wie immer", gibt Gabi Ottke zu, „Sven hat das Training, aber ich bin mit meinen Sorgen ziemlich allein. Und ich weiß, dass ich ihn nicht belasten darf. Also habe ich mit viel mehr anderen Menschen geredet als sonst. Aber weil alle so wenig Chancen auf einen Sieg sahen, hat das auch nicht gerade zu meiner Beruhigung beigetragen." Frauen von Leistungssportlern sind Witwen, deren Männer noch leben, hat einmal ein schlauer Journalist formuliert. Zumindest für Frauen von Profiboxern in der unmittelbaren Kampfvorbereitung gilt das hundertprozentig. Es gibt drei goldene Regeln: Nicht stören. Bloß nicht stören. Auf gar keinen Fall stören.

Das weiß Gabi Ottke als ehemalige Weltklasse-Schwimmerin und kümmert sich bewusst um banale Dinge. Wie etwa das rechtzeitige Durchzählen der Glücksbringer. Töchterchen Rebecca, zum Zeitpunkt des Brewer-Kampfes fünf Jahre alt, hatte sich gerade die Haare abschneiden lassen. Die Zöpfe wanderten als Talisman in die Sporttasche des Papas zusammen mit einem Leucht-Herzchen. Dazu ein geweihtes Kreuz von Sven Ottkes Schwiegermutter. Und ein Schwimmer-Schlumpf, natürlich von der Ehefrau. Der Ehering wird sowieso bei jedem Kampf am rechten Boxer-Stiefel in die Schnürsenkel eingebunden.

Trost für Gabi Ottke war nicht nur aus Gründen der allgemeinen sportlichen Meinungsbildung rar gesät. Für diesen Kampf, ausgerechnet für diesen Kampf, mussten Svens Mutter Helga und sein Stiefvater Hans Krieghoff, sonst lautstarke Unterstützer am Ring, passen. Hans bekam ein künstliches Hüftgelenk und deswegen absolutes Reiseverbot. Aber „Geht nicht" gibt's nicht bei Ottkes. Trotz der komplizierten Operation und des Transportverbots fand sich ein Ausweg. „In unserem Freundeskreis gibt es eine ausgebildete OP-Krankenschwester", berichtet Helga Krieghoff heute noch mit Stolz in der Stimme. „Wir haben endlos mit den Ärzten diskutiert, bis sie endlich zugestimmt haben. Hans durfte für den Kampf zu unseren Bekannten, aber nur unter der Bedingung, dass wir ihn direkt nach dem Kampf wieder ins Waldkrankenhaus Spandau zurückbringen würden."

Rund um den Kampftag herum schrieben die meisten Box-Experten Artikel, die schon als vorgezogene Nachrufe gelten konnten. Aus dem Lager des Hamburger Universum-Boxstalls, mit Sauerland traditionell im Clinch um Millionen, Quoten und Meinungshoheit, wurde gar suggeriert, Sauerland wolle Ottke opfern, um sich komplett aus dem Boxen zurückziehen zu können.

Und die Arroganz des Titelverteidigers war mit Händen greifbar. „Brewer war wirklich ein aufgeblasener, selbstverliebter Kerl", erinnert sich Ottke. „Bei den offiziellen Terminen war ich für ihn Luft. Der dachte: Da fahr' ich mal nach Deutschland, hole die Kohle ab und schlag die Micky Maus k.o. Das war das, was bei mir ankam. Aber eigentlich hat gerade das mich zuversichtlich gemacht. Mehr als einmal haben der Trainer und ich darüber gesprochen, dass er mich unterschätzen würde." Ein bisschen psychologische Kriegsführung kam dazu: Jean-Marcel Nartz, selbst alles andere als überzeugt von einem Ottke-Sieg, griff nach jedem Strohhalm. Vor Brewers Auftritt in Leipzig hatte der Sauerland-Stall großzügig Ottkes Stallkameraden Markus Beyer, der ebenfalls von Ulli Wegner trainiert wird, als Sparringspartner für den Weltmeister zur Verfügung gestellt. Der trojanische Rechtsausleger erstattete täglich Bericht und wurde erst Wochen später von Brewers Manager enttarnt. „Russell Peltz hat mich einen Trickser, Wichtigtuer und Verbrecher geschimpft", erinnert sich Nartz. „Aber es spricht für die Arroganz von Brewers Team, dass genau derselbe Trick gleich noch einmal geklappt hat."

Nicht nur Nadelstiche wie ein Hotel im 60 Kilometer von Düsseldorf entfernten Dortmund - Düsseldorf war wegen einer Messe praktisch ausgebucht - und die damit für Brewer nervenden stundenlangen Fahrten zum Pressetraining und zum Wiegen, brachten Ottke weitere kleine Vorteile, sondern auch die Tatsache, dass Nartz sich erneut anbot, Sparringspartner für Brewer zu besorgen. „Peltz hat mir mit dem Finger gedroht und gesagt: Nicht wieder Ottkes Freund." Aber mit Jerry Elliot und Orhan Delibas standen zwei unverdächtige, weil nichtdeutsche Boxer zur Verfügung - beide wiederum gut bekannt mit Trainer Ulli Wegner. Nartz: „Wir wussten immer genau, was Brewer trainierte. Wir wussten einfach, dass er Sven nicht Ernst nahm und ihn mit wilden Schlagserien aus dem Ring fegen wollte. Trotzdem war ich schon vor dem ersten Gong durchgeschwitzt wie sonst erst nach zwölf Runden."

Während in der ersten Reihe Sauerland mit seiner Frau neben Gabi Ottke saß, während RTL-Übervater Helmut Thoma neben Formel-1-Star Ralf Schumacher auf den besten Plätzen dem Kampfbeginn entgegenfieberte, fühlte sich Sven Ottke völlig ruhig. „Diese Momente direkt vor dem Kampf sind manchmal gespenstisch locker. Ich habe alles getan - und es gibt sowieso keinen anderen Weg als den in den Ring. Ich weiß noch, dass ich fast gar nichts gespürt oder mitbekommen habe. Nur einmal, auf dem Weg in den Ring, schoss es mir durch den Kopf: So richtig voll ist die Halle ja nicht."

Höchstens 2.500 Zuschauer - inklusive Ehrengäste und Medienvertreter - wollten den Kampf sehen. Und der begann so, wie es sich Ulli Wegner erträumt hatte. „Nur nicht die ersten Runden abgeben, das haben wir immer wieder besprochen. Sven ist ein langsamer Starter, aber als Herausforderer muss man die Punktrichter sofort überzeugen. Sonst ist nach der Hälfte des Kampfes die Punktwertung schon verloren."

Es muss Charles Brewer wie eine Majestätsbeleidigung vorgekommen sein, dass dieser aufmüpfige Typ aus Germany die ersten klaren Treffer des WM-Fights landen konnte. Eine Linke zum Körper, dann noch eine hinterher. Locker und präzise ging es weiter. Auf zwei der drei Punktzettel gewann Ottke die ersten beiden Runden.

Genau genommen muss nur der Wertungszettel des Italieners Luca Montella betrachtet werden - die beiden anderen Herren des Kampfgerichts waren zu vorbelastet, um ernst genommen zu werden. Eine Dreiviertelstunde nach dem ersten Gong hatte George Hill aus den USA einen lächerlich hohen 117:111-Vorteil (9:3 nach gewonnenen Runden) für seinen Landsmann Brewer errechnet; der Deutsche Manfred Küchler lag mit 116:112 für Ottke ebenfalls im Bereich der rosaroten Brille.

Montella sah den Kampf hingegen so, wie er auch heute noch vom Video nachgepunktet werden kann. Als Brewer aufwachte und in Runde drei seine erste wilde Drei-Minuten-Schicht einlegte, kam Ottke gleich in Bedrängnis und flitzte, was die grünen Boxer-Stiefel hergaben. Ein erster Aufwärtshaken des Amerikaners kam durch, Brewers legte die ganze Kraft seiner Muskelpakete in fast jeden Schlag. Und in Ottkes Ecke musste Cutman Dennie Mancini schon das Endswell-Eisen auspacken, mit dem die Schwellungen weggedrückt werden.

„Durchatmen", brüllte Ulli Wegner in der Ecke und unterstrich in jeder Kampfsekunde seinen Ruf als Dieter Thomas Heck der Boxtrainergilde. Pausenlose Kommandos, als Wortsalven ausgestoßen, dabei immer wieder Aufmunterungen. Etwa nach einer harten Rechten, die sein Schützling in der vierten Runde über Brewers nachlässig hängender linken Hand ins Ziel brachte. „Du siehst, du triffst ihn immer wieder. Das zählt, du liegst vorne." Diese rechten Kopfhaken brachten dem Herausforderer die entscheidenden Punkte - Luca Montella notierte fünfmal in den ersten sieben Runden eine 10 für Ottke, nur zweimal für Brewer.

Die nötigen Pausen lieferte Brewer seinem Kontrahenten gratis, in dem er sich viel zu sehr auf seine Schlagkraft verließ. Schon in der Pause zur fünften Runde gab es für den Modellathleten mit der Aufschrift I-4-U-Mom (frei übersetzt: Ich kämpfe für Dich, Mutti) auf dem Hosenbund ein Donnerwetter des gesamten Trainerteams. „Das war schon komisch", erinnert sich Ottke, „Er war so hundertprozentig sicher, mich auszuknocken, dass er sich sogar mit seinem Coach noch angelegt hat. Bei irgendeinem Kommando mitten im Kampf hat Brewer zurückgebrüllt: Shut up, I know what I'm doing." Für den Lokalmatador gab es hingegen Zuckerchen in der Ecke. „Genau so geht das weiter. Wunderbar", lobte Wegner vor der sechsten Runde. „Genau so klug. Mit kaltem Kopf." Der Satz heiße Ohren ließ nicht lange auf sich warten.

Manchmal stolzierte Brewer geradezu durch den Ring, Ottkes Punktesammeln ignorierend, immer noch absolut sicher, den Kampf in der Hand zu haben. In der Schlaghand sozusagen. Nach nicht einmal einer Minute der achten Runde hätte es sogar klappen können. Weil Ottke mit dem Rücken frontal zur Kamera steht, sieht man nur, wie der Kopf des Herausforderers zurückfliegt. Ulli Wegner sah viel mehr. „Plötzlich knickte Sven ein bisschen ein, zusammengekrümmt versuchte er, von Brewer wegzukommen. Da wusste ich sofort, der Schlag hat weh getan."

„Das war ein Aufwärtshaken, der dummerweise voll durchkam", erinnert sich Ottke, „schwer zu sagen, ob ich einen Fehler gemacht habe. Ich wollte weiter punkten und das geht nur mit Risiko. Aber das Ding war eines aus der Kategorie: Brauch' ich überhaupt nicht."

Auch nach zwei Jahrzehnten Faustkampf kann der Defensivkünstler nicht vollständig erklären, was in Momenten wie diesen passiert. „Es tut nicht weh. Du spürst keinen Schmerz wie etwa bei einem Leberhaken, bei dem du zusammensackst und nur noch stöhnst. Es ist eher so, dass dein Gehirn einen Impuls bekommt, ein Signal, das heißt: Der Treffer war zu hart. Pass' auf. Oder du musst aufhören." Genau das übersetzten die Synapsen in Ottkes Oberstübchen aufs Deutlichste. „Noch einen oder zwei Treffer in dieser Härte und ich hätte mindestens Zeit genommen. Oder aufgegeben."

Die achte Runde überstand Ottke mehr schlecht als recht. Blut strömte aus der Nase, der Blick war für ein paar Sekunden seltsam gebrochen. „Das erkennen nur Insider", sagt Ulli Wegner, „Sven kann von der Körpersprache her schwere Treffer sehr gut überspielen. Seine Augen aber sagen mir immer die Wahrheit." Die Pausenpredigt fiel dementsprechend aus. Wegner kniete vor seinem Boxer, redete, flüsterte, motivierte, bettelte. „Du hast doch Ehre. Du kannst das." Alles das, was im Trainingslager gesät worden war, musste jetzt aufgehen. „Ulli war schon sehr intensiv in der Runde. Irgendwie ist er durchgekommen, hat mich erreicht. Das hat schon geholfen", gibt Ottke zu.

Aber auch Runde neun ging klar an Brewer, der, auf dem Gipfel der Arroganz angekommen, seinen Gegner tänzelnd verspottete. „Was für ein dummer Junge", freut sich Ottke heute noch, „er hat wirklich nicht gemerkt, wie nahe er mich am kritischen Punkt hatte. Ich habe die neunte Runde hergeschenkt, weil ich sie einfach brauchte." Zu dumm, dass zwischen den Runden keine Pressekonferenzen stattfinden. Denn so schlug Gabi Ottke verzweifelt die Hände vors Gesicht. Noch drei Runden, und der Vorsprung schmolz rapide. Luca Montellas Wertung zu diesem Zeitpunkt: nur noch 5:4 für den Herausforderer.

Wenn Ulli Wegner heute das Video des Kampfes studiert, hüpft er in Runde zehn jedesmal auf seinem Stuhl herum. „Das ist unser Sven. Er kommt zurück aus der Hölle und ist sofort wieder stabil. Da sagt er immer, das mit der Ehre soll ich lassen. Das gehe ihm ohne Widerstand von einem Ohr zum anderen wieder raus. Da lach' ich doch. Na klar hat Sven Ehre." Und Können. Der Höhepunkt der zehnten Runde sind neben den Treffern, die Ottke auf allen drei (!) Punktzetteln den Vorteil bringen, zwei Defensivaktionen. Zweimal unterbindet er Aufwärtshaken seines Gegners durch das im Training tausendmal geübte Blockiermanöver. „Gut trainiert", lacht Wegner und spult noch einmal zehn Sekunden zurück.

Und doch musste die zwölfte und letzte Runde entscheiden. 6:5 nach Runden, also 105:104 nach Punkten las es sich auf Montellas Punktzettel - beide Ecken wussten Bescheid. Brewer hatte immer noch die Chance, mit einer gewonnenen Schlussrunde ein Unentschieden und damit seinen Titel zu retten. „Drei Minuten noch", brüllte Wegner in der letzten Pause ins linke Ohr des schwer gezeichneten Hoffnungsträgers, „drei Minuten noch. Klare Treffer. Nicht nur weglaufen. Du musst, du kannst." Ringrichter Randy Neumann (USA) legte Wegner die Hand auf die Schulter und gab Sekunden später die letzten drei Minuten frei.

Es waren 180 Sekunden Demonstration von Willenskraft, Klasse und Kondition. Egal wie Brewer auch anstürmte, Ottke blieb Herr der Situation, Zwar gab es keine spektakulären Einzeltreffer, aber eine generelle Überlegenheit des Herausforderers, der in dieser zwölften Runde noch Kombinationen schlug und für jede Aktion

Mein Svennie

2. Runde: Die Ehefrau

„Sven ist auch im Vergessen Weltmeister. Normalerweise lässt er vor jedem WM-Kampf irgendetwas Wichtiges im Hotel oder sogar zu Hause liegen. Favorit sind meistens die Box-Stiefel, die ich dann nachbringen muss. Im März 2001 hatte Sven eine Titelverteidigung in Magdeburg und ich wohnte wie immer in den letzten Tagen vor dem Kampf in einem anderen Hotel. An einem Vormittag habe ich mich um Freunde und deren Kartenwünsche gekümmert, hatte mein Handy ein paar Stunden aus. Als ich es wieder anmachte, dachte ich, eine Katastrophe ist passiert. Ich hatte vier oder fünf Nachrichten von Sven. Wo ich denn stecken würde? Warum ich denn immer noch nicht bei ihm sei? Ich war völlig fertig mit den Nerven und dachte, aus irgendeinem Grund sei der Kampf geplatzt. Also habe ich die Freunde abserviert und bin zu Sven gerast, der mich völlig unversehrt und anscheinend bester Laune in Empfang nahm. Ich muss die totale Panik in den Augen gehabt haben, habe ihn aus dem eingebildeten Schrecken heraus auch gleich

Gabi Ottke, geborene Reha, gewann 1988 und 1989 die Deutsche Schwimm-Meisterschaft über 200 Meter Delphin und verpasste 1988 in Seoul nur um vier Hundertstelsekunden das olympische A-Finale.

angeblafft: Was denn die ganze Hektik bedeuten würde? Sven tat so, als habe er keine Ahnung, von was ich reden würde. Dann hat er mich langsam in Richtung eines Tisches geschoben. Dort standen zehn wunderschöne Baccara-Rosen. Für Dich, hat er gesagt. Es war der zehnte Jahrestag unseres Kennenlernabends im Elsass. Und ich hatte ihn total vergessen."

frenetisch gefeiert wurde. Manager Sauerland stand längst und feuerte seinen Schützling an. Im fernen Spandau liefen Mutter Helga „zum ersten Mal an diesem Abend die Tränen übers Gesicht". Und sogar die Miene von Gabi Ottke hellte sich ein wenig auf, auch wenn ihre Hände einen ewigen Ringkampf mit sich selbst überstehen mussten. Es gab keinen Zweifel an dieser letzten Runde. Auch Mister Hill, der Punktrichter aus den Vereinigten Staaten, gab ein 10:9 für Ottke. Der Außenseiter ließ sich nicht mehr überrennen, Brewer hatte seine Chance verpasst - und die Halle tobte. „Susi Erdmann, die Rodlerin, saß mit ihrem damaligen Ehemann am Ring und hat mir später erzählt, dass er geweint hat vor Anspannung und Begeisterung", erzählt Ottke. Nach dem Schlussgong rissen beide Kämpfer die Arme in die Höhe, doch längst hatte es sich am Ring herumgesprochen, dass Deutschland einen neuen Weltmeister zu feiern hatte. 111:117 und 116:112 - dann besiegelte Montellas 115:113-Wertung den Triumph.

„...und damit neuer IBF-Weltmeister im Supermittelgewicht."

Der Sieger bekam davon nichts, aber auch gar nichts mit. „Das glaubt immer niemand. Aber nach solch einem Kampf, nach solch einem Kraftakt, fällt mit der Anspannung auch alles Empfinden von einem ab. Du hörst keine einzelnen Stimmen mehr - da ist nur noch Getöse. Du siehst keine einzelnen Gesichter mehr - da ist nur noch ein Rausch von Farben. Du willst deine Ruhe, aber du spürst und fühlst eigentlich gar nichts mehr."

Der obligatorische Sprung auf die Seile in allen vier Ringecken wurde zum müden Klettern. Den WM-Gürtel, eben von Ottke noch in die Höhe gereckt, holte ein Brewer-Adlatus 20 Minuten später beleidigt wieder ab - erst Wochen später schickte die IBF ein Original nach Köln. Und während am Ring jeder jedem gratulierte und dabei jeder jedem erzählte, dass er immer daran geglaubt hatte, stand Sven Ottke zusammen mit Ulli Wegner und einem einzigen Journalisten in der Kabine. Vor dem mannshohen Spiegel. Gar nicht siegestrunken, sondern schockiert bis auf die Knochen. „Mann, sehe ich scheiße aus", lautete der Kommentar des Weltmeisters. Noch Tage später, als „Der Spiegel" und die „Welt am Sonntag" die ersten Interview-Huldigungen mit dem neuen Champion verbreiteten, weigerte Ottke sich, die Sonnenbrille abzunehmen.

Die überstandene Anspannung spiegelte sich derweil in Ulli Wegners Verhalten wider. Apathisch, völlig grau im Gesicht, stand er in einer Ecke der Kabine und stopfte ein und dasselbe Paar

Socken immer wieder ineinander, polkte sie auseinander, stopfte sie ineinander, polkte, stopfte, polkte, stopfte. Die Übersprungshandlung eines gemarterten Geistes, der lange noch nicht wieder in der Realität angekommen war. Sven Ottke selbst schien trotz der in allen Regenbogen-Farben schillernden Blessuren schon wieder halbwegs erholt. Doch wie lange es braucht, um derartige Kämpfe, Gewaltakte im wahrsten Sinn des Wortes, zu verarbeiten, wurde beim Telefonat mit seiner Mutter deutlich. Ein Freund hatte die Aufgabe übernommen, gleich nach dem Kampf in Spandau anzurufen und drückte dem verschwitzten Triumphator das Handy ans Ohr. Der unzensierte Mitschnitt der nächsten zwei Minuten. „Ja, Mutti. Danke. Nein. Weiß ich nicht, kann ich jetzt nicht sagen. Ja. Nein, Nein, das weiß ich nicht. Gebt mir ein bisschen Zeit. Ich rufe an. Ist schon gut. Grüße. Lass' uns später reden. Tschüs."

Überschwang der Gefühle hört sich anders an. Helga Krieghoff übrigens war selbst ein bisschen mitgenommen. „Der Kampf war derart brutal für meine Nerven, dass ich immer wieder nach dem Sektglas gegriffen habe. Nach zwölf Runden war ich dann nicht nur nervlich so fertig, dass ich nicht mehr in der Lage war, Auto zu fahren. Unsere Freunde mussten Hans zurück in die Klinik bringen."

In der Halle drängten sich derweil die Gratulanten durch die muffigen Gänge bis zu dem engen, weil langgezogenen Raum hinten rechts in den Katakomben. Manager Sauerland mit Frau im jubelnden Überschwang. Henry Maske mit ehrlicher Anerkennung („Super, das hätte ich Dir so eigentlich nicht zugetraut.") und einer Umarmung. Und natürlich stand plötzlich auch RTL-Programmdirektor Hans Mahr direkt vor dem immer noch schweißgebadeten Sven Ottke. Mahr, das muss zu seiner Ehrenrettung gesagt werden, sparte sich alle Floskeln wie „Ich wusste, du würdest es schaffen." Mitgerissen von der Dramatik des Kampfes, freute er sich wie ein Fußball-Fan nach einer Pokalsensation, knuffte Ottke immer wieder mit einer Hand - und spendierte die ultimative Weltmeister-Prämie. Dazu muss man wissen, dass Sven Ottkes Trainingswohnung in Köln vier Minuten Fußmarsch von der RTL-Sendezentrale entfernt liegt. Und weil der Champion in häuslichen Dingen nicht ganz weltmeisterlich ist, war das Versprechen von Hans Mahr ein Volltreffer. „Sven, nach dieser Leistung darfst Du Dein ganzes Leben lang in der RTL-Kantine umsonst essen."

Sven Ottke, der von Experten belächelte und von den Fans bedauerte Herausforderer, hatte sich im Profilager durchgebissen.

1 Als Kind gab es mit mir jede Menge Schwierigkeiten

Auf den Straßen von Spandau

Die deutlichste Erinnerung an meine Kindheit, sozusagen die farbigste, ist keine besonders angenehme. Es war auf dem Bolzplatz hinter dem Wohnblock Heerstraße 434, in dem wir damals gewohnt haben. Die Hausnummer 434 liegt ziemlich am Ende der Heerstraße, bereits im Ortsteil Staaken des Bezirks Spandau, kurz vor der Mauer. Also dort, wo damals West-Berlin und damit irgendwie die ganze Welt aufhörte. Rudolf-Wissell-Großsiedlung heißt das genau, wenn ich heute dort mal aus nostalgischen Gründen vorbeischaue, dann sehe ich nur noch Beton, wo Anfang der 70er-Jahre Felder und Laubenkolonien rund um die Neubauten das Bild ein bisschen angenehmer machten.

Der Bolzplatz ist immer noch da, dort, wenn man hinten aus den Heerstraßen-Häuserblöcken rausgeht und erst zum Loschwitzer Weg kommt, wo mein erster Kindergarten war, dann zum Pillnitzer Weg, wo wir später in der Nummer 31 gewohnt haben. Genau zwischen Loschwitzer und Pillnitzer liegt der Bolzplatz, auf dem ich vor gut 25 Jahren auf Knien im Sand vor dem Tor hockte, mir das Gesicht hielt und nach unten schaute. Rot. Alles blutrot. Uwe Nemack hatte mir richtig eine geplättet. Meiner Meinung nach der härteste Treffer, den ich je abbekommen habe. Amateur- und Profizeit eingerechnet. Mitten auf die Nase, die sofort aufging wie eine Fontäne. Und ich, der große Sven, der sich immer mit jedem angelegt hat und diejenigen, die er nicht durch Rempeln provozieren konnte eben mit Worten traktiert hat, der große Sven jedenfalls heulte wie ein kleines Kind. Naja, ich war ja auch noch eines. Vielleicht war ich zehn, oder elf Jahre alt. Genau weiß ich das nicht mehr. Aber Uwe hatte einfach die Schnauze voll von meinem gestörten Getue. Er war ein paar Jahre älter als ich, hatte mindestens vier oder fünf Geschwister. Vielleicht auch mehr. Mit zweien seiner Brüder habe ich mich eigentlich ganz gut verstanden, seine Schwester Cornelia ging mit mir in die gleiche Grundschulklasse. Vielleicht habe ich sie an diesem Tag irgendwie besonders getriezt. Und sie hat es Uwe weitererzählt. Gepetzt, hätten wir damals gesagt. Vielleicht habe ich auch nur beim Kicken auf dem Bolzplatz angegeben wie eine Lore Affen. Wie auch immer. Es machte

„Patsch", die rote Soße floß auf den Boden - und ich rannte weinend nach Hause zu meiner Mutter.

Überrascht hat sie das garantiert nicht. Pausenlos gab es Stress mit mir. Oder wegen mir. Oder beides. Aus meinem ersten Kindergarten, dem im Loschwitzer Weg, bin ich rausgeflogen, weil ich nach Meinung der Kindergärtnerinnen unkontrollierbar, unerziehbar war. Sven ärgert nur die anderen. Sven macht keinen Mittagsschlaf. Sven stört pausenlos. Sven macht nie, was er machen soll. Das alles hat mir meine Mutter erzählt, die mein Verweis aus dem Kindergarten damals besonders hart getroffen hat. Trotz zweier Kinder - mein viereinhalb Jahre älterer Halbbruder Frank stammt aus der ersten Ehe meiner Mutter - musste sie arbeiten gehen. Und mit mir zeitweise ohne Kindergartenplatz konnte sie nicht mehr im Siemenswerk in Berlin-Siemensstadt Telefone und Kabelbäume im Akkord montieren, sondern musste sich eine Stelle als Putzfrau suchen. „Meine Mutti arbeitet beim Engländer", diese Worte schießen durch meinen Kopf, wenn ich mich daran erinnere. Der Engländer - das steht für die alliierten Streitkräfte, die in Berlin-Spandau immer präsent waren. An Captain John beispielsweise erinnere ich mich noch sehr genau. Aber davon später mehr.

Erst einmal muss ich eine Beichte loswerden. Eine Enthüllung, die in Berlin vermutlich für eine Menge Furore sorgen wird. Mit leichter Übertreibung könnte man sogar von einer Lebenslüge sprechen: Ich bin gar kein echter Spandauer.

Die Wahrheit lautet: Am 3. Juni 1967 kam ich im St. Josephs-Krankenhaus in Tempelhof zur Welt. Ein echter Brummer. 50 Zentimeter groß und fünf Kilo schwer. Ehrlich. Ich war sowieso immer ein dickes Kind, ich bin dafür oft gehänselt worden und habe die daraus entstehenden Konflikte eben immer körperlich gelöst. Das St. Josephs-Krankenhaus liegt zwischen dem Flughafen Tempelhof und der S-Bahnstrecke an der Papestraße. Das ist noch nicht einmal Schöneberg - und Spandau ist weit, weit weg.

Die erste Wohnung, in der ich - völlig ohne jede Erinnerung daran - gelebt habe, lag in Kreuzberg. Also können die Kreuzberger durchaus sagen, sie hätten das Vorrecht gegenüber Spandau. Jedenfalls hat mir meine Mutter erzählt, dass sie aus dieser Wohnung in der Skalitzer Straße im ersten Halbjahr 1968 wegen einer Rattenplage ausgezogen ist. Die Tierchen kamen schon bis zum Treppenabsatz im zweiten Stock, in dem wir gewohnt haben. Und draußen an der Heerstraße wurden damals massenhaft Wohnungen gebaut. Näher an Siemensstadt war es allemal. Seitdem bin ich Spandauer. Immerhin.

Noch eine Episode aus dieser Zeit, die ich einfach als Sohn meiner Mutter ungeschnitten weitergebe. Der kleine Sven wäre im ersten Lebensjahr beinahe kanadischer Staatsbürger geworden. Die Beziehung meiner Mutter Helga zu meinem Vater Bruno darf als durchaus kompliziert bewertet werden, geheiratet haben sie beispielsweise erst 1970, als ich schon drei Jahre alt war. Jedenfalls waren sie mal mehr, mal weniger zusammen. Und meine Mutter ist wegen einer anderen Freundschaft dann mal nach Kanada geflogen, nach Toronto. Sie erzählt das deswegen immer wieder, weil ich auf diesem Flug der Schwarm aller Stewardessen gewesen sein soll. So lieb, so brav - und so verfressen, dass dann beim Landeanflug alles mit einem Schwung wieder nach draußen kam. Und meine Mutter hatte bei der Einreise nach Kanada immer genug Platz in der Warteschlage. Wer riecht denn da so komisch? Ein gutes Vierteljahr blieben wir dort, dann wollte meine Mutter doch wieder zurück nach Deutschland - meine Erinnerung: null Komma null.

Über die Ehe meiner Mutter und meines Vaters zu sprechen, fiel mir Jahrzehnte lang schwer. Und auch heute kostet es Überwindung. Aus einem ganz einfachen Grund: Ich liebe meine Mutter. Und ich liebe meinen Vater. Bedingungslos gilt das. Und genauso übrigens für meinen Stiefvater Hans, den meine Mutter 1983 geheiratet hat. Überhaupt habe ich mit niemandem aus meiner Familie ein Problem. Mein Halbbruder Frank ist ein toller Freund, mein Stiefbruder Nils ist voll okay. Mein Cousin Bernd war einer meiner besten Freunde in der Kindheit und Jugend - dafür bin ich ihm heute noch dankbar.

Sorry, dass das jetzt so klingt, als wolle ich ausweichen. Die Beziehung zweier Menschen, die mich auf die Welt gebracht haben, war das Thema. Ich gebe gerne zu, dass ich alles, was damit zu tun hat, verdrängt habe. Immer, wenn ich danach gefragt wurde, habe ich gesagt: Keine Erinnerung, da soll es immer Streit gegeben haben, aber das hat mich nie belastet. Im Verdrängen war ich jahrelang Weltmeister aller Klasse und Verbände. Heute aber, nach all' den Wochen, in denen ich an diesem Buch gearbeitet habe, weiß ich, dass mein Abwiegeln eine Schutzbehauptung war. Meine Probleme in den ersten Jahren meines Lebens haben natürlich ihre Ursache in meinem familiären Umfeld. Aber deswegen gibt es von mir keinerlei billige Alibis oder Schuldzuweisungen. Meine Eltern, manchmal spreche ich zur Verdeutlichung von meinen leiblichen Eltern, wenn Bruno gemeint ist, haben sich geliebt, aber keinen Weg gefunden, miteinander auszukommen.

Wenn ich nicht verdränge, dann muss ich mir eingestehen, dass ich tausend Streitereien mitbekommen habe. Es ging immer darum, dass mein Vater sein Geld in die Kneipen trug. Dass er immer mit seinen Kumpels in Reinickendorf um die Häuser zog. Auch noch, als wir schon längst in Spandau wohnten. Dass meine Mutter ihm immer vorgeworfen hat, er bringe jeden Freitag die Lohntüte durch. Tausendmal hat er dann versprochen, sich zu bessern. Aber ein paar Tage später ging die Sache von vorne los.

Ich habe dennoch wunderschöne Erinnerungen an Kindheitstage mit ihm, etwa an diese legendäre Fahrt zu viert im Käfer nach England. Zu Captain John, bei dem meine Mutter saubergemacht hat und der uns in den Sommerferien eingeladen hatte. Mutter, Vater, Frank und ich, die endlos wirkende, aufregende Reise, die Überfahrt mit der Fähre, die Übernachtung im Auto - zu viert, wohlgemerkt - gleich nach der Ankunft in England. Die Weiterfahrt durch England und der Besuch bei Captain John, der mit uns in seinem Garten Federball gespielt hat. Und als er mal einen Ball nicht traf, hat er die Hand wie eine Sonnenblende vor die Stirn gehalten und so getan, als würde er seinem Schlag ewig lang hinterher schauen. Wir haben Tränen gelacht, wir Zwerge. Captain John war Schau. Diese Reise war etwas ganz besonderes für mich, weil wir alle zusammen waren. Familie eben.

Bruno ist Steinsetzer und manchmal in den Ferien durfte ich ihm bei der Arbeit helfen, um ein paar Mark zu verdienen. Auch das waren super Tage. Zusammen haben wir richtig rangeklotzt und wenn ich dann ein Lob für meine Arbeit bekam, war alles wunderbar. Ich kann mich auch nicht erinnern, dass er mich öfter mal geschlagen hätte. Vielleicht ein oder zweimal. Wobei ein Klaps von ihm, der Keulen hatte, wo andere Oberarme haben, schon mehr war als eine echte Ohrfeige von einem anderen Menschen.

Ich liebe meinen Vater. Aber seine Sauferei hat die Ehe meiner leiblichen Eltern kaputt gemacht.

Und da standen wir nun. Meine Mutter und ich (und Frank natürlich). Ich glaube heute, dass wir wirklich keine Chance hatten, eine unbeschwerte Beziehung aufzubauen. Eine, in der nur die Liebe zählt. Sie musste irgendwie zwei Kinder durchbringen und eines davon war ausgerechnet ich. Der Mir-ist-alles-egal-Sven. Der Nach-Hause-Schultasche-in-die-Ecke-und-nicht-mehr-gesehen-Sven. Der Noch-'n-Spruch-dann-Kieferbruch-Sven. Meine Mutter hat gar keine andere Chance gesehen, als mit Druck und noch mehr Druck dieses hyperaktive, verstörte Kind auf den richtigen Weg zu bringen. Und konnte nicht sehen, dass ich auf immer mehr Druck mit noch mehr Chaos und Rebellion reagieren würde.

Sie wollte immer, dass alles picobello ist. Also hat sie die Wohnung jeden Morgen geputzt, noch bevor sie zur Arbeit ging. Abends musste sie sich ja dann um uns kümmern. Essen kochen, so gut es ging nach den Hausaufgaben schauen. Sie hat es wirklich nicht einfach gehabt. Ich mache ihr jedenfalls keine Vorwürfe, dass sie mich ziemlich hart angepackt hat.

Ja, ich bin von meiner Mutter ziemlich oft geschlagen worden. An einen Handfeger erinnere ich mich noch mit Schrecken. Ein Kleiderbügel ging mal zu Bruch. In einem Interview mit der „Süddeutschen Zeitung" habe ich das mal ziemlich deutlich erzählt und erstaunlich viele komische Reaktionen darauf bekommen. Aber was sollte meine Mutter auch tun? Ich war ja durch nichts zu stoppen oder zu bändigen. Ich habe sie in gewisser Weise terrorisiert, weil ich mit der Situation in der wir gelebt haben nicht klargekommen bin. Irgendwelche Strafen konnte sie sowieso kaum überwachen, weil sie arbeiten gehen musste. Und Stubenarrest für mich war ein gespielter Witz, weil wir Hochparterre wohnten und ich dann einfach nach vorne zur Heerstraße hinaus über die Balkonbrüstung getürmt bin. Meine Mutter hat mir irgendwann später mal erzählt, dass sie das durchaus mitbekommen, aber sich mir gegenüber zu schwach gefühlt hatte, um schon wieder den nächsten Konflikt einzugehen. Wir haben viele Jahre gebraucht, um uns zu verstehen. Aber besser spät als nie. Ich bin froh, dass ich sie habe, bin froh, dass wir es gemeinsam durchs Leben geschafft haben. Denn ich erinnere mich, dass sie alle Nase lang zur Klassenlehrerin oder Schulleitung gerufen wurde. Und dann sehe ich die Tränen meiner Mutter vor mir, wenn sie nach Hause kam und mich fragte, warum ich pausenlos solche Schwierigkeiten machte. Ich habe sie ignoriert und war im Nu zur Türe raus. Weg auf den Bolzplatz, oder auf die Mülldeponie Hahneberg, wo wir Schätze wie immer noch brauchbare Fahrradrahmen oder völlig unbeschädigtes Spielzeug ausgebuddelt haben. Oder ich bin irgendwo anders hin, zu Freunden oder Freundinnen - in der Grundschule hatte ich fast mehr engere Freundschaften zu Mädchen als zu Jungs.

Heute weiß ich, dass ich damals in anderen Familien die heile Welt gesucht habe, die ich zu Hause so vermisste. Ich habe mich überall rumgetrieben, nur um nicht einen neuen Streit meiner Eltern mitzuerleben oder mir wieder Vorwürfe über meine Ausraster anhören zu müssen. Und wenn ich irgendwo war, wo ich mich wohl und sicher gefühlt habe, war ich ein ganz normaler Junge. Stress gab es immer nur dann, wenn ich auf eine Situation reagieren musste, die ich als Herausforderung empfunden habe.

Mein Svennie

3. Runde: Der Jugendfreund

„Otti ist einfach Otti. Ein liebenswerter Chaot und ein klasse Kumpel. Was ich so an ihm mag, ist, dass er sich kein bisschen verändert hat. Das ist kein leerer Spruch: Otti ist derselbe geblieben. Ein bisschen hyperaktiv, ein bisschen aufgedreht, aber voll in Ordnung. In der Berufsschule hat er schon geboxt und sammelte gerade die ersten Erfolge. Trotzdem war er einer von uns. Einer in einer super Clique, die gemeinsam durch die Lehre gegangen ist. Flink war er damals schon. Er kann ja richtig pieksen, aber wenn er mal einen zur Weißglut gebracht hatte, konnte ihn niemand erwischen.

An zwei Geschichten erinnere ich mich besonders: Wir hatten auf einer Klassenfahrt mal Stress in einer Disko. Wegen Sven, weil der schnurstracks auf die Tanzfläche eierte und die falschen Mädels antanzte. Als die Fäuste flogen, haben wir ihn erstmal weggebracht, damit ihm als Boxer nichts angehängt werden kann. Dann war da noch die Sache mit der Klassenarbeit. Er hat jedes Wort von mir abgekupfert, schließlich

Christian Meinke (40) lernte von 1983 bis 1986 mit Sven Ottke Stuckateur und hat heute ein Ingenieurbüro in Spandau.

war ich ja älter und besser im Stoff drin.
Aber Otti, der Pfiffige, hat beim Abschreiben noch einen Fehler gefunden. Ich bekam 'ne 1-, er 'ne glatte 1. Otti war eben schon immer der Beste."

Klingt schon ziemlich komisch, war aber genau so wie ich es hier ausdrücke.

An dieser Stelle muss ich einen riesengroßen Zeitsprung hinlegen. Alle bitte mit einsteigen in die Zeitmaschine. Wir beamen uns zum 11. Januar 2003, in ein WDR-Aufnahmestudio nach Köln. Zusammen mit Elton, dem Stefan-Raab-Praktikanten, bin ich der sogenannte Stargast bei der WDR-Sendung „Das große Klassentreffen". Und die WDR-Redaktion hat es geschafft, aus der Abschlussklasse meiner Grundschulzeit - in Berlin sind das übrigens sechs Jahre und nicht vier wie in anderen Bundesländern - 15 Schüler und meine absolute Lieblingslehrerin, Frau Baytoshy, einzuladen. Wir haben das Jux-Spiel gegen Elton gespielt und danach bis früh um halb sechs Uhr zusammen gesessen.

Ich darf sagen, dass das einer der schönsten Termine war, die ich je absolviert habe. Ich habe mich gefreut wie ein kleines Kind - und war unglaublich verlegen, wie toll mich alle in Erinnerung hatten. Vom ritterlichen Sven haben sie erzählt, der zwar ein wenig wild gewesen sei, aber immer für die Klasse gekämpft habe. Naja, ich habe das ein bisschen kritischer in Erinnerung. Ich sag's noch mal: Ich hatte selbst den Eindruck, ein zügelloser, irgendwie gestörter Chaot gewesen zu sein.

Meine allererste Buddelkasten-Freundin, Viola, war nicht da. Sie muss in eine andere Schule gegangen sein. Aber plötzlich stand ich nach fast 24 Jahren wieder vor Claudia Niemand, bei der ich sehr oft zu Hause gewesen war. Einer dieser Plätze, an denen ich mich geborgen fühlte. Auf jeden Fall weiß ich noch, dass es immer Kekse gab. Claudia sagt heute, ich sei ein echtes Krümelmonster gewesen und hätte ihr selten mal irgendwas übrig gelassen. Das mag schon so sein.

Claudia besitzt immer noch ihr Poesiealbum aus der Grundschulzeit und darin findet sich dann unter dem Datum 8. Juni 1977, also genau fünf Tage nach meinen zehnten Geburtstag, folgender sinniger Eintrag: „In der Liebe pflückst Du Rosen, in der Ehe stopfst Du Hosen. Zur Erinnerung an Deinen Schulkameraden Sven Ottke." Anscheinend hatte ich damals schon einen ausgeprägten Realitätssinn.

Aus den Nachmittagen bei Claudia erinnere ich mich noch an ein weiteres Detail. Claudias Mutter hat mit uns Hausaufgaben gemacht. Was einem kleinen Wunder gleichkam, weil der Begriff „Hausaufgaben" sonst ein Fremdwort für mich war.

Jungs, bitte nicht nachmachen, aber hier kommt das Rezept für Hausaufgaben à la Sven Ottke. Lehrerin stellt Hausaufgaben, Sven hat es drei Sekunden später vergessen, feuert nach dem Nachhausekommen die Schulsachen in die Ecke und verschwindet nach draußen. Kommt zum Abendessen nach Hause, macht natürlich keine Hausaufgaben. Geht am nächsten Morgen in die Schule und überredet Klassenkollegen, am ehesten Mädchen, ihm ihre Hausaufgaben zum Abschreiben zu geben. Wer sich wehrt, kriegt erst 'nen bösen Blick, dann vielleicht tausend Nadelstiche (das ist, wenn man jemand am Unterarm packt und die Haut entgegengesetzt verdreht) oder vielleicht sogar 'ne Kopfnuss. Voilà, schon hat Sven die Hausaufgaben. Immer und immer wieder.

Ich kann nur noch mal sagen, dass ich beim Wiedersehen mit meinen Klassenkameraden ziemlich verlegen war, weil sich alle nur noch an die guten Seiten von mir erinnern konnten. Alexa Berger beispielsweise, auch eine gute Freundin von mir aus der damaligen Zeit. Dort beim WDR erzählte sie, dass ich sie immer zu meinem Geburtstag eingeladen habe. Na gut, einmal war sie stinkesauer, weil sie mir zu einem Geschenk auch eine Rose mitgebracht hat. Und ich Stoffel hab' die Rose mit irgendeiner dummen Bemerkung weggeworfen. Aber ansonsten sei ich immer ganz lieb und problemlos gewesen. Dabei hätte mir Alexa wegen einer anderen Sache richtig böse sein können. Immerhin hat mich ihr Vater mal wegen Körperverletzung und Sachbeschädigung angezeigt.

Die Körperverletzung bestand darin, dass ich Alexa an einem Fuß gepackt und durch die Turnhalle der Morgenstern-Schule geschleift habe. Und die Sachbeschädigung, dass dabei Alexas rote Leggins durchgescheuert wurden. Nicht die feine englische Art, gerade, weil wir uns sonst gut verstanden haben. Aber sicher auch nicht der ultimative Grund, zur Polizei zu laufen. Doch zusammen mit meinem Ruf als Rüpel des Viertels war das für Alexas Vater wohl ein Alarmsignal. Und da wollte er ein Zeichen setzen. Das Ganze verlief dann irgendwann im Sande, aber meine Mutter hatte wieder einmal einen Schock bekommen. Ihr Sohn, sowieso in der Siedlung schon bekannt wie ein bunter Hund, nun auch noch angezeigt.

Ich war halt einfach immer dabei und habe keine Gelegenheit ausgelassen, mich in den Vordergrund zu spielen. Andrea Bouillon war auch eine Klassenkameradin von mir, auch eine, die ich wirklich mochte. Aber, wenn ich dann irgendwo draußen spielte und die Mutter von Andrea vorbeiging, brüllte ich aus Leibeskräften: „Da läuft Frau Brühe." Frech wie Oskar.

Hatte ich schon gesagt, dass mir die Schule völlig egal war? Zum Beispiel Englisch. Mit dem dümmsten aller Argumente habe ich mich ums Englischlernen gedrückt und mich dabei auch noch ach-so-toll gefühlt. Warum soll ich Englisch lernen, sollen doch die anderen gefälligst Deutsch sprechen. Wow, was für ein dämlicher Spruch. Noch heute kotze ich über meine Arroganz. Jedes Mal nämlich, wenn ich mich mit einem Sparringspartner aus den USA unterhalten will und mir dabei einen abbreche. Dann steht er da, der Herr Sven, und stammelt ein paar Brocken Englisch vor sich hin. Nur, weil er in der Schule solch ein Ignorant war.

Und gleich noch etwas Peinliches: Ich bin absolut sicher, dass ich die ersten 13, 14 oder 15 Jahre meines Lebens kein einziges Buch gelesen habe. Lesen, bääääh, nur was für Weicheier. Angefangen zu lesen habe ich schließlich, weil ich als Amateurboxer in den Trainingslagern Langeweile hatte. Kein schlechtes Argument gegen die These, Boxen mache dumm. Oder?

Mit Kumpels oder Kumpelinnen spielen oder rumhängen, das war das, was mich interessiert hat. Dann gab es noch einen Abenteuer-Spielplatz direkt neben dem Ponyhof Staaken, da hab' ich auch zeitweise fast gewohnt. Oder ich war bei meinem Cousin Bernd, Modelle basteln, das ging auch noch. Er hatte Modell-Motorräder, aber wenn ich mich richtig erinnere, haben wir vor allem Raumschiffe zusammengebaut. Vielleicht gab es noch ein bisschen Musik. AC/DC und Kiss waren damals meine Favoriten. „I was made for loving You" von Kiss ist so 'ne Hymne, die mir bis heute nicht aus den Ohren geht. Und ansonsten gab es höchstens noch Sport.

Ich weiß noch, dass mich Sport und der Lohn beim Sport, Pokale oder Urkunden, schon ganz früh fasziniert haben. Gabi verwahrt heute noch meine Sieger- und Ehrenurkunden von den Bundesjugendspielen. Und dazu muss ich erzählen, dass ich mich mit einer banalen Siegerurkunde wie ein Loser gefühlt habe. Die Ehrenurkunde mit dem angedeuteten Siegel in Golddruck, dafür habe ich mich richtig lang gemacht. Im wahrsten Sinne des Wortes. Denn einmal kam es dann zu einem legendären Sturkopf-Duell zwischen meinem Turnlehrer und mir. Er wollte mir einfach für den Handstand-Überschlag am Pferd nicht die Bewertung geben, die ich für die Ehrenurkunde gebraucht hätte. Also bin ich bestimmt zehnmal angelaufen, wollte einfach nicht locker lassen - aber dieser Lehrer kannte keine Gnade.

Irgendwann habe ich es dann zähneknirschend aufgegeben. Es gab nur 'ne Siegerurkunde in diesem Jahr. Nicht dieses schicke

Zu klein fürs Mittelgewicht? Als Baby, hier mit meinem viereinhalb Jahre älteren Halbbruder Frank, war ich schon ziemlich proper.

Vermutlich mein erster Schlaf-
zimmerblick - im Alter von vier
Jahren.

Wer hat Angst vorm
Weihnachtsmann?
Ich anscheinend.

Mein Garten, meine
Decke, meine Autos
- im Juni 1972.

Die Brille brauchte
ich nur für eine
kurze Zeit, bis
heute habe ich
auch ohne sie den
vollen Durchblick.

Sind wir nicht ein fesches Paar. Mit meiner Mutter bei der Firmung. Und oben links mit voller Tolle.

Die Kinder von Spandau. Unten links ein Bild meiner Vorschulklasse und darüber ein weiteres Bild von mir - beide aus dem Jahr 1973. 30 Jahre später traf ich bei der WDR-Sendung „Das große Klassentreffen" meine 6 b der Christian-Morgenstern-Grundschule mit der Klassenlehrerin Frau Christa Baytoshi wieder.

Bin ich nicht ober-
cool? Sind wir nicht
alle obercool? Das
große Bild ist etwa
1987 entstanden,
das untere mit
meinen Brüdern Nils
(links) und Frank
stammt aus dem
Jahr 1984.

Ehrenurkunden-Teil mit dem Unterschriften-Stempel des Bundespräsidenten. Bei mir war es in den ersten vier Jahren, von 1977 an, übrigens noch Walter Scheel. Dann kam Karl Carstens, von dem ich ebenfalls vier „Autogramme" habe.

Wie 99,9 Prozent aller Jungs habe auch ich mit Fußball angefangen. Anfang der 70er-Jahre beim SC Staaken, wo es in der F- und E-Jugend schon sechs Mannschaften gab. Eigentlich fand ich gar nicht, dass ich ein schlechter Fußballer war. Als Vorstopper oder rechter Verteidiger habe ich damals schon meine Schnelligkeit und meinen Ehrgeiz eingebracht, aber es reichte nur zur zweiten Mannschaft - und das war mir einfach zu wenig. Ich war gut, aber nicht gut genug. Wie fast alle meine Freunde. Karsten Albrecht, einer meiner Klassenkameraden, hat es beim Klassentreffen so erklärt: Wir sind alle an Dirk Muschiol verzweifelt. Der konnte nämlich wirklich kicken. War 'ne echte Augenweide. Klasse gepaart mit dieser arroganten Eleganz, die jeden, der sich mit hochrotem Kopf bemühte, zum Verzweifeln brachte. Dirks älterer Bruder Jens ging auch in meine Klasse, kam zu dem WDR-Treffen. Jens war ein ganz ruhiger, der eigentlich mit mir und der Chaotenfraktion nichts zu tun hatte. Aber sein Bruder war immer beim Fußball mit dabei und hat uns alle nassgemacht. Dirk hat es später bis in die Zweite Bundesliga gebracht, bei Blau-Weiß 90 Berlin. Für mich war jedenfalls beim SC Staaken Schluss.

Die oft beschriebene und immer wieder abgeschriebene Geschichte, eine Karriere als Profikicker wäre mein Jugendtraum gewesen, ist nur eine Legende. Es ist mein Naturell, dass ich schnell das Interesse an Dingen verliere, wenn ich merke, dass ich nicht weiterkomme. Das war auch so mit dem Fußball, dann habe ich auch mal Handball gespielt und war sogar beim TSV Staaken in der Leichtathletik-abteilung. Nächste Geschichte, selbe Geschichte. Ich war durchaus ein brauchbarer Sprinter und kam auch ziemlich sauber über die Hürden. Aber ein bisschen gut ist eben nicht wirklich gut. Der Oberhammer war dann die Schwimm-Episode. Ich wollte in einen Schwimmverein und bin mit meiner Mutter hinmarschiert zu den Sport- und Wasserfreunden Spandau. Denen war ich aber nicht gut genug. Die haben mich einmal vorschwimmen lassen, mich aber einfach nicht in den Verein aufgenommen. Und ich dachte: Wo gibt's denn so was? Ich wollte Schwimmen dort ja richtig lernen.

Muss 'ne ziemlich versnobte Angelegenheit gewesen sein, dieser Verein. Ich darf das sagen, weil ich mit den Spandauer Wasserballern, die als Serien-Meister und langjähriger Kern der Wasserball-Nationalmannschaft, den Wasserfreunden Spandau zu einer gewissen Prominenz im deutschen Sport verholfen haben, immer ein Super-Verhältnis hatte und habe. Aber unter einem Verein, der sich um Nachwuchssportler kümmert, habe ich mir damals jedenfalls etwas anderes vorgestellt. Meine Mutter war ganz besonders enttäuscht, weil sie in ihrer Jugend - übrigens in Ost-Berlin - eine sehr gute Schwimmerin war. Allerdings musste sie ihre Ambitionen begraben, weil meine Oma mütterlicherseits strikt gegen Sport war und ihr alle Fahrten zu Wettkämpfen verboten hat. Für mich gab es ebenfalls eine Pause, denn nach all' diesen Versuchen habe ich ein paar Jahre gar nichts mehr gemacht. Zumindest nicht intensiv. Bis ich dann, 1982 erst, zum Boxen kam.

Ach ja, ein paar Absätze zuvor steht „meine Klasse". Dazu gibt es auch noch eine Anmerkung. Wenn ich das noch richtig

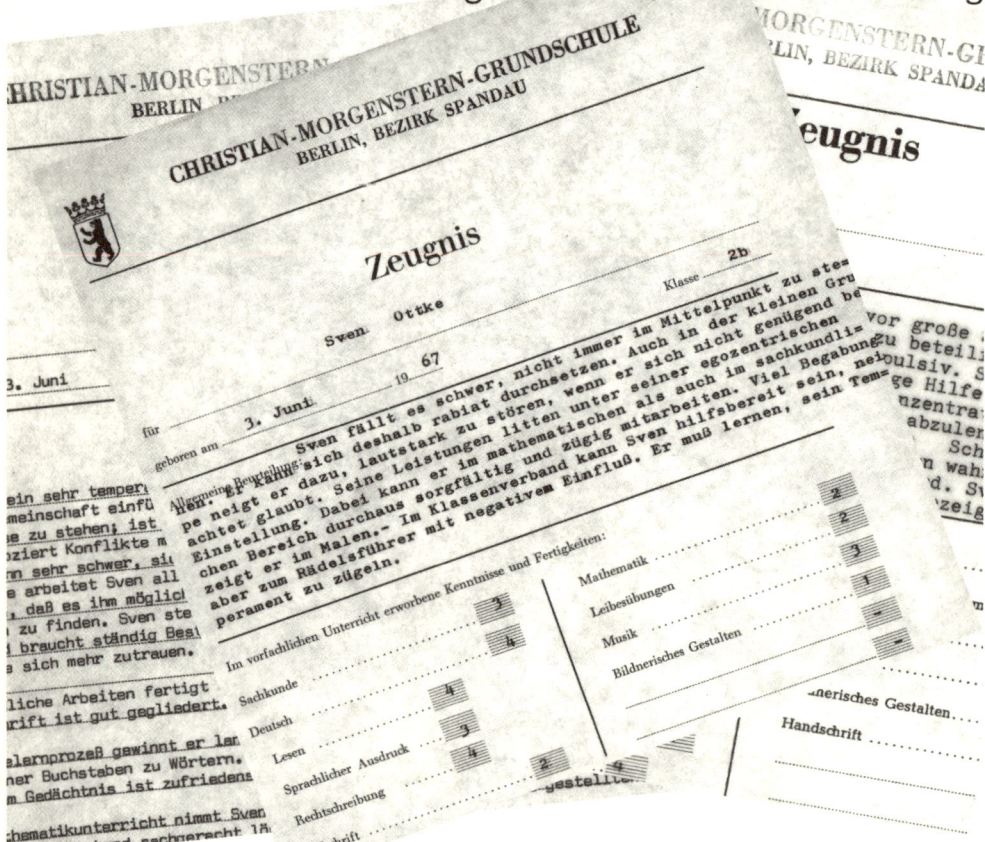

zusammenbekomme, war ich damals in der Christian-Morgenstern-Grundschule in der 1 g. Da hatte ich drei Kumpane, die genauso wild waren wie ich. Zwei davon waren Brüder. Und nach einem Jahr schon hatten die Lehrer die Nase gestrichen voll von uns. Für die dritte Klasse wurde jeder von uns vieren aus der G-Klasse genommen und in jeweils eine andere Klasse gesteckt. Ich landete in der 2 b - und habe dann mit der 6 b meinen Grundschulabschluss gemacht.

Die Bewertung in meinem Jahreszeugnis der ersten Klasse, der erwähnten 1 g also, ist eine ziemlich schonungslose Beschreibung meines Verhaltens: „Sven ist ein sehr temperamentvoller Schüler, der sich nur schwer in die Klassengemeinschaft einfügen kann. Er ist ständig bestrebt, im Mittelpunkt der Klasse zu stehen; ist das nicht der Fall, stört er bewusst den Unterricht und provoziert Konflikte mit seinen Klassenkameraden. Aus diesem Grund ist es sehr schwer für ihn, sich auf das Unterrichtsgeschehen zu konzentrieren." So weit, so schlecht. Aber irgendwie schienen mich die Lehrer trotzdem gemocht zu haben. Denn die Beurteilung geht weiter: „Zeitweise arbeitet Sven allerdings interessiert mit. Unterrichtsgespräche beweisen, dass es ihm möglich ist, Probleme zu erkennen und selbstständig Lösungen zu finden." Es gab also noch Hoffnung. Unten auf der Seite steht dann zum Glück. „S. wird versetzt in die Klasse 2."

Das Thema dieser Zeilen zieht sich dann durch die folgenden Jahre. Ein paar kleine Ausschnitte sollen das belegen. „Auch in kleinen Gruppen neigt Sven dazu, lautstark zu stören, wenn er sich nicht genug beachtet fühlt. Dabei kann er im mathematischen und sachkundlichen Bereich durchaus sorgfältig und zügig mitarbeiten." (Klasse 2b). „Im Klassenverband kann Sven hilfsbereit sein, neigt aber zum Rädelsführer mit negativem Einfluss." (Ebenfalls 2b). „Glaubte Sven seine Leistungen nicht gebührend beachtet, so versuchte er, im Unterricht lautstark aufzufallen. Im Zusammensein mit den anderen Schülern greift Sven - wenn auch nicht mehr so häufig - zu rabiaten Mitteln, um sich durchzusetzen. Er kann aber auch hilfsbereit und ein einfallsreicher Spielkamerad sein." (Klasse 3b, Halbjahreszeugnis). „Sven kann ein arbeitswilliger und leistungsfähiger Schüler sein, jedoch werden seine Leistungen von Verhaltensschwierigkeiten bestimmt, die in letzter Zeit wieder zugenommen haben." (Klasse 3b, Abschlusszeugnis). „Sven neigt häufig zur Gewalttätigkeit gegenüber Schwächeren. Er muss lernen, sein unbeherrschtes Temperament zu zügeln, um in der Gemeinschaft die entsprechende Anerkennung zu finden." (Klasse 4b, Halbjahr). „Sven bemühte sich, besonders in den letzten Monaten, sein Verhalten zu verbessern. Er muss sich bemühen, ausdauernder zu arbeiten." (Klasse 4b, Abschluss).

Ich glaube, diese Bewertungen sprechen für sich. Und sie bestätigen das ungeschminkte Bild, das ich von mir selbst aus dieser Zeit bewahrt habe.

Ich finde es wunderbar, dass es die netten Erinnerungen meiner Klassenkameraden an mich gibt, auch das war ein Teil meines

Naturells. Aber die Wahrheit ist, dass ich ein schwieriger, konfliktbereiter und aggressiver Schüler war. Das doppelte Bild soll noch eine weitere Geschichte belegen. Bei einer Klassenfahrt in der Grundschule, es war eine Ski-Freizeit in Oberwarmensteinach im Fichtelgebirge, gab es schon vorher Stress. Der Vater einer Klassenkameradin, die ich anscheinend besonders oft geärgert und getriezt hatte, stellte der Klassenlehrerin ein Ultimatum. Entweder Sven Ottke, der Rüpel, bleibt zu Hause, oder ich lasse meine Tochter nicht mitfahren. Ich bin Frau Christa Baytoshy heute noch dankbar, dass sie nicht eingeknickt ist, obwohl es sicher Gründe gegeben hätte. Aber sie hat sich einfach auf den Standpunkt gestellt, dass sie sich nicht vorschreiben lässt, wie sie ihre Klasse zu leiten und zu kontrollieren hat. Bei dieser Reise war noch eine andere Klasse aus der Wasserwerk-Schule dabei und die Lehrer haben einen Tanzwettbewerb organisiert.

Frau Baytoshy muss mich schon sehr, sehr gut gekannt haben, muss meine spätere Tanzbegeisterung vorausgeahnt haben, weil sie aus heiterem Himmel entschied, ich solle mit meiner Klassenkameradin Manuela Wolff eines der Paare bilden. Sie hat mir das schon einen Tag vorher erzählt, was zu einem typischen Ottke-Auftritt geführt hat. Ich lag nämlich mit zwei Klassenkameraden, Ricardo Reich und Ralf Jähring, in einem Dreier-Zimmer, wobei ich ein Einzelbett hatte. Und als ich davon erfahren hatte, dass ich großer Tanzmeister werden konnte, raste ich auf mein Zimmer und tobte wie wild auf dem Bett herum. Vermutlich wollte ich ein paar coole Bewegungen für den Wettbewerb einstudieren. Zu cool für den Lattenrost, der einfach unter mir zusammenbrach. Frau Baytoshy war wenig amüsiert, weil es schon Abend war und sie sich auf den Weg machen musste, irgendwo einen Handwerker oder ein Ersatzbett aufzutreiben. Dabei, und das erzählte sie in der WDR-Sendung ganz süß, ist sie irgendwo aufgehalten worden und hat mich für eine Zeitlang vergessen. Als sie schuldbewusst zurückkam, lag ich einfach mit dem Bettzeug auf dem Boden und habe den Schlaf des Unschuldigen geschlafen.

Ein großer Auftritt ist Manuela und mir dann auch noch gelungen. Lange bevor ich Deutscher Meister im Amateurboxen wurde, lange bevor ich EM-Medaillen oder den Weltmeister-Gürtel bei den Profis in die Höhe strecken durfte, konnte ich meine allererste Übung im Feiern eines Triumphes absolvieren. Sven Ottke (zusammen mit Manuela Wolff), stolzer zweiter Sieger des John-Travolta-Wanderpokals im Rock'n'Roll-Wettbewerb der gemeinsamen Klassenreise der Christian-Morgenstern-Grundschule und der Wasserwerk-Schule. Vielleicht war es das, was in der

Zeugnisbewertung dann als hilfsbereiter und einfallsreicher Spielkamerad beschrieben wurde.

Ach ja, vielleicht interessieren auch noch ein paar Noten. Die besten Zensuren hatte ich immer in Sport und Bildender Kunst. Mindestens eine 2, in Kunst sogar zwischendurch eine 1. Mathe war auch noch ganz okay, auf ziemlich konstanter Basis. Ziemlich nach unten ging es traditionell in Englisch und später auch in Geschichte/Sozialkunde. Vor allem im letztgenannten Fach hatte ich die 5 gebucht. Fand ich halt nicht so aufregend, irgendwelche Jahreszahlen auswendig zu lernen und dazu die komischen Namen von irgendwelchen komischen Kaisern, Königen oder Regierungschefs.

Beim John-Trawarmensteinach-Pokal

... wurde das Paar

Sven Ottke u. Manuela Wolff

2. Sieger

Datum: 15.2.79
Schule: 22.6. Spandau

Damit auch keine Frage offen bleibt, hier die Zensuren meiner Abschlussklasse 6b in der Christian-Morgenstern-Grundschule: Deutsch 4, schriftlich 4, schriftlicher Ausdruck 3, Rechtschreibung 4; Geschichte/Sozialkunde 5; Erdkunde 4; Englisch 5, schriftlich 5, mündlich 4; Mathematik 3; Technik/Physik 4; Biologie 3; Leibesübungen 2; Musik 3; Bildende Kunst 2; Handschrift 3; Technik/Werken 3. Hmh, gerade mal brauchbar, würde ich als Bewertung abgeben.

Bolzplatz, Müllhalde, Wohnungen von Freundinnen und Freunden, Musik - Foreigner habe ich damals in der Deutschlandhalle gesehen und fand sie einfach großartig - waren eben meine Interessen. Und nach wie vor Futtern, am liebsten bei Großmuttern im Engelmannweg in Reinickendorf. Dort, das weiß ich noch genau, habe ich zwischendurch auch richtig gelebt. Ich hatte mein Bett und dazu einen Tisch mit Süßigkeiten nur für mich alleine. Ich könnte heute noch den Weg dorthin im Schlaf finden. Durch den Flur, rechts vom Schlafzimmer ging es ins Wohnzimmer, da stand ein Zweisitzer und dahinter in der Ecke „mein" Tisch. Immer frisch gedeckt mit Toffifee, Rocher, Bahlsen-Schokokekse - alles, was der kleine Sven mit beiden Händen in sich reinstopfen konnte.

Meine Oma Klara hat alles für mich getan. Sie hat mich verwöhnt wie einen kleinen König, der ich ja außerhalb ihrer Wohnung wirklich nicht war. Sie hat mich jedes Mal gefragt, was sie denn für mich kochen soll. Und wenn ich später noch Hunger hatte, hat sie mir noch mal Stullen geschmiert. Und ich habe alles in mich hineingestopft. Was man dann auch gesehen hat. Aus dieser Zeit stammt ein Foto, das zum Glück bei meinem Opa sehr gut aufgehoben ist. Da liege ich auf der Couch und habe ein orangefarbenes Hemd an. Und man sieht genau, wie sich die Zwischenräume zwischen den Knöpfen wölben und das weiße Unterhemd nach außen drückt, so gemästet war ich damals. Das Bild mit dem Hemd wird nur noch getoppt von den Matrosenanzügen, die ich damals anziehen musste. Falls es davon noch Fotos gibt, kaufe ich alle Negative.

Leider sind meine beiden Omas Ende der 90er-Jahre kurz nacheinander gestorben. Aber mein Opa Erwin – Klaras Mann - ist mit seinen 88 Jahren immer noch da. Ein wunderbarer Opa. Er ist schwer krank, deswegen versuche ich regelmäßig mit meiner Frau Gabi und den Kindern nach Berlin zu fahren, um ihn so oft wie möglich zu sehen. Ich hoffe inständig, dass er die 90 schafft.

Die Aufenthalte bei meiner Oma hingen nicht nur mit Verwandtschaftsbesuchen zusammen. Sondern auch damit, dass meine Mutter Ende der 70er-Jahre, 1978, um exakt zu sein, schwer krank wurde. Sie hatte Lähmungserscheinungen im Bein, die Ärzte vermuteten einen Bandscheibenvorfall, konnten aber nichts finden. Im Endeffekt war es dann so, dass sich die ganze Sache als Nervenleiden herausstellte: Der ganze Stress mit meinem Vater und natürlich auch mit mir wirkte sich als derartiger seelischer Druck aus, dass ihr Körper sich zu wehren begann. Meine Mutti lag über ein halbes Jahr im Krankenhaus. Ich habe an diese Zeit, die dann auch das endgültige Aus für die Ehe meiner Eltern einleitete, nur ganz dumpfe Erinnerungen, das habe ich anscheinend richtig gekonnt verdrängt.

Wenn mich vor dem Beginn der Arbeiten an diesem Buch jemand nach dieser Zeit gefragt hätte, wäre meine Antwort gewesen: So schlimm war das schon nicht. Meine Eltern haben sich getrennt, aber ich hatte ja auch zu meinem Vater noch einen guten Kontakt. Er war ja nicht aus der Welt. Alles Pillepalle.

War es aber nicht, das weiß ich heute. Und ein Beweis dafür ist, dass ich nach der Grundschulzeit eine Hauptschulempfehlung hatte. Zu mehr war ich nach Einschätzung der Lehrer nicht fähig. Eigentlich, so zumindest meine Erinnerung, wurde in der Morgenstern-Schule auch darüber diskutiert, ob ich nicht auf eine Sonderschule für schwer erziehbare Kinder verwiesen werden müsste. Meine Mutter hat mir mal erzählt, dass bei einem Elternabend sich eine ganz Menge Eltern anderer Schüler gemeldet hätten und argumentierten, ich sei ja gar nicht immer so schlimm. Zumindest sei ich ein ausgesprochen lieber Kerl, wenn ich irgendwo zu Besuch wäre. Jedenfalls hat es doch geklappt mit der Versetzung in die Oberstufe in der Bertolt-Brecht-Gesamtschule in der Spandauer Wilhelmstraße.

Aber auch in der siebten und achten Klasse wurde diese komische Beziehung zwischen mir und dem Lehrplan nicht besser. Alles, was ich aus dieser Zeit Anfang der 80er-Jahre in Erinnerung habe, sind ziemlich wirre Aktionen. Zum Beispiel die Nummer mit dem Abseilen von einer Brücke. Es muss die Freybrücke gewesen sein, an der Heerstraße, wenn man in Richtung Olympiastadion fährt. Ralf Jähring und Tyrone Kukowski waren die beiden, die dabei waren. Warum, weshalb und wie - ich weiß es nicht mehr. Aber ich erinnere mich noch ganz genau, dass ich an diesem verdammten Seil hing und ab der Hälfte des Weges keine Kraft mehr hatte. Ich habe mich mit letzter Kraft festgeklammert und nach unten rutschen lassen. Als ich unten ankam, waren alle Finger an den Innenseiten bis aufs Fleisch durchgescheuert. Ich bin heulend vor Schmerzen nach Hause gelaufen und habe meiner Mutter irgend eine wirre Geschichte aufgetischt. Sie weiß bis heute nicht, was damals wirklich passiert ist.

Oder die Sache mit dem Parkhaus hinter dem Einkaufszentrum in Staaken. Da hingen Asbestplatten als Verkleidung davor. Und nur, um irgend was zu tun, habe ich mich in acht oder zehn Metern Höhe über die ganze Breite gehangelt. Sven hat vor überhaupt nichts Angst, haben sie in meiner Klasse und der ganzen Schule immer gesagt. Damals war ich stolz auf solche Sprüche. Heute? Bescheuert!

Als ich jetzt bei der Arbeit an diesem Buch mit vielen Leuten über die Vergangenheit gesprochen habe, ist ab und zu eine Frage aufgetaucht, die mich schon beschäftigt. Warum ist eigentlich nichts Schlimmes passiert? Warum bin ich nicht auf die schiefe Bahn geraten? Warum ist trotz der ganzen Rebellion alles irgendwie doch kontrollierbar abgelaufen? Ich weiß keine schlüssige Antwort darauf. Nur die Vermutung, dass ich mich schon an vielen Orten aufgehoben gefühlt habe und dass ich eigentlich nur auf mich aufmerksam machen wollte. Ohne wirklich die Kontrolle zu verlieren. Mit ein bisschen Küchen-Psychologie könnte man sagen: Ich habe geradezu nach kontrollierten Situationen gesucht. Irgendwie haben mich viel mehr Menschen erzogen als nur meine Mutter und mein Vater. Viele haben sich um mich gekümmert, obwohl ich solch ein kompliziertes Kind war. Das ist vielleicht die Anwort auf die obige Frage. Es gab, zumindest für mich, ein Netz, das mich in unserem Viertel auch aufgefangen und getragen hat.

Auch wenn ich jetzt vorgreife in die Zeit, in der ich schon mit dem Boxen angefangen hatte, müssen hier ein paar Geschichten über die Sachen sein, die in jungen Jahren durchaus Gefahren bergen. Mit Alkohol hatte ich nie ein Problem. Im Gegenteil: Ich kann die Situationen in meinem Leben, in denen ich richtig betrunken war, bis heute an den Fingern einer Hand abzählen. Ich glaube, dass mein Vater ein abschreckendes Beispiel war. Obwohl ich seine Exzesse vorwiegend nur aus Erzählungen kenne und - war da was mit Verdrängung? - wirklich kaum Bilder vor dem geistigen Auge habe, habe ich immer Probleme mit Leuten, die sich die Kante geben. Kurz mag das ja lustig wirken, aber dann verpfeife ich mich.

Meinen ersten Rausch hatte ich, als mich mein Cousin Bernd mit in eine Kneipe nahm. Schließlich war er einige Jahre älter. Und in dieser Kneipe haben wir alles durcheinander getrunken. Irgendwann musste es dann sogar noch eine Laterne sein. Das ist ein Maßkrug voller Bier mit einem Likörglas auf dem Boden. Teuflisches Zeug. Ich aber fühlte mich schon richtig erwachsen und habe erst mal überhaupt nichts gemerkt. Ich war sogar noch gegenüber in der Döner-Bude und hatte nach dem ganzen Alkohol so tierisch Hunger, dass ich mir zwei Döner am Stück reingepfiffen habe. Dann saß ich wieder in der Kneipe - und habe drei Minuten später gerade noch den Sprint zur Tür geschafft, um die Döner in hohem Bogen wieder Richtung Döner-Bude zurückzuschicken. Das zweite, und meiner Erinnerung nach schon das letzte Mal mit einem echten Vollrausch, war in einer Bar in der Wilmersdorfer Straße mitten in West-Berlin. Ich weiß noch, dass ich die Einrichtung dort cool fand. Surfbretter als Tische und solch ein Zeug. Und wir haben Tequila getrunken, richtig auf Show mit Salz und Zitrone - und ohne Ende. Ich habe wieder nichts gespürt - bis ich hinaus an die frische Luft bin. Das war wie ein Volltreffer ans Kinn. Ich stand von einer Sekunde auf die andere voll unter Strom, weiß noch, dass ich gegen eine Wand geprallt bin - und dann Filmriss.

Am nächsten Morgen bin ich in meinem eigenen Bett aufgewacht und kapiere bis heute nicht, wie ich nach Hause gekommen bin. Es muss ja mit dem Bus gewesen sein. Kurfürstendamm runter, Theodor-Heuss-Platz und die ganz ellenlange Heerstraße entlang. Aber es gab und gibt nicht das geringste Licht in meiner Erinnerung an diese Nacht.

Heute trinke ich vielleicht mal ein Weizenbier. Oder zu Hause ein oder zwei Gläser Wein. Am liebsten einen trockenen Weißwein, vor allem, wenn ich in der Trainingsphase bin, weil das dann erfrischt und weniger Kalorien hat als Rotwein. Schließlich muss ich aufs Gewicht achten. Man kann mir auch mal auf einer Feier oder einem Empfang ein Glas Sekt in die Hand drücken. Aber ich brauche keinen Alkohol, um zu entspannen oder um lustig zu sein. Diese Lektion habe ich als Kind gelernt, dass Alkohol nur kurz ein Freund und dann das pure Gift ist.

Mit Tabak hatte ich sowieso nie etwas am Hut. Raucher sind mir irgendwie suspekt. Als Sportler kriege ich die Krise, wenn ich daran denke, was die armen Nikotinsüchtigen mit ihrem Körper anstellen. Ich bin ein semi-militanter Nichtraucher, habe manchmal auch richtig Probleme in der Öffentlichkeit, wenn irgend jemand direkt neben mir oder direkt gegenüber raucht. Dann sage ich auch etwas dazu, meist nichts besonders nettes. Denn ich verstehe es einfach nicht, wie man sich so bewusst selbst schädigen kann. Kapiere ich nicht und werde es nie kapieren.

Und weil wir schon beim Thema sind. Ja, ich habe inhaliert. Genau ein einziges Mal in meinem Leben. In der Berufsschulzeit. Mein Freund Christian Meinke hatte eine sagenumwobene blaue Kasten-Ente. Und irgendwann saßen wir mal mit sechs Mann hinten drin und ein Joint ging rum. Ich also auch ran an das Ding und voll auf Lunge. Mann, war mir kotzspeiübel. Alle anderen waren super drauf, haben gelacht und gar nicht mehr aufgehört zu lachen - und ich bin fast gestorben. Das war's dann mit mir und Drogen. Ich habe noch nie etwas vermisst und dafür gut gelebt.

Man kann sicher auch aus meinem Umgang mit Geld Rückschlüsse auf meine Kindheit ziehen. Obwohl es uns an nichts Lebenswichtigem gefehlt hat, war der Ottke-Haushalt garantiert keine Luxus-Veranstaltung. Wir hatten genug zu essen, wir hatten immer etwas anzuziehen - auch wenn ich für die Zusammenstellung aus alten und neuen Klamotten in der Schule öfter belächelt worden bin -, wir bekamen immer unser Taschengeld. Das waren, solange meine Mutter mehr oder weniger alleine für mich und Frank sorgen musste, fünf Mark pro Woche. Dann aber, als sie meinen Stiefvater Hans kennenlernte, passierte etwas Wunderbares für uns Kinder. Nils, der Sohn von Hans, bekam damals 100 Mark im Monat. Und obwohl meine Mutter erschrak, weil sie sich das unmöglich für Frank und mich leisten konnte, setzte sich die Argumentation von Hans durch. Alle drei müssen dasselbe bekommen. Also hat Hans Frank und mich großzügig mitgesponsort. Trotzdem überwiegen die Erinnerungen an die Zeit mit meiner Mutter, für die wirklich keine großen Sprünge drin waren. Ich habe schon gemerkt, dass meine Mutter mit dem Pfennig rechnen musste. Vor allem dann, wenn ich Hosen bekam, die aus den Familien meiner Onkel an meine Mutter weitergereicht worden waren - und die dann vorher auch noch Frank getragen hatte. Gibt es heute noch Kinder, die als Dritt- oder Viertbewohner einer deutlich aus der Mode gekommenen Anzughose durch die Gegend laufen müssen?

Mich haben die Zeiten geprägt, das streite ich gar nicht ab. Wenn die Leute heute sagen „Sven Ottke hat einen Igel in der Tasche", habe ich damit kein Problem. Ich bin sparsam, auch wenn ich mich nicht als geizig bezeichnen würde. Aber obwohl ich mir gerne mal was leiste und auch kein Problem habe, mal spontan für Gabi Schmuck oder etwas anderes Schönes zu kaufen, achte ich immer auf den Schnäppchen-Faktor. Ja, ich habe einen Großbild-Fernseher, aber den habe ich nach Weihnachten mal so günstig in einem Elektro-Großmarkt abgeschossen, dass er kaum teurer war als ein normaler Marken-Fernseher. Und bei uns in der Küche steht ein Riesenkühlschrank, den Gabi und ich haben wollten, seit wir in den USA diese Megateile mit automatischer Eiswürfelzubereitung gesehen haben. Gekauft für ein Drittel des Listenpreises, weil wir eben warten konnten, bis er mal im Angebot war.

Ich bin sparsam, was nichts anderes heißt, als dass ich auch wirklich sparen kann. Und dafür dann auch etwas tue. Ich habe in meiner Kindheit mich also nicht nur auf das Taschengeld verlassen, sondern auch Zeitungen ausgetragen. Zuerst waren es Anzeigenblätter, was einigermaßen okay war. Mit dem Fahrrad durch die Gegend düsen, die Dinger in die Briefkästen stecken - und das für 50 Mark im Monat. Kein Problem. Es gibt wenig Schöneres für mich, als an der frischen Luft unterwegs zu sein. Ich war auch ein ziemlich zuverlässiger Anzeigenblatt-Stecker - ich wollte schließlich das Geld verdienen und die Nummer, fünf oder sechs Zeitungen in einen Briefkasten zu stecken, fand ich in diesem Zusammenhang nicht so clever.

Später habe ich auch eine Zeitlang Illustrierte ausgetragen. Fernseh-Zeitschriften, die „Neue Revue" und irgendwelche Frauen-Klatsch-

Mein Svennie

4. Runde: Der Wegbereiter

„Meine früheste Erinnerung an Sven Ottke ist keine gute. Es war beim Ost-Berliner TSC-Turnier 1987, als ich ihn im Finale klar besiegt habe und nie den Eindruck hatte, dass er mich wirklich herausfordern wollte. Mitten im Kampf kam dieser Zwischenruf von der Tribüne: 'Henry, hau nich' zu dolle, dann lässt er dich mit seinem Porsche fahrn.' Das hat mich geärgert, weil ich den Eindruck hatte, da ist jemand mit Platz zwei zufrieden und gibt lieber den Sonnyboy.

Mein Stolz auf meinen Trabbi, den ich 1985 erworben hatte, war natürlich auch ein bisschen beschädigt...

Sven hat trotz seines ganzen Talents im Amateurlager immer diese Härte vermissen lassen, auf die wir in der DDR getrimmt worden sind. Es hat deshalb ein bisschen gedauert, bis ich erkannt habe, dass er diese Qualitäten doch in sich hat. Aber dann hat er mich noch in seiner Amateurzeit beeindruckt, als er die Herausforderung durch Thomas Ulrich wieder abgewehrt hat. Seine Leistung als IBF-Weltmeister spricht für sich. So viele Titelverteidigungen wie er schafft nur der, der diesen Sport bedingungslos mit allen seinen Härten akzeptiert.

Ich wünsche ihm das Allerbeste für sein letztes Jahr im Boxring und viel Glück beim darauf folgenden Kampf, dem Übergang ins Leben nach dem Boxen."

Henry Maske (39), Amateur-Weltmeister und Olympiasieger, war als Profi von März 1993 bis November 1996 IBF-Weltmeister im Halbschwergewicht.

Magazine. Das war mir dann aber zu stressig, weil ich auch die Abonnements-Gebühren an den Haustüren eintreiben musste. Und da habe ich dann alle Ausreden dieser Welt kennengelernt, die Leute eben benutzen, wenn sie wirklich kein Geld haben. Ich musste oft zehnmal an derselben Türe klingeln, bis es den Menschen zu peinlich war, mich Teenager wieder ohne Geld wegzuschicken. Auf meiner gedruckten Liste der Abonnenten musste ich immer ein Kreuz machen, wenn jemand bezahlt hatte, und einen Kreis, wenn die Rechnung noch offen war. Es war ziemlich unangenehm für mich, wenn ich nach einer Tour durch das ganze Viertel fast nur Kreise auf dem Zettel hatte. Ich habe die Sache dann schnell wieder aufgegeben. War nicht mein Ding. Wobei ich mich bis heute frage, warum die Leute diese Blätter nicht einfach abbestellt haben.

Auf jeden Fall hatte ich dann, zusammen mit dem durchaus bemerkenswerten Betrag, den ich zu meiner Einsegnung von Verwandten und Bekannten bekam, irgendwann das Geld zusammen für meine allererste größere Anschaffung, an die ich mich noch bis in jedes Detail erinnern kann. Kein Wunder: Es war mein erster motorisierter, fahrbarer Untersatz. Mit 15 oder 16 reichte mir mein schwarzes Rennrad nicht mehr, ich kaufte mir für 2.500 Mark meinen Traum. Eine Hercules Ultra 80. Mein Moped. Mein ein und alles. Ich habe irgendwo eine Kleinanzeige gelesen, bin nach Zehlendorf gefahren - und als ich dann vor ihm stand, war kein Gedanke mehr an Handeln. Obwohl ich mir vorgenommen hatte, richtig hart um jede Mark zu kämpfen, habe ich einfach nur die Scheine hingezählt und das Prunkstück mitgenommen.

Ihr hättet die Maschine sehen sollen. Die Lackierung blau-metallic, die Taschen aus weißem Plastik, weiße Felgen. Ich war begeistert - und habe mich nach ein paar Tagen bereits zum ersten Mal hingelegt. Damals hatten meine Mutter und mein Stiefvater schon die Bewirtschaftung der Bruno-Gehrke-Halle im Norden von Spandau übernommen. Das war ziemlich kurz, nachdem wir von der Heerstraße in den Pillnitzer Weg gezogen sind. Hektische Zeiten also - aber für diese Geschichte spielt das nur eine Rolle, weil ich mich noch genau an meine Jungfernfahrt mit der jetzt schwarz lackierten Hercules Ultra erinnere. Wenn man von der Neuendorfer Straße Richtung Gehrke-Halle abbiegt und dann aufs Gelände fährt, gibt es eine Gehsteigkante. Und dort hat es mich mit dem eben erst frisch reparierten Moped ausgehoben. Rumms, lag ich wieder da. Den Lenker hatte es in den Tank gedroschen, die Lackierung war wieder hinüber. Wenn ich nicht irgend etwas komplett vergessen habe, dann war dies das bisher letzte Mal, dass ich geheult habe wie ein Schlosshund.

Ich war unglaublich sauer auf mich selbst. Aber wie es manchmal im Leben kommt, hatte selbst diese Blamage für mich später etwas Gutes. Ich habe mich nämlich, auch unter dem Eindruck der wilden Geschehnisse mit der Hercules Ultra 80, dazu überreden lassen, den Motorrad-Führerschein nicht gleich mit dem Auto-Führerschein zu machen. Hans war im ersten Beruf ausgebildeter Fahrlehrer und hat mich später beim 3er-Führerschein geschult. Aber er hat sich kategorisch geweigert, den 1er mit mir zu machen. Ich sei zu wild und er könne mir nicht genug Zurückhaltung beibringen, um mich mit einem Motorrad guten Gewissens auf den Straßenverkehr loszulassen. Ich habe das akzeptiert. Da war noch nicht einmal verstärktes Zähneknirschen dabei. Während wir im Auto gemeinsam saßen - Hans hatte immer ein Stöckchen dabei, mit dem er die Fehler auch spürbar anzeigte - habe ich kapiert, dass er richtig was vom Fahren verstand und habe keine Argumente gegen seine Einschätzung gefunden.

Ich war ja auch wirklich in den Anfangsjahren wie ein Verrückter unterwegs, nach dem Motto „Blinken und Bremsen ist nur was für Warmduscher" und hatte auch immer die entsprechenden Autos dazu. Es ging los mit einem 316er-BMW in Rot, den ich einem Schulfreund für kaum vorstellbare 8500 Mark abgekauft habe. Später kam dann ein 944er-Porsche, dann der ultimative Traum, ein BMW 325 i, B6 Alpine, in weiß, später ein Mercedes-Cabrio und weitere Mercedes. Immer mit Anlauf zusammengespart und als Schnäppchen von Leuten gekauft, die mich mochten und deswegen noch ein bisschen weniger haben wollten. Aber eben nicht unbedingt das Normale für einen Teenager.

Den Motorrad-Führerschein habe ich übrigens inzwischen doch noch gemacht. 1999 in Berlin. An einem einzigen verlängerten Wochenende - dann hatte ich das Papier endlich in Händen. Vielleicht wird ja doch noch was aus diesem Traum, den so viele andere auch haben: Einmal mit der Harley-Davidson über die Route 66 quer durch die Vereinigten Staaten. Easy-Rider-Feeling und alles was dazu gehört. Was Gabi und die Kinder wohl dazu sagen würden?

Ich schweife ab, weil es oft gar nicht so einfach ist, chronologisch zu erzählen. Erinnerungen führen mich meist zwangsläufig in die Gegenwart, weil die Verbindungen offensichtlich sind. Oder offensichtlich werden, wenn man stundenlang ein Mikrofon vor sich hat und versucht, sein Leben zu erzählen.

Hans Krieghoff, mein Stiefvater, ist in den vergangenen Absätzen immer wieder aufgetaucht. Ich kann mich nicht mehr präzise erinnern, wie das damals war, als er meine Mutter kennengelernt hat. Auf jeden Fall ist unstrittig, dass er Stabilität in mein Zuhause gebracht hat. Auch wenn ich das anfangs nicht wahrhaben wollte. Als meine Mutter und Hans sich kennengelernt haben, hatten sie beide jeweils eine Zweieinhalb-Zimmer-Wohnung in der Rudolf-Wissell-Siedlung. Hans war Witwer und sorgte für seinen Sohn Nils, meine Mutter, wie gesagt, hatte Frank und mich. Wir beide haben gemeinsam ein Zimmer bewohnt und damals haben wir regelmäßig Streit miteinander bekommen. Verstanden haben wir uns erst später, die Kinderzeit war ein dauerndes „Mutti, der Frank hat mich..." - „Nein, der Sven hat zuvor". Auf jeden Fall habe ich immer den Kürzeren gezogen, weil Frank schließlich über vier Jahre älter war. Ich habe jede Menge einstecken müssen. Vielleicht habe ich deswegen im Boxring immer tausendprozentig darauf geachtet, möglichst wenig abzubekommen.

In der Anfangszeit der Beziehung zwischen meiner Mutter und Hans ergab sich für Nils und mich eine geniale Zeit. Während unsere Eltern meistens zusammen in der Wohnung meiner Mutter waren, hatten Nils und ich weitgehend eine sturmfreie Bude in der Wohnung von Hans. Wir haben uns super verstanden, geniale Partys gefeiert und Hans schier zur Verzweiflung gebracht, weil wir Milch gleich molkereiweise verbraucht haben. Nils und ich sind absolute Pudding-Fans und haben fast jeden Tag angerührt. Hans hat immer wieder ungläubig nachgefragt, was wir denn mit der ganzen Milch machen. Es war wirklich nur Pudding.

Später sind meine Mutter und Hans zusammengezogen, in den Pillnitzer Weg 31, in eine Wohnung mit zwei und zwei halben Zimmern. Was nichts anderes hieß, als dass Nils und ich - Frank lebte damals schon ein einer Ein-Zimmer-Wohnung gleich um die Ecke - jeweils ein kleines Zimmer für sich hatten. Das war schon echter Luxus. Nicht mehr mit dem Bruder den engen Platz teilen zu müssen.

Ich habe mir natürlich auch von Hans nichts sagen lassen, zumindest nicht gleich. Wir hatten jede Menge Auseinandersetzungen, wobei ich ihn vor allem damit zur Weißglut brachte, indem ich ihn einfach nur ignoriert habe. Die alte Nummer eben: Nach Hause kommen, egal, ob von der Schule oder später vom Box-Training, Schulranzen oder Trainingstasche in die Ecke gepfeffert und Ohren auf Durchzug. Ich kann nicht mehr zählen, wie oft Hans dann in mein Zimmer kam und mir ziemlich deutlich gemacht hat, dass ich mich besser benehmen sollte. Aber, obwohl er mich schon weitgehend aus der Zeit kennt, in der ich durch das Boxen ein verträglicherer Zeitgenosse geworden war, war es mit der Folgsamkeit im häuslichen Rahmen nicht weit her.

Bei irgendeiner dieser Diskussionen habe ich ihm auch diesen Satz reingedrückt, der garantiert typisch für Scheidungs- und Trennungskinder ist. „Du hast mir gar nichts zu sagen. Du bist ja nicht einmal mein Vater." Hans hat mir viele Jahre später erklärt, wie sehr ihn dieser Ausbruch getroffen hat. Heute nenne ich ihn Vater ohne groß darüber nachzudenken. Wir haben uns schon ziemlich gut kennengelernt in den Jahren.

Das hat auch seine Gründe darin, dass Hans eben immer da war. Dass selbst ich, der immer noch irgendwie Bruno nachgetrauert und meiner Mutter deswegen sogar ab und zu ziemlich gemeine Vorwürfe gemacht hat, mitbekommen habe, dass Hans gut war für meine Mutter. Alles wurde irgendwie normaler, ruhiger, gewohnter. Hans kocht sehr gerne, ist auch sonst dauernd in Aktion und immer überall dabei. In diesem Jahr 2003 feiern er und meine Mutter ihren 20. Hochzeitstag. Angesichts der „wirren" Verhältnisse in meiner Kindheit und frühen Jugend sagt das eigentlich schon alles.

Hans ist auch ein Bastler und Organisator vor dem Herrn. Als ich mich irgendwann einmal darüber beschwert habe, ich hätte in meinem Zimmer zu wenig Platz, hatte er gleich die Idee, ein Hochbett zu bauen. Das war auch wieder eine irre Geschichte. Denn aus irgendwelchen Gründen, vermutlich, weil ich inzwischen durch das Boxen sozialisiert war und auch in der Schule besser mitgearbeitet habe, ging ich mit der Hochbettidee zu einem meiner Lehrer. Muss wohl der für Arbeitslehre gewesen sein. Jedenfalls haben der Lehrer und ich eine Bauzeichnung für das Bett gemacht, vermutlich mit hoch-mathematischer, statischer Berechnung. Hans hat sich erst halb krank gelacht, als er die Zeichnung gesehen hat, dann schlug er die Hände über dem Kopf zusammen, als er merkte, dass ich Sturkopf durch nichts umzustimmen war. Schließlich sind wir gemeinsam losgezogen und haben mörderisch dicke Holzbalken eingekauft - für 330 Mark, wie er mir heute noch vorrechnet - und ein Hochbett gezimmert, auf dem vermutlich zwei Elefanten hätten tanzen können. Aber wenn ich mir mal etwas in den Kopf setze, helfen kaum noch Argumente oder gute Worte. Lange hat mich das Hochbett auch wieder nicht begeistert. Hans war wenig amüsiert, als ich irgendwann das ganze Holz wieder entsorgt habe, weil ich doch wieder ein normales Bett haben wollte.

Aber vorher ist in dem Hochbett noch etwas passiert, was zwangsläufig passiert, wenn Mann älter wird. Ich habe meine Unschuld verloren. Es war kurz vor meinem 15. Geburtstag und sie hieß Bettina. Ich glaube, sie war sogar ein bisschen jünger als ich. Auf jeden Fall war sie viel, viel reifer. So reif, dass ich als liebestoller

Sven später gar nicht mitbekommen habe, dass ich längst einen Nebenbuhler hatte. Einen, der deutlich älter als wir beide war, einen, der einen Blumenladen hatte. Wie soll Mann da dagegenhalten? Ihre Mutter musste mir, man kann fast sagen durch die Blume, beibringen, dass ich nicht mehr einzigartig für ihre Tochter war...

An das erste Mal erinnere ich mich nicht mehr. Vermutlich war ich viel zu aufgeregt. Aber an einen ganz bestimmten Morgen nach einem der ersten Male erinnere ich mich dafür um so deutlicher. Das war bei uns im Pillnitzer Weg. Meine Mutter kam in mein Zimmer, um mich zu wecken, aber das Gesicht, das ihr unter der Bettdecke entgegensah, war das von Bettina. Mutter hat eine richtige Szene gemacht, blieb im Zimmer, bis sich Bettina angezogen hatte und wies ihr eigenhändig den Weg zur Wohnungstür. Naja, ich habe dann auch mein Donnerwetter abbekommen. Aber auch in dieser Beziehung haben meine Mutter und ich uns immer besser und immer problemloser arrangiert.

Ich muss zum besseren Verstehen immer wieder anmerken, dass dies alles schon Geschichten aus jener Zeit sind, in der ich bereits zu boxen begonnen hatte. Die Auswirkungen auf mich und mein Verhalten waren praktisch vom ersten Tag an enorm. Karsten Albrecht, der nach der Grundschule auch in der Oberstufe in einigen Kursen mit mir zusammen war, hat mir das anlässlich der WDR-Sendung wieder einmal erzählt. Meine schulischen Leistungen seien derart angestiegen, dass ich gar nicht mehr abschreiben musste. Ich hätte, Trommelwirbel und Tusch, sogar Hausaufgaben gemacht und mich am Unterricht beteiligt. Am Ende der neunten Klasse fehlte dann gar nicht mehr viel zur Reife für die gymnasiale Oberstufe. Und die anderen, im Verlauf dieses Kapitels schon x-mal beschriebenen Probleme sind von meinem 14. Lebensjahr an auch verschwunden. In der „Berliner Morgenpost" erschien kurz vor meinem Profidebüt eine Geschichte, die das schon in der Überschrift zusammenfasst: „Seitdem Sven Ottke boxt, prügelt er sich nicht mehr."

Das zu erklären ist genauso unmöglich wie letztlich banal. Ich hatte endlich etwas gefunden, das mich ausfüllte. Bis an die Grenze. Das Box-Training ist derart intensiv, dass mein hyperaktives Naturell endlich ein Ventil fand, das groß genug war. Ganz egal, was in meinem Leben auch passierte, ganz egal, welche Gedanken durch meinen Kopf schossen, in der Trainingshalle des Spandauer Box-Clubs dort im Untergeschoss der Bruno-Gehrke-Halle war das alles nebensächlich. Ich habe mich beim Laufen, beim Zirkeltraining, an den Geräten oder beim Seilspringen derart verausgabt, dass ich irgendwie eine Ruhe gefunden habe, die ich sonst nie hatte.

Während andere angehende Boxer gerne mal eine Trainingseinheit ausfallen ließen, habe ich mich auf jede einzelne Stunde gefreut. Nie, nie, niemals musste mich jemand dazu motivieren, in die Halle zu gehen. Je mehr Training, desto besser.

Kurios ist die Wahl der Sportart allemal. Denn bevor ich zum ersten Mal in die Trainingshalle gegangen bin, wusste ich nichts, aber auch gar nichts über Boxen. Ich hätte nicht einmal den Unterschied zwischen Amateurboxen und Profiboxen erklären können. Wenn mich etwas nicht interessiert, dann kann die Sache auf dem Jupiter stattfinden. Für mich ist es so, als wäre es gar nicht existent. Ich bon total sicher, wenn mich noch Anfang 1981 jemand gefragt hätte, wer Muhammad Ali sei, hätte er von mir höchstens ein rotziges „Mir egal. Kennt der etwa mich?" gehört.

Aber noch einmal kurz weg vom Boxen und zurück ins wirkliche Leben. Damals, Anfang der 80er-Jahre waren das schließlich noch zwei verschiedene Dinge, heute sind die viel enger miteinander verwoben, weil man mich überall sofort und ausschließlich als den Boxer erkennt. Ziemlich deutlich ist mir noch meine damalige Ratlosigkeit in der möglichen Berufswahl im Gedächtnis geblieben. Trotz der Fortschritte war ich ja kein Überflieger in der Schule - und wurde darauf auch ab und zu deutlich hingewiesen. Beispielsweise als ich mich bei der Polizei beworben habe. Ich wollte in den mittleren Dienst und hätte eine Karriere bei der Polizei schon sehr aufregend gefunden. Ohne irgendwelche besonderen Vorstellungen wie Kommissar oder Mitglied einer Spezialeinheit zu haben. Tja, die große Polizei-Karriere endete beim Diktat der Bewerbungsprüfung. Rechtschreibung war nie meine allergrößte Stärke, auch das eine Sache, über die ich mich Jahre später noch wahnsinnig geärgert habe. Je mehr man nämlich in der Öffentlichkeit steht, desto mehr werden einem die Versäumnisse der Schulzeit bewusst.

Ich habe ich mich auch noch bei einer Autowerkstatt beworben, aber es wurde nichts draus. Den Zündfunken für die Stuckateur-Lehre gab mein Cousin Bernd. Er hat mir immer wieder seine Argumente vorgebetet. Du verdienst gutes Geld. Im ersten Lehrjahr gab es tatsächlich 650 oder 670 Mark pro Monat. Im dritten dann schon knapp 1000 Mark. Ein Wahnsinnsgehalt für mich damals. Argument Nummer zwei war, dass man als Stuckateur auch etwas macht, auf das man Stolz sein kann. Bernd sagte: Wenn du ein Ornament oder eine besonders schöne und komplizierte Decke fertig hast, weißt du wenigstens, was du geleistet hast. Und dann legte er noch nach: An der frischen Luft bist du obendrein und durch die körperliche Betätigung wirst du auch nicht zum Schlaffi.

Alles gut und alles schön. Stimmte ja auch größtenteils. Ich habe mich also bei der Firma Semotam im hintersten Steglitz, gut eine Stunde des Wegs von Spandau aus, beworben. Der Chef dort hat auf mein Zeugnis geschaut, die gute Sportnote gelobt und mir die Lehrstelle gegeben. Fand ich bemerkenswert. Die Berufsschule, vor allem das erste Jahr in der Clique mit Christian „Chrille" Meinke war supertoll. Wir haben unheimlich viel miteinander gemacht, waren auch abends unterwegs und haben uns beim Lehrstoff gegenseitig geholfen. Während der Lehre war es auch nie langweilig. Ich war bei den Steinsetzern, das kannte ich von meinem Vater. Ich war bei den Betonbauern, den Fliesenlegern und dann eben bei den Stuckateuren.

Einmal, das weiß ich ich allerdings nur aus Erzählungen von Hans, gab es dann doch eine Krise. Weil ich ja inzwischen mit Boxen schon einige Erfolge hatte und durch Training, Trainingslager und Wettkampfvorbereitungen immer weniger Zeit für die schönen Dinge des Lebens hatte, habe ich mal mit dem Gedanken gespielt, die Ausbildung hinzuschmeißen. Das hat Hans verhindert, mit voller Autorität: keine Lehre, kein Boxen. Die Botschaft hat gezogen, für nichts in der Welt hätte ich das Boxen aufgegeben.

Durch Boxen bin ich das geworden, was ich bin. Das ist meine feste Überzeugung bis heute. Durch Boxen habe ich damals die Probleme in meiner Jugend bewältigt und habe etwas gefunden, was mich so beschäftigte, dass die Sachen, die mich belastet haben, eher zur Nebensache wurden. Durch Boxen kam dieses Gefühl, etwas besser zu können als 99,9 Prozent aller anderen Menschen - und wer sagt, dass das kein gutes Gefühl ist, der lügt. Durch Boxen habe ich Erfolge gefeiert, wundervolle Menschen kennengelernt, die Welt gesehen, meine Frau gefunden, gutes Geld verdient. Ich habe mich durchgeboxt - und denke noch heute jeden einzelnen Tag an den Jungen, der mich damals aus heiterem Himmel angesprochen hat.

Es war einer der ganz, ganz ruhigen Kameraden in meiner Ober-Stufen-Klasse. Es war Anfang 1982 und dieser schlaksige, völlig normale, von allen geschätzte Typ sprach ausgerechnet mich, den leicht Gestörten, an. Er sagte so etwas wie: „Hey, Sven, du magst doch Sport, komm' doch einfach mal mit zum Spandauer BC. Ich boxe dort nämlich." Ich war vollkommen verdutzt. Erstens, dass so einer, der in eine aus meinem Blickwinkel höhere Kategorie Schüler gehörte, mich überhaupt ansprach. Zweitens, dass ausgerechnet so einer zum Boxen ging.

Aber, wie auch immer, ich kam mit in die Halle, immerhin schon 14

Jahre alt und damit ein absoluter Späteinsteiger für eine derart technisch komplizierte Sportart. Und ich war vom ersten Training an voll dabei, richtiggehend fasziniert. Da gab es nur noch ein Problem: meine Mutter. Sie war ja unbedingt dafür, dass ich Sport getrieben habe. Ein Kinderarzt, den sie mal wegen meiner dauernden Probleme kontaktiert hatte, hatte ihr das als einzig vernünftigen Rat mitgeben können. Aber Boxen? Mutti war dagegen, hat sich zuerst auch auf gar keine Diskussion eingelassen.

Da kam die nächste Überraschung von meinem plötzlich gefundenen neuen Kumpel. Er kam mit seinem Vater zu mir nach Hause, um meine Mutter davon zu überzeugen, dass Boxen durchaus etwas mit normalem Sport zu tun hat. Dass dort keine Halbkriminellen rumhüpfen, sondern vernünftige Menschen. Zu dritt haben wir im Wohnzimmer auf Mutter eingeredet, bis sie schließlich ihre Zustimmung gegeben hat. Schweren Herzens, wie sie heute immer noch erzählt. Sie hat sich alle möglichen schlimmen Dinge und Katastrophen ausgemalt. Und sie wird an dem Tag drei Kreuze machen, an dem ich meinen Rücktritt verkünde. Aber damals haben wir sie weich bekommen.

Wenn ich heute mal zu Hause bin, was viel zu selten für meine Familie und mich vorkommt, dann packt es mich manchmal aus heiterem Himmel, was diese Entscheidung damals für mein ganzes Leben bedeutet hat. Dann sehe ich meinen heute etwas über ein Jahr alten Sohn Marc-Steffen, der unsere Familie mit Gabi, Rebecca und mir abrundet, und denke an den Menschen, der mein Leben so grundlegend verändert hat.

Mark-Steffen hieß er. Ich habe meinen Sohn Marc-Steffen nach ihm benannt, weil ich ganz genau weiß, wie wichtig Mark-Steffen für mein Leben war. Und weil es leider keine andere Möglichkeit mehr gibt, mich bei diesem Menschen zu bedanken.

Der Junge, der mich zum Boxen brachte und mit dem ich in den Anfangsjahren fast täglich trainiert habe, ist einige Jahre später gestorben. Ich denke jeden einzelnen Tag an ihn. In der Halle, wenn ich trainiere, sogar auf dem Weg in den Ring, wenn eine WM ansteht. Ich würde mich so gerne mit ihm unterhalten, über damals, über unsere Anfänge beim Spandauer BC, über seine Motive, warum er ausgerechnet mich angesprochen hat. Er war ein talentierter Boxer und ein toller Mensch.

Ich wünschte einfach nur, er wäre hier und könnte mich ab und zu boxen sehen.

2 Von den Anfängen bis zum ersten Titel

Der Beginn einer Hassliebe

Es gibt einen Running Gag, der mich durch meine gesamte Boxkarriere begleitet. Diese immer wiederkehrende Pointe heißt: „Ich hasse Boxen." Eine ganze Menge Journalisten haben diesen Satz schon schlucken müssen. Dann schauen sie mich meist mit großen Augen an, lachen ein bisschen verlegen und warten auf die Auflösung. Aber die gibt es nicht, höchstens noch einmal eine abgewandelte Wiederholung: „Ich hasse Boxen, aber ich liebe das Training."

Das ist es. Die Wahrheit, zumindest ein großer Teil davon. Ich habe schon so meine Probleme mit meiner Sportart. Mit dem Kampf Mann gegen Mann und den Schlägen, die manche meiner Kollegen scheinbar ungerührt einstecken. Boxen ist auf eine Weise ein grandioser Sport, weil man vom Fitnessgrad her an der oberen Grenze der gesamten Palette steht. Wenn ich mir beispielsweise die Fußballer anschaue, die würden keine sechs Runden im Boxring durchstehen. Aber Boxen beinhaltet eben auch ein ungeheures Risiko. Verletzungen und Verunstaltungen im Gesicht gehören zur normalen Begleiterscheinung eines Boxerlebens. Da brauche ich nur in den Spiegel zu schauen. Meine Nase ist wirklich keine ausgesprochene Zierde mehr. Und unter unglücklichen Umständen kann es im Boxring eben auch zu schlimmen Unfällen kommen. Auch nach 335 Amateurkämpfen, von denen ich 286 gewonnen habe, auch nach meiner Erfolgsserie im Profilager ist mir das bewusst. Und deswegen werde ich nie ein Marktschreier für das Boxen sein. Ich kann nicht aus meiner Haut, ich sehe immer auch die Kehrseite der Medaille.

Manchmal liebe ich Boxen, keine Frage. Die Erfolge sind eine zuckersüße Belohnung für die ganze Schinderei im Training, wobei ich gleich wieder hinzufügen muss, dass ich mich auf jedes Training freue. Gerade in diesem Moment, in dem ich das hier auf Kassette spreche, weiß ich, dass ich morgen früh um neun Uhr zehn Kilometer auf Zeit laufen werde und morgen Abend in der Halle Gerätetraining absolvieren muss. Und ich fiebere geradezu darauf hin. Boxen ist wunderbar, habe ich ein anderes Mal gesagt, wenn doch nur die Wettkämpfe nicht wären.

„Ich hasse Boxen", sage ich immer dann, wenn es im Ring gnadenlos war. Es waren meine ersten Worte, als ich 1991 in Göteborg bei der Amateur-Europameisterschaft das vorentscheidende Halbfinale gegen Alexander Lebsjak aus der UdSSR gewonnen habe. Und jedesmal, wenn mir nach einem Kampf aus dem Spiegel ein lädiertes Gesicht mit einem gequälten Grinsen entgegenblickt, gelten diese drei Worte auch. Mit der Zeit, zugegeben, ist eine Hassliebe daraus geworden. Wer zu beobachten glaubt, dass mir die Arbeit im Ring inzwischen oft richtiggehend Spaß bereitet, der sieht die Sache schon durchaus richtig. Das ändert trotzdem nichts an dem Running Gag. Ich hoffe, dass ich das verständlich machen kann. Und wenn sich jemand beim Lesen dieser Zeilen hin- und hergerissen fühlt, dann ist das genau das Gefühl, das ich in Bezug auf das Boxen habe.

Als mich Mark-Steffen Anfang 1982 mit in die Trainingshalle des Spandauer BC nahm, ins Untergeschoss der Bruno-Gehrke-Halle, habe ich nicht im Traum daran gedacht, einmal in einem wirklichen Kampf im Ring zu stehen. Von den Gedanken her war ich so weit von einer direkten Auseinandersetzung mit einem Gegner entfernt wie von einer Mission zum Mars. Ich habe einfach nur das Training genossen. Mein erster Coach, Toni Stojanovic, ein Jugoslawe, hat mich auch gar nicht gedrängt. Ich habe mich mit Hingabe an den Geräten ausgepowert und die Fantasien den anderen überlassen. Mit Fantasien meine ich einen meiner Kumpel, der überall herum-erzählt hat, er sei Spandauer Meister im Boxen. Dummerweise gibt es gar keine Spandauer Meisterschaft - aber der Junge wollte eben ein ganz Großer sein. Mir war das völlig egal.

Toni Stojanovic und später auch Richard Andruskiewicz, mein zweiter Trainer, haben mich trotzdem behutsam in Richtung Kämpferrolle gesteuert. Richard, ein Pole und eine Seele von Mensch, ein Trainer mit Engelsgeduld, war schnell mein Hauptbezugspunkt. Richard war unglaublich flink, was bei meinem Bewegungstalent richtig gut gepasst hat. Wobei ich mich noch erinnere, dass ich ewige Zeiten nur Schattenboxen durfte. Beim SBC wurde immenser Wert auf eine solide Box-Technik gelegt, wobei das Einstudieren der Grundschläge vor dem Spiegel natürlich eine wichtige Hilfe ist. Noch heute sagen mir Beobachter, dass diese Arbeit mit mir selbst, das endlose Wiederholen von Schrittfolgen und Schlagansätzen, extrem intensiv aussieht. Ich bin dann in einer ganz anderen Welt, automatisiere Bewegungen, die mir im Kampf schon aus so mancher verzwickten Situation geholfen haben. Die Anfänge wurden damals in der Gehrke-Halle gelegt, mit Toni und Richard und Kalle Felgner, einem Ex-Boxer und Trainer, der aus der DDR rübergemacht hatte. Dort unten in dem großen Raum mit dem Boxring auf ebener Erde. Dort hinten am Spiegel hinter dem Boxring. Genau dort stand ich und habe geübt, geübt und noch mal geübt.

Neben Toni, Richard und Kalle gab es mit Jürgen Wegener noch einen vierten Trainer. Herr Wegener, nicht Wegner, war 1959 Deutscher Meister im Mittelgewicht, also in meiner späteren Parade-Gewichtsklasse, hatte sich aber von dem Limit von 75 Kilogramm schon längst verabschiedet. Er war ein Berg von einem Mensch mit der donnerndsten Stimme, die ich je gehört habe. Für den Spandauer Box-Club war er eine wandelnde Legende - der allererste Deutsche Meister des SBC.

Diese drei Trainer waren dafür verantwortlich, dass ich nicht nur weiter auf den Sandsack und die Maisbirne eingedroschen, dass ich das Springseil und den Medizinball nicht als Ziel meines Trainings gesehen, sondern dass ich nach einem mehr oder weniger nonstop durchtrainierten Sommer im Oktober 1982 mein Debüt im Boxring gegeben habe. Es war die Vorrunde des Juliusturm-Pokals, den der Spandauer BC in jedem Jahr organisiert. Ich startete im Halbweltergewicht, also in der Klasse bis 63,5 Kilo, und habe meinen Gegner heute noch vor Augen. Es war ein türkischer Sportler vom Box-Club Olympia aus Schöneberg, laut Startpapieren genau wie ich 14 Jahre alt, aber behaart wie ein erwachsener Mann. Aus dem gelben Olympia-Trikot quoll die Brustbehaarung nur so hervor und im Gesicht hatte er einen tiefdunklen Schatten dort, wo er sich anscheinend den Bart abrasiert hatte. Und ich, der kleine Sven, dachte nur: Mannomann, wenn der 14 ist, dann bin ich auch bald volljährig. Auf jeden Fall war die ganze Angelegenheit dann viel weniger dramatisch als erwartet. Der Sportkamerad hat mich überhaupt nicht gesehen und ich hatte, natürlich nach Punkten, meinen allerersten Sieg auf dem Konto.

Mit diesem Erfolg in der Vorrunde des Juliusturm-Pokals stand ich auch schon im Endkampf. Und dieser Auftritt bleibt mir ewig unvergessen, weil ich dabei Jürgen Wegener etwas intensiver kennengelernt habe als ich es eigentlich wollte. Man muss dazu wissen, dass meine Mutter Helga und mein Stiefvater Hans von Anfang an großen Anteil an meiner Karriere genommen haben. Sie waren, so oft es ging, bei meinen Kämpfen dabei. Als sie die Gehrke-Halle schließlich selbst bewirtschaftet haben, wurde es mit Auswärtsterminen schwierig, aber was sie möglich machen konnten, haben sie getan.

Jedenfalls brachten mich Helga und Hans zum Finale in die Gehrke-Halle. Damals, 1984, wohnten wir ja noch im Pillnitzer Weg im Süden von Spandau. Ich hatte ihnen am Abend vorher gesagt, ich müsse um 16 Uhr boxen. Also waren wir eine Stunde vorher am Eingangstor der Halle. Dort standen schon Landestrainer Bubi Dieter und Jürgen Wegener - und Wegener brüllte mich an, dass es mir fast die Locken weggeblasen hat. Warum ich erst jetzt auftauchen würde? Ob ich denn gar nichts im Kopf hätte? Ob ich vergessen hätte, dass alle Kämpfer am Vormittag über die Waage gehen müssen?

Ups. Genau das hatte ich vergessen. So vollkommen und restlos wie es manchmal meine seltsame Gabe ist. Anscheinend, das soll jetzt nicht zu sehr nach Ausrede klingen, spielt mir in solchen Momenten meine Konzentrationsfähigkeit einen Streich. Ich stecke derart in der Vorbereitung auf einen Wettkampf, habe riesige Scheuklappen und innerhalb der Scheuklappen noch einen Tunnel-blick, dass ich weniger wichtige Dinge komplett vergesse. Ein paar Jahre später, bei meinen ersten Olympischen Spielen, ist mir ein ähnlicher Patzer wieder passiert. Doch der echte Knaller Marke Sven kam erst noch. Wie ein begossener Pudel bin ich hinter Herrn Wegener zur Waage getappt - und hatte ein halbes Kilo Übergewicht. Damit war das nächste Donnerwetter fällig. Ich dachte, der Putz kommt von den Wänden. Die einzige Lösung war eine freiwillige Tortur. Also: Zwei Trainingsanzüge übereinander, Springseil in die Hand und ab in den Heizungskeller. Tür zu und ackern. Es sah sicher aus wie eine ganz perfide Art der Folter, aber es musste sein. Schließlich wollte ich nicht gleich in meinem zweiten Kampf die erste Niederlage wegen Nichtantretens kassieren. Meine Mutter war ebenfalls völlig fertig, hat ab und zu nach mir geschaut. Und als ich dann endlich mit dem korrekten Kampfgewicht über die Waage ging, meinte sie noch: „Du bist doch viel zu kaputt, um noch zu boxen." Aber wenn es dann in den Ring geht, kommt das Adrenalin zur Wirkung. Ich habe in diesem Finalkampf des Juliusturm-Pokals keinerlei Erschöpfung gespürt und ziemlich klar gewonnen. Mein erster Titel - wenn man die Vize-Meisterschaft im John-Travolta-Wanderpokal damals bei der Ski-Freizeit in Oberwarmensteinach mal außer Acht lässt.

Insgesamt habe ich aus dieser Zeit ein unerklärliches Gefühl der Leichtigkeit in Erinnerung. Die Kämpfe waren kein Problem und sind mit meinem Lieblingswort Pillepalle am besten beschrieben. Vor allem auf diesem Niveau, das ja noch kein besonders tolles war, kam mir meine Schnelligkeit absolut zu Gute. Die Gegner haben mich kaum gesehen. Und ich war zufrieden, wenn ich den Kampf nach Punkten gewinnen konnte. Das ist die Geschichte meines Boxerlebens: Ich bin völlig immun dagegen, Risiken einzugehen. Die Sache ist doch ganz einfach: Um einen Gegner k.o. zu schlagen, muss ich in die Reichweite seiner Fäuste vorstoßen. Und damit steigt die Gefahr, selbst eine geplättet zu bekommen. Ganz egal, wie groß man sich als Boxer fühlt, wenn der andere mit einer Hand voll durchkommt, ist Schicht im Schacht. Also lieber mal die Beine in die Hand, meine Reflexe ausnutzen, bamm-bamm und weg. So macht dann Boxen sogar mir Spaß.

Womit ich gleich mal die Geschichte meiner ersten deftigen Niederlage abhaken will. So richtig ernst habe ich das Boxen in der Anfangszeit anscheinend nicht genommen. Das Boxen als Kampf, wohlgemerkt, beim Training hat mir niemand etwas vorgemacht. Aber der Spandauer BC hatte dann irgendwann einen Vergleichskampf mit einer ungarischen Staffel. Und inzwischen hatte ich noch etwas entdeckt, was mir richtig Laune machte. Tanzen. In der Disko. Wenn's ging die ganze Nacht durch. Mein Halbbruder Frank, wie erwähnt viereinhalb Jahre älter als ich, arbeitete in der Spandauer Diskothek „Jet-Power" als Kellner. Und deswegen konnte ich dort schon rein, lange bevor ich als normaler Steppke an der Einlasskontrolle vorbei gekommen wäre. Die Kellner waren eine echte Clique, also wusste auch jeder, dass ich Franks kleiner Bruder war. Und selbst wenn ich dann noch ganz spät - oder soll ich sagen: ganz früh? - auf der Tanzfläche rumgeschwoft habe, hat sich keiner darüber einen Kopf gemacht.

Vor dem Vergleichskampf gegen Ungarn jedenfalls bin ich erst gegen zwei Uhr nach Hause gekommen. Ich weiß das deswegen noch so genau, weil es mein Stiefvater bei jeder Familienfeier aufs Neue erzählt. Ich dachte natürlich, ich hätte die Sache trotzdem im Griff. Bis es dann plötzlich „Bumm" machte und ich nach einem Treffer auf den Solarplexus zu Boden ging. Das war es dann auch schon. Eine überaus lehrreiche Pleite, selbst wenn ich damals die ganze Sache nicht so besonders tragisch empfunden habe.

Boxen war damals eben nur ein Mittel, um ein bisschen was zu erleben. In der Juniorenzeit waren wir x-mal in Bayern, um gegen dortige Klubs Vergleichskämpfe zu machen. Die fanden meist in einem Bierzelt statt. Rundum wurden die Maßkrüge gestemmt, und wir haben oben im Ring kräftig eingeschenkt. Das ging schon manchmal ziemlich ruppig zu, aber für mich war es eine perfekte Schulung in der Hinsicht, dass ich jede Sekunde hellwach sein musste.

Es ging für mich schon ziemlich schnell nach oben. 1983 holte ich bei den Deutschen Jugendmeisterschaften Bronze, verlor im Halbfinale gegen Hans-Georg Mieling. Doch ein Jahr später gewann ich schon

Mein Svennie

5. Runde: Der Sportlerfreund

„Ich habe Sven im Juni 1999 in Berlin beim Abschied von Bundespräsident Roman Herzog im Garten des Schloss Bellevue kennen gelernt. Das Ganze war eigentlich ziemlich langweilig, bis Christian Ziege und ich Svennie über den Weg gelaufen sind. Wir hatten jede Menge Spaß mitten unter den Würdenträgern und hatten als einzige Gruppe den ganzen Abend über einen Stehtisch. Von denen gab es nämlich eindeutig zu wenige – und deswegen haben wir unseren überall mit uns herum getragen.

Steffen Freund (33), Fußball-Europameister 1996 und 21-maliger Nationalspieler, spielt seit fünf Jahren für Tottenham.

Selbst der Bundespräsident hat zwischendurch die Stimmung unserer Sportler-Clique genossen und irgendwann haben wir noch zwei Priester an den Tisch gelockt und ihnen geistige Getränke aufgenötigt.

Sven habe ich wegen meiner Fußball-Termine leider nur einmal live boxen sehen, aber meine Familie und ich fiebern bei jedem Kampf vor dem Fernseher mit. Ich bewundere seine Reaktionsfähigkeit, seine Übersicht, seinen Biss und die Tatsache, dass er trotz seines Alters einfach nicht nachlässt. Sein Gegenbesuch bei einem Spiel von Tottenham steht noch aus, aber das kriegen wir auch noch hin. Immerhin war er Überraschungsgast bei meinem 30. Geburtstag – und als ich am Schluss so in Fahrt war, dass ich einen Striptease hingelegt habe, hat er weltmeisterlich mitgemacht."

bei den Junioren den Meistertitel. Damals spielte die Musik im deutschen Amateurboxen fernab von Berlin. Die Bayern waren bestimmend, in Baden-Württemberg gab es eine Reihe von starken Vereinen und in Ahlen/Westfalen ebenfalls eine Hochburg. Normalerweise zitterten wir Berliner damals nach noch so überlegenen Kämpfen vor jedem Punkturteil. Im Junioren-Finale 1984, im Halbmittelgewicht, brauchte ich aber gar keine Punktrichter, der Ringrichter nahm meinen Gegner in der dritten Runde aus dem Ring, weil ich zu überlegen war.

Ein Jahr später bin ich bei den Junioren nur Vize geworden, obwohl ich dachte, gegen Jürgen Fikara gewonnen zu haben. Aber der wirklich wichtige Moment dieses Jahres kam bei den Deutschen Meisterschaften, den echten Deutschen Meisterschaften, in Mainz. Als Juniorenmeister war allen Verantwortlichen im Spandauer BC klar, dass ich auf jeden Fall mal mitmachen sollte, wenn die Senioren ihre Titel auskämpfen. Aber genau das war die Erwartungshaltung. Hinfahren, mal reinriechen, ein bisschen Erfahrung sammeln, mehr nicht. Mit einem Wort: Ich war der Oberaußenseiter. Und dann wurde es der Sensationserfolg. Ich weiß noch, dass ich gleich in meinem ersten Turnierkampf Titelverteidiger Gerhard Schoberth geschlagen habe, einen Boxer aus Bayern, der nicht viel älter war als ich, aber schon fast 100 Kämpfe in seinem Startbuch stehen hatte. Im Vergleich zu mir war er schon ein ausgebuffter Veteran. Zum Glück für mich aber einer, der fast immer nur auf großen Touren im Vorwärtsgang lief - ich habe einfach meine Schnelligkeit ausgenutzt und in Runde drei schließlich durch Disqualifikation gewonnen. Schoberth war so frustriert von meiner Schnelligkeit, dass er sich drei Verwarnungen wegen unsauberen Boxens einfing. Im Halbfinale gab es einen einstimmigen Punktsieg über Gerhard Jaworowski aus Koblenz, der ebenfalls viel zu wild auf mich losstürmte. Jedenfalls erwischte ich ihn mit einem sauberen Konter, er wurde angezählt und ich stand im Meisterschaftsfinale.

Wer mich noch aus den Amateurzeiten kennt, wird sich vielleicht an ein ganz bestimmtes Utensil erinnern, das auf die Deutschen Meisterschaften 1985 in Mainz zurückgeht. Das rote Adidas-Trikot mit der Nummer 33. Mein Talisman für viele, viele Jahre. Das gute Stück hatte die Größe XXL, mindestens. Und kam zu mir auf ziemlich kuriose Weise. Ich war ja noch völlig unerfahren und habe deswegen nicht mitbekommen, dass ein Sportartikel-Vertreter von Adidas vor der Halle aus dem Kofferraum seines Autos heraus Sachen verschenkte. Billige Werbung für seine Firma und für uns Amateurboxer eine gute Gelegenheit, mal das Outfit zu modernisieren. Aber ich habe es beinahe verpasst und als ich dann endlich kapierte, was los war, stand der gute Mann ziemlich ratlos vor seinem komplett leer geräumten Auto. „Das hier habe ich noch", sagte er und streckte mir dieses Ein-Mann-Zelt in Rot entgegen. Da habe ich es halt genommen. Es war perfekt. Perfekt nämlich fürs Aufwärmen. Ich konnte das T-Shirt über mein jeweiliges Trikot anziehen, die Handschuhe schon schnüren lassen, mein komplettes Warmmach-Programm durchziehen, ging mit der 33 dann noch in den Ring - und wegen der Größe des Teils konnte man es mir trotz der Handschuhe ausziehen. Von 1985 über drei Olympische Spiele, drei Weltmeisterschaften, fünf Europameisterschaften und meine zwölf Teilnahmen an Deutschen Meisterschaften war die rote 33 dabei - doch dann habe ich sie irgendwann beim Übergang vom Amateur- ins Profilager verloren. Schade drum. Jede Menge Schweiß und Erinnerungen haben darin gesteckt.

Etwa jene an den Endkampf in Mainz. Es war Samstag, der 23. No-vember 1985, und mein Gegner war nicht irgendwer, sondern der aktuelle Olympia-Medaillengewinner Manfred Zielonka. In Los Angeles hatte er im Halbmittelgewicht Bronze gewonnen und startete nun bei den nationalen Titelkämpfen eine Kategorie höher. Wenn es noch eine Steigerung für das Wort Oberaußenseiter gibt, dann bitte hier .... einfügen. Ich glaube nicht, dass es einen einzigen Menschen in der Szene gab, der mir einen Sieg gegen Zielonka zugetraut hätte. Er war Favorit hoch 35. Mindestens.

Das war durchaus ein Vorteil. Denn von dem, was ich von ihm gesehen hatte - nicht viel, aber ein paar Runden - war ich zwar beeindruckt, aber nicht entmutigt. An den Kampf erinnere ich mich noch, weil er in meinem Empfinden rasend schnell vorbeiging. Zielonka boxte in Rechtsauslage und dank der Berliner Landestrainer Bubi Dieter und Hanne Hoth war ich darauf bestens eingestellt. Ich weiß noch ganz genau, dass ich in der dritten Runde einmal kurz dachte „Das läuft ja wirklich gut". So gut, dass ich ihn mehrmals hart mit der Rechten traf und der WM-Bronzemedaillengewinner sogar bis „8" angezählt wurde. Trotzdem habe ich nicht den Respekt vor meinem Gegner verloren, eine Eigenschaft, die ich - zum Glück - bis heute behalten habe. Ganz egal, wie gut es für mich läuft, ich werde eher noch vorsichtiger. Später, im Profilager, hat mir das mein Manager Wilfried Sauerland schon einige Male vorgeworfen, nicht ernsthaft natürlich. Aber ich würde mich in den Hintern beißen, wenn ich einen Kampf, den ich sauber kontrolliere, noch wegwerfen würde, bloß weil ich plötzlich anfangen will zu zaubern.

Gegen Zielonka jedenfalls habe ich bis zum Schluss höllisch aufgepasst und dann wartete ich mit einer komischen, neugierigen Spannung auf das Urteil der Punktrichter. Ich hatte meinen Gegner klar beherrscht und trotzdem Zweifel, ob ich als unbekannter Berliner ohne Lobby den Titel auch bekommen würde. Aber dann reckte der Ringrichter meinen Arm in die Höhe. „Sieger mit 4:1 Punktrichterstimmen und damit neuer Deutscher Meister im Mittelgewicht, Sven Ottke aus Berlin." Zielonka, der inzwischen eine Security-Firma hat und den ich heute noch auf Boxveranstaltungen gerne sehe, kam rüber in meine Ecke, um mir zu gratulieren. Aber ich erinnere mich beim besten Willen nicht mehr, was er gesagt hat. Ich stand viel zu sehr unter dem Eindruck der Ereignisse.

Deutscher Meister mit gerade mal 18 Jahren. Das Foto mit dem grünen Trikot des Spandauer BC, meiner vollen Lockenpracht und dem „Oberlippenspoiler" war in den nächsten Tagen in allen Berliner Zeitungen zu sehen. Heute grinse ich ein bisschen, wenn ich mich an diese Anfänge als Medienfigur erinnere. Aber was war ich damals stolz. In Berlin, das ja in den Jahren vor der Wende keine besonders großen Sportstars zu feiern hatte, war ich die große Story. Als hätte ich die WM gewonnen. Vor allem die „BZ", die damals noch die bestimmende Zeitung in West-Berlin war, hat meinen Sieg richtig groß hingelegt. Was insofern Wirkung hinterlassen hat, weil ich zwei Tage nach dem Finale von Mainz wieder auf der Baustelle stand. Schließlich war ich ja noch Stuckateur-Lehrling.

Bauarbeiter lesen die „BZ" und gearbeitet habe ich an diesem Montag keine Sekunde. Immer wieder kam jemand vorbei. Ein paar wenige spöttisch, aber die anderen mit ehrlicher Anerkennung. Dort auf der Baustelle ist mir zum ersten Mal bewusst geworden, was sportliche Erfolge für eine Außenwirkung haben können. Die Menschen sehen einen plötzlich mit ganz anderen Augen. Am Tag vor der Abreise nach Mainz war ich noch der normale Azubi, jetzt aber plötzlich der Hero, der Held. Dabei war doch gar nichts passiert außer einem Sieg, auf den man als Sportler monatelang hingearbeitet hat. Schon komisch: Für uns Athleten ist ein Triumph nur das Ende einer langen Zeit, für den Beobachter aber ein großes Ereignis, das ganz für sich alleine zu stehen scheint.

Die Innenwirkung meiner ersten Deutschen Meisterschaft war aber auch nicht von schlechten Eltern. An diesem Tag auf der Lehrbaustelle rief am frühen Nachmittag mein Chef an, Herr Schmidt, und sagte mir, dass ein Übertragungswagen des SFB auf dem Weg zu mir sei. Mein allererstes Fernseh-Interview. Ich bin völlig durchgedreht und nervös die Rüstung rauf und wieder runter gerannt, habe immer schon Ausschau nach dem Fernseh-Team gehalten. Und als die Crew vom Sender Freies Berlin mir schließlich das Mikrofon unter die Nase gehalten hat, habe ich nur noch rumgestammelt. Ich war so hammerhart aufgeregt, da ging überhaupt nichts mehr. Kein einziger Satz kam gerade raus. Und ausgesehen habe ich wie ein Bobtail. Bitte, bitte lieber SFB, schenkt mir irgendwann mal die Originalkassette, damit ich sie in meinem Garten vergraben kann.

In dieser Woche durfte ich mich auch noch im Rathaus Spandau in das Goldene Buch eintragen. Wieder kamen Fotos in allen Zeitungen. Und wieder gab es ein großes Hallo auf der Baustelle. In Spandau war ich jedenfalls mit einem Schlag bekannt. Wobei ich glaube, dass ich das nicht ausgenutzt habe. Die Gefahr abzuheben kam erst einige Jahre später. 1985 und in der folgenden Zeit ging es für mich eigentlich ziemlich normal weiter. Besonders gefällt mir in diesem Zusammenhang eine Geschichte, die mein Klassenkamerad Karsten Albrecht gerne erzählt. Demnach waren wir 1987 als Clique beim Endspiel um die Deutsche Meisterschaft im American Football. Damals waren die Berlin Adler das dominierende Team in Deutschland und wir sind alle ins Mommsenstadion, um einen weiteren, praktisch garantierten Titel zu feiern. Und während die Footballer auf dem Feld aufeinander losgingen, sagte ich, der Deutsche Meister der Amateurboxer, zu meinen Kumpels: „Hört mal, das wäre keine Sportart für mich. Viel zu brutal."

Wir sind wieder beim Thema. Boxen mit Köpfchen und Auge gerne, dumpf rumprügeln auf keinen Fall. Dazu passt, dass ich schon nach ein paar Kämpfen den Kopfschutz entdeckt habe. Obwohl dieser Kunststoff-Schutz noch keine Pflicht war, war ich sofort ein großer Fan davon und habe bis zu meinem letzten Amateurauftritt im März 1997 keine einzige Sekunde mehr ohne Kopfschutz im Ring gestanden. Schätze, das hat mir die eine oder andere Gehirnzelle gerettet.

Aus meinem Privatleben sind die Disko-Besuche berichtenswert. Was im „Jet-Power" begann, ging im „Space" gegenüber der Deutschen Oper weiter und führte schließlich ins „Tolstefanz" am Adenauerplatz. Im „Space" und im „Tolstefanz" gehörte ich mehr oder weniger zum Inventar. Ich erinnere mich noch, dass ich einmal zwölf Stunden am Stück im „Tolstefanz" und im angrenzenden Cafe war. Ich tanze für mein Leben gern und zu allem, was ein bisschen Beat und Rhythmus hat. Von Hardrock bis Soul, kein Problem. Nur einen formellen Tanzkurs habe ich nie besucht. Für meinen Sport war die Tanz-Leidenschaft kein Problem, weil ich höchstens mal ein Bier getrunken habe und das beileibe nicht jeden Abend. Und geraucht habe ich überhaupt nicht. Dafür mit vollem Ehrgeiz trainiert. Ich sage es gerne noch mal: Eigentlich waren für mich die Wettkämpfe eine eher unliebsame Unterbrechung meines geliebten Trainings.

Mit Ilona hatte ich damals übrigens meine erste richtig feste und dauerhafte Freundin an meiner Seite. Meine zweite engere Beziehung überhaupt. Unser Kennenlernen ist mit kompliziert noch einfach beschrieben. Es war eigentlich ein echtes Drama, eines, wie es höchstens in seichten Seifen-Opern vorkommen darf. „Marienhof" oder „Gute Zeiten, schlechte Zeiten." Ich schaue den Kram nie, aber die Geschichte hätte schon gepasst.

Mein leiblicher Vater Bruno hatte eine Frau kennengelernt, mit der er eine ganze Zeit lang zusammen war. Und die Tochter dieser Frau hieß, erraten, Ilona. Ich glaube, ach was, ich weiß: Am Anfang hat sie mich gehasst. Ich habe sie getriezt, wie es eben so meine Art war und sie hat mich ganz deutlich spüren lassen, dass sie mich eigentlich für einen echten Proleten hält. Aber irgendwann hat es doch gefunkt und wir waren fast sieben Jahre zusammen. Ich denke gerne an diese Zeit zurück. Ilona ist ein wunderbarer Mensch. Wir haben in vielen Dingen die gleichen Ansichten gehabt. Und, was ganz wichtig ist, ich hatte immer den Eindruck, dass sie stolz auf meine sportlichen Erfolge war, aber diese Erfolge nicht gebraucht hat, um selbst im Rampenlicht zu stehen. Wenn überhaupt machte Ilona nur einen Fehler. Sie war viel zu lieb zu mir. Ich bin irgendwann zu dominant geworden in unserer Beziehung.

Für meine Mutter war das Ganze natürlich ein harter Brocken. Ihr Sohn verliebt sich ausgerechnet in die Tochter der Freundin ihres Ex-Mannes. Ilonas erster Auftritt bei mir zu Hause schrammte deshalb auch nahe an der Katastrophe vorbei. Meine Mutter hat einen richtigen Schreianfall bekommen, konnte damit überhaupt nicht umgehen, was ich erst später verstanden habe. Aber im Laufe der Zeit haben sich die beiden prächtig verstanden. Privat hatte ich damals jedenfalls eine wunderschöne Zeit, auch wenn mir meine Mutter aus genau dieser Anfangsphase immer noch zwei Dinge vorhält.

Zum einen habe ich ihr schon ziemlich schnell verboten, mich bei den Kämpfen anzufeuern. Der Grund: Sie hat derart markerschütternd „Svennniiiiieeeee" gebrüllt, dass ich das selbst durch die Konzentration im Ring gehört habe. Es war mir manchmal wirklich peinlich, dass man in der Halle nur ganz alleine meine Mutter hören konnte. Sie war gar nicht begeistert, als ich ihr das gesagt habe. Der zweite Punkt ist wieder ein Beispiel für meine Konzentrationsfähigkeit. Am Tag eines Kampfes bekomme ich so gut wie gar nichts aus meinem Umfeld mit. Wenn mir jemand später erzählt, du warst mit dem und dem essen, du hast mit dem und dem gesprochen und hast mit dem und dem irgendetwas ausgemacht - vergesst es. Ich bewege mich, ich rede - aber gespeichert wird kaum etwas. Und so ist es eben passiert, dass ich vor einem Kampf an meiner eigenen Mutter vorbeimarschiert bin, ohne sie auch nur wahrzunehmen. Sie war richtig gekränkt - erst später, als ich ihr das nach dem Kampf erklärt habe, hat sie es verstanden. Lustig in diesem Zusammenhang ist, dass mein Stiefvater ähnliche Geschichten über meine Mutter erzählt. Wenn ich boxe, sei sie den ganzen Tag unnahbar bis unausstehlich. Typisch Ottke vermutlich. Ab in die eigene Welt und Schotten dicht.

Eine zauberhafte Freundin, ein bisschen Ruhm, in der Lehre gut auf Abschlusskurs, das ganze Leben vor mir - eigentlich wäre alles in Butter gewesen, doch mit dem Boxen hatte ich von 1985 bis etwa 1987 immer noch deutliche Kennenlernschwierigkeiten. So wollte mich der Deutsche Amateurbox-Verband 1986 auf Vorschlag von Bubi Dieter gleich zur Weltmeisterschaft nach Reno/USA schicken. Tolle Reise nach Nevada, aber ich habe abgewinkt. Das kam mir einfach zu schnell, ich wusste ja noch nicht einmal ansatzweise, wo ich im Amateurboxen wirklich hingehörte. Geschweige denn, ob mir das Wettkampf-Boxen wichtiger war als die Stuckateur-Lehre. Also habe ich meine Gesellenprüfung gemacht, während die Nationalstaffel des DABV in die Vereinigten Staaten geflogen ist. Das hat damals schon Wellen geschlagen, schließlich war ich durch weitere Erfolge bei nationalen und internationalen Turnieren inzwischen die klare Nummer 1 der Mittelgewichts-Rangliste des Verbandes.

Im Mai 1986 hatte ich ausgelernt und fing an, als Stuckateur zu arbeiten. Aber die Zwickmühle zwischen Sport und Job wurde immer schlimmer. Weil ich inzwischen auch zu Nationalmannschafts-Lehrgängen eingeladen wurde, stiegen meine Fehlzeiten auf der Baustelle in einem Maß an, dass sich mein Chef öfter mal gemeldet hat. Und dann kam der denkwürdige Tag, an dem ich den Job einfach geschmissen habe. Ich weiß es noch wie heute, in allen Farben und allen Details. Wir hatten eine richtige Schweinearbeit gezogen - am Autobahnkreuz des Berliner Stadtrings stand ein hohes, altes Mietshaus und wir mussten ganz oben von den Simsen die Farbe abkratzen. Ich stand dort oben bei 30 Grad, verbogen wie ein Fragezeichen und habe mit hochrotem Kopf rumgewerkelt - und hatte gemeinerweise den allerbesten Blick auf den Halensee, der da unten kühl und unerreichbar, aber keineswegs unschuldig mir entgegen glitzerte. Keineswegs unschuldig, weil auf den Wiesen jede Menge Mädels oben ohne lagen. Oder auch unten ohne. Jedenfalls stand ich auf meinem Gerüst und dachte: Das kann es nicht sein. Das nicht. Ich bin zu meinem Chef und habe gesagt: Schicht im Schacht. Ich will mich aufs Boxen konzentrieren. Ich glaube, er war nicht allzu überrascht.

3 Mit Boxhandschuhen um die ganze Welt

Olympia - Traum und Trauma

Die unmittelbare Zukunft nach dem Ausstieg aus dem Beruf stellte sich als finanzielles Puzzlespiel dar. Ich bekam auf Vermittlung von Hans-Peter Miesner, dem Präsidenten des Spandauer Box-Clubs, eine halbe Stelle aus der Sportförderung des Berliner Senats (später wurde das zu einer vollen Stelle aufgewertet), bekam einen Zuschuss von der Deutschen Sporthilfe und auch ein paar Mark von der Berliner Sporthilfe. Wenn ich das noch richtig zusammenbekomme waren es 900 Mark vom Senat, 400 aus Frankfurt/Main und 200 vom Landessportbund Berlin. Für mich hat das problemlos gereicht, meine Ansprüche waren trotz der eigenen Bleibe in der Achenbachstraße minimal. Dort, direkt an der Spandauer Altstadt gelegen, hatte ich eine Dachgeschoss-Wohnung, eingerichtet mit gebrauchten Möbeln. Im Lauf der Jahre wurde das eine richtige Rumpelkammer mit Pokalen und anderen Trophäen - die meiste Zeit war ich sowieso bei Ilona, die eine Wohnung in Charlottenburg hatte. Ach was, die meiste Zeit war ich beim Training. Denn mit der Aufgabe des Berufs konnte ich konsequent zweimal am Tag trainieren. Meist eine Einheit beim SBC und die zweite im Landesleistungszentrum des Berliner Box-Verbandes in der Deutschlandhalle. Und wenn das nicht gereicht hat, bin ich noch ins Satori-Fitness-Center, dessen Besitzer mich mit Hingabe unterstützt haben. Training, Training und noch mehr Training – das ist für mich ein Synonym für Glück.

In der Nationalstaffel habe ich gleich nach meiner ersten Berufung im Dezember 1985 für den Vergleich gegen Dänemark jemanden gefunden, der genauso tickt. Thorsten Spürgin, zweimaliger Deutscher Meister im Halbschwergewicht, war ein positiv Verrückter, was die Arbeit in der Halle anging. Er hat mich sofort unter seine Fittiche genommen. Thorsten ist ein positiver Mensch, einer, den ich als Vorbild anerkannt habe. Ich habe ihn bewundert, wie er mit zwei Trainingsanzügen, einer Regenjacke und zwei Sweatshirts laufen gegangen ist. Und ich bewundere ihn bis heute, weil er nach einem brutalen Unfall, bei dem er als Radfahrer von einem Auto angefahren wurde, eisern dafür kämpft, dem Schicksal eine lange Nase zu drehen. Ich freue mich, wenn er bei einem meiner Kämpfe auftaucht. Wir haben so oft zusammen Sparring gemacht, dass er mich boxerisch sehr gut einschätzen kann. Von Thorsten nehme ich auch Rat an – was sonst eher selten ist. Geboxt haben wir übrigens nie gegeneinander, was sich aus einer anderen Geschichte erklärt.

Denn Ilona und ich haben in der Bruno-Gehrke-Halle einmal deutlich vor Augen geführt bekommen, dass sich Freundschaften und Boxkämpfe nicht vertragen. Ich hatte damals im Spandauer BC einen dicken Kumpel, einen echt guten Freund: Torsten Schulze. Torsten hat auch geboxt, aber wir sind uns in der Trainingshalle zuerst immer aus dem Weg gegangen. Er war eine Gewichtsklasse unter mir, war auch ziemlich gut - wir beide waren in dieser Beziehung der Mittelpunkt einer Super-Clique, die fast jeden Tag irgendetwas zusammen unternommen hat. Doch dann kamen diese verdammten Berliner Meisterschaften, in denen wir im Finale aufeinander getroffen sind. Ich weiß heute nicht mehr, warum er eine Gewichtsklasse höher kam. Vielleicht wollte er es einfach wissen, aber andererseits glaube ich das auch wieder nicht, weil wir uns wirklich hervorragend verstanden haben.

Das Ende vom Lied und leider auch der Endpunkt unserer engen Freundschaft war mein K.o.-Sieg. Ausgerechnet mir passiert so etwas. Ich habe ihn voll erwischt - und Ilona saß neben Torstens Freundin in der ersten Reihe. Ich kann gar nicht beschreiben, wie beschissen ich mich gefühlt habe. Viele aus der Clique haben mir Vorwürfe gemacht. Ob das denn hätte sein müssen? Ob denn ein normaler Punktsieg nicht gereicht hätte? Ich kann nur immer wieder sagen, dass das nicht geplant war. Torsten und ich waren danach immer noch irgendwie Bekannte, aber die Freundschaft war kaputt. Das nur ganz deutlich zu dem Thema, warum die Klitschko-Brüder nie gegeneinander boxen werden. Warum die Rocchigianis nie im Ring aufeinander losgegangen sind. Das funktioniert einfach nicht, es kann nur Mist dabei rauskommen. Wir spielen eben nicht Tennis, wo Serena und Venus Williams durchs Netz getrennt sind und mal locker Grand-Slam-Endspiele in Serie gegeneinander austragen.

Da war mir der Sieg bei meiner zweiten Deutschen Meisterschaft schon lieber. Gegen Sandro Unglaub aus Amberg war ich im Finale 1986 in Bochum derart überlegen, dass der Kampf in der dritten Runde vom Ringrichter abgebrochen wurde. Der Jubel im Berliner Lager war dementsprechend, doch es gab auch andere Stimmen. Da war ich nun Titelverteidiger - und bekam im gleichen Atemzug mit der Siegerehrung schon die Perspektive abgesprochen. Heinz Birkle, Sportdirektor des Deutschen Amateurbox-Verbandes, machte in

Bochum die oft zitierte Aussage: „Sven Ottke ist zu klein für das Mittelgewicht. International hat er so keine Chance." Er wollte mich ins Halbmittel drücken, also von 75 Kilogramm auf 71. Und begründete das damit, dass ich körperlich mit den Spitzenamateuren des Mittelgewichts nicht mithalten könnte. Naja, wir sind trotzdem Freunde geblieben. Heinz Birkle hat diesen Satz in den folgenden Jahren so oft um die Ohren bekommen, dass ich ihm gar nicht mehr böse sein kann. Später hat er mich dann auch zum Karlsruher SC geholt und für einige wichtige Jahre sehr gut unterstützt. Aber damals in Bochum habe ich mich schon gefragt, warum ausgerechnet nach meinem Sensationserfolg solch ein Spruch kam.

In Erinnerung ist mir auch noch die Feier in Bochum geblieben. Wir Boxer sind in eine Disko marschiert, aber beim Einlass gab es ein Problem: Kein Zutritt mit Turnschuhen – und einige von uns hatten nur Sporttreter dabei. Aber wir Boxer sind ja nicht dumm: Wir sind zurück ins Hotel, haben unseren Funktionären die Anzugschuhe abgeschwatzt und gingen Tanzen. Die Berliner Funktionärs-Delegation beim Abschluss-bankett der Deutschen Meisterschaften glänzte dementsprechend mit „Adidas" und „Puma" zum feinen Zwirn.

1987 war erneut so ein Jahr, in dem ich ziemlich locker Deutscher Meister geworden bin. Dafür ging es auf internationaler Ebene richtig los - und das war dann ganz anders. In diesem Jahr habe ich bespielsweise bei einem Länderkampf gegen die USA in der Berliner Deutschlandhalle einen gewissen Michael Moorer nach Punkten besiegt. Jenen Michael Moorer, der später erst im Halb-schwergewicht und später sogar im Schwergewicht Profi-Welt-meister wurde. Der gegen George Foreman spektakulär k.o. ging und so dem alten Mann noch mal den Weg zum Thron freimachte. Und der später Axel Schulz im Westfalenstadion schwer geschlagen hat. Wenn ich den über 20 Kilo schwereren Muskelberg später gesehen habe, konnte ich kaum glauben, dass er mal Mittel-gewichtler war. Die Muskeln kommen garantiert ausschließlich von den legendären amerikanischen Cornflakes und dem guten Orangensaft...

Das Duell mit Moorer, der den Rückkampf in Peißenberg wiederum nach Punkten gewann, war nur ein internationaler Vorgeschmack. Die WM 1986 in Reno hatte ich ja ausgelassen, aber bei der Europameisterschaft 1987 in Turin war ich dabei. Und habe eine der übelsten Niederlagen meiner ganzen Karriere erlitten. Zuerst ging es gut los, ich bin mit einem Abbruchsieg über den Schweizer Stefan Angehrn ins Turnier gestartet. Jener Angehrn, der viele Jahre später im Profilager die Karriere von Torsten May praktisch beendet hat. Im zweiten Kampf in Turin gab es aber ein böses Erwachen für mich. Vor dem Duell mit dem Polen Henryk Petrich habe ich mich eigentlich ganz locker gefühlt, aber der hat mich schon in der ersten Runde voll mit einem Haken zum Kopf erwischt. Ich lag am Boden, dachte nur Hoppla, und stand wieder auf, um eventuell weiterzuboxen. Komisch war nur, dass ich plötzlich zwei Gegner hatte. Ich sah Petrich doppelt. Genau so, wie man es aus Comics kennt. Später habe ich dann Witze darüber gemacht, so nach dem Motto: „Ich wusste nicht, welchen der beiden ich hauen sollte, also habe ich lieber aufgehört." In Wirklichkeit brach der Ringrichter den Kampf ab, als er sah, dass ich nicht klar war - und spaßig war mir überhaupt nicht zu Mute.

Ich musste ins Krankenhaus zur Kernspin-Untersuchung meines Gehirns. Der Befund war negativ, aber es hat ein paar Stunden gedauert, bis ich wieder klar sehen konnte. Toi, toi, toi, bis zu diesem Tag im Februar 2003, an dem ich das erzähle, war dies das einzige Mal, dass mir so etwas passiert ist. Ich kann gerne auch für den Rest meines Lebens darauf verzichten. Europameister wurde damals Henry Maske aus Frankfurt/Oder, den ich im Verlauf des Jahres 1987 auch im Ring kennengelernt habe. Das war beim TSC-Turnier in Ost-Berlin. Für mich als West-Berliner ein ganz besonderes Erlebnis. Ich weiß noch, dass es irgendwelche politischen Ver-wicklungen gab, ob ich nun für den Deutschen Amateurbox-Verband starten dürfe oder als Delegation West-Berlin. Aber das hat mich nur am Rande interessiert.

Viel wichtiger war mir, dass mich die Ost-Berliner irgendwie sofort adoptiert haben. Von der ersten Sekunde an habe ich mich in der Werner-Seelenbinder-Halle wohl gefühlt. Ich kann nur vermuten, dass ich mit meiner lockeren Art dort offene Türen eingerannt bin. Außerdem ist das Publikum in der ehemaligen DDR absolut boxbegeistert und dabei so kompetent, dass sich technisch gute Boxer einfach wohl fühlen müssen. Ich habe dort, jenseits der Mauer, mein allererstes internationales Ausrufungszeichen hinterlassen, als ich im Halbfinale den Kubaner Julio Quintana, ein Jahr zuvor in Reno immerhin WM-Dritter, besiegt habe. Das war natürlich ein absoluter Spaß für die DDR-Boxfans. Da kommt ein Lockenkopf aus West-Berlin, was sowieso ein spezielles Thema war, und schlägt ausgerechnet einen Vertreter der Kubaner aus dem Rennen. Einer, jener Kubaner, die die Amateurbox-Szene beherrscht haben und heute noch beherrschen. Und die in absoluter Konkurrenz zu den DDR-Boxern standen.

Diese Tage in Ost-Berlin waren ein Knüller. Meine Mutter und Hans waren mit drüben. Wir haben uns mit massenhaft Leuten unterhalten, ich habe Freundschaften geschlossen, die teilweise jahrelang gehalten haben - und schließlich kam das Finale gegen Henry Maske. Das war wiederum so eine Sache, die typisch für meine Geisteshaltung als Amateurboxer war. Henry war damals für mich so weit weg wie die Sonne. Europameister, Vize-Weltmeister - und ich war nichts anderes als ein blutiger Anfänger, eine Micky Maus. Ich habe diesen Kampf überhaupt nicht gewinnen können, weil ich nicht einmal im Traum an einen Sieg geglaubt hatte. Wenn man es brutal sieht, habe ich den Kampf einfach hergeschenkt. Das habe ich im Amateurlager durchaus öfter gemacht. Weil es im Gegensatz zu den Profis ja nicht in jedem Kampf um alles, um den Titel, um den Status, um die nächste große Chance geht. Denn eigentlich ist das Amateurboxen eine Aneinanderreihung von kleinen Höhepunkten. Durchaus einige Male, wenn es eng wurde, habe ich mir gedacht: Dankeschön, meine Herren, ich komme dann nächstes Jahr wieder vorbei und probiere es noch einmal. Davon wird später noch die Rede sein.

Henry jedenfalls hat den Kampf super ernst genommen. Und ich bin nur geflitzt, habe nur versucht, seinen großen Schritten und langen Armen zu entkommen. Es muss schon ein komisches Schauspiel gewesen sein. Aber trotzdem hatte ich noch die Sympathien der Zuschauer. Einer brüllte sogar „Henry, hau nicht zu dolle, dann lässt er dich mal Porsche fahrn". Die ganze Halle hat gelacht, weil sich inzwischen herumgesprochen hatte, dass ich mit meinem Porsche 944 aus West-Berlin angereist war. Henry war wohl nicht besonders amüsiert. Eine große Unterhaltung kam zwischen uns nicht zustande.

Auch unser zweites Aufeinandertreffen war eine seltsame Nummer. Im November 1987 bestritt die Bundesrepublik im Rahmen des deutsch-deutschen Sportabkommens einen Länderkampf gegen die DDR. In Rostock gab es Kämpfe in allen zwölf Gewichtsklassen und im Mittelgewicht hieß es wieder Maske gegen Ottke. Ein bisschen mehr als bei dem 0:5-Punktrichterurteil im Sommer hatte ich mir schon vorgenommen, aber dann erwischte mich Henry in der ersten Runde mit einem Körperhaken. 16 Jahre später bin ich immer noch der Meinung, dass es ein Tiefschlag war. Genauso wie Henry immer noch sicher ist, dass es ein korrekter Körpertreffer gewesen sei. Auf jeden Fall habe ich keine Luft mehr bekommen, irre Schmerzen gehabt und bin ausgezählt worden.

Jahre später hat mir ein Journalist aus der ehemaligen DDR erzählt, dass der Ringrichter selbst nicht wusste, ob der Treffer gültig war. Ein tschechischer Punktrichter hat erklärt, er habe einen regulären

Schlag gesehen. Wie auch immer, ich hatte damit kein großes Problem. Ich glaube auch nicht, dass ich damals Henry wirklich hätte gefährlich werden können. Wenig später ist er eine Gewichtsklasse höher ins Halbschwergewicht gegangen. Henry hat mich damals, glaube ich, nicht so richtig ernst genommen. Ich war ihm zu locker, und er war für mich zu hundertprozentig auf den Wettkampf fixiert. Er war für mich das Paradebeispiel dieser auf Erfolg getrimmten Athleten-Maschinen der DDR. Dass ich ihm damit Unrecht tue ist klar, ich will auch eher meine anfängliche Naivität im Umgang mit dem DDR-Sportsystem erklären. Doch das änderte sich etwa um diese Zeit.

Es war bei einem anderen internationalen Turnier, dem Felix-Stamm-Turnier in Warschau. Wie das TSC-Turnier ein Wettkampf der A-Kategorie des Amateurbox-Weltverbandes Aiba, was be-deutet, dass die Nationalstaffeln mit guter Besetzung angereist sind. Und damals habe ich zum ersten Mal Kontakt mit einigen DDR-Boxern bekommen. Andreas Zülow, wie Henry Maske 1988 in Seoul Olympiasieger, oder Andreas Otto waren die ersten, mit denen ich gut klarkam. Dann auch Marco Rudolph, Andreas Tews, Enrico Richter, Dieter Berg, der später leider tödlich verunglückte Sven Lange oder Heiko Hinz. Und gleich beim allerersten geselligen Beisam-mensein in einem Warschauer Tanzpalast brach meine Welt, die ich mir in Bezug auf die Spitzen-Boxer der DDR zusammen gezimmert hatte, krachend in sich zusammen. Die Jungs haben reingeleuchtet, dass ich es kaum glauben wollte. Immer das harte Zeug. Klare und Braune, Wodka oder Weinbrand. Und kaum je-mand, der nicht geraucht hat. Sie waren also irgendwie ganz normale Menschen. Nicht lachen, bitte. Für einen wie mich, der die Leistungen der DDR-Boxer ganz weit oben in Nähe der Sonne angesiedelt hatte, war das eine durchaus schockierende Erkenntnis. Meine Erklärung für das nach Wettkämpfen wirklich exzessive Verhalten der Jungs ist einfach: Die wochenlange Kasernierung in Trainingslagern und der Erfolgsdruck in einem Sportsystem, das bei Misserfolgen immer zwei, drei andere Kandidaten in Lauerstellung parat hatte, brauchte einfach ein Ventil. Und nicht, dass mich jemand falsch versteht. Wir, die DDR-Boxer und ich, haben auch ohne Alkohol jede Menge Spaß gehabt.

Das beste Beispiel ist die Europameisterschaft 1989 in Athen. Damals bin ich gleich im ersten Kampf an einem Boxer aus der UdSSR gescheitert, war danach nur noch Tourist. Die DDR-Staffel räumte hingegen auf breiter Phalanx ab. Zehn Medaillen bei elf Startern. Und am letzten Tag hat „Joschi" Zülow mich zu einer Abschiedsfeier ins Hotel des DDR-Aufgebots eingeladen. Die Trainer und Funktionäre durften natürlich davon nichts wissen, wobei ich eher glaube, dass ihnen nach dem Medaillensegen alles ziemlich egal gewesen wäre. Aber bestimmt nicht, dass ich einen guten Bekannten, den Reporter der „Berliner Morgenpost", mitgenommen habe.

Zülow und die anderen, an Otto, Richter und Berg erinnere ich mich noch hundertprozentig, haben uns beide in der Hotel-Lobby empfangen, erst mal alle Glückwunsch-Telegramme des Staatsratsvorsitzenden Erich Honecker aus den Postfächern geholt - und noch im Aufzug zu Konfetti verarbeitet. In dieser Stimmung ging es weiter. Es gab Wodka und Cola, allerdings in Maßen, weil Auslands-devisen für die DDR-Jungs ein Problem waren. Dass wir die Drinks rationieren mussten, störte wenig, weil wir uns viel zu viel zu erzählen hatten. Die üblichen Themen eben: Autos, Mädels, Musik. Oder auch Musik, Mädels und Autos. Dann erzählten die Jungs, welche Prämien nun zu Hause auf sie warten würden. Einkaufsgutscheine für die Intershops, Urlaub am Schwarzen Meer und der heiß ersehnte Trabbi waren der Lohn für die Sportler, schön gestaffelt nach Bronze, Silber und Gold. Und irgendwann begann dann Andreas Otto, DDR-Witze zu erzählen.

Es war gigantisch. In dieser einen Nacht hätte man ein Buch über den DDR-Humor zusammenschreiben können. Leider, leider, leider, bin ich absolut unfähig, Witze zu erzählen. Ich verrate die Pointe schon mit dem ersten Satz oder bleibe irgendwo stecken. Aber zwei Gags habe ich mit Hilfe von damaligen Ohrenzeugen noch zusammenbekommen. Zuerst der kurze knackige Joke, von Andreas Otto perfekt auf die Pointe hin erzählt. „Was macht ein staatstreuer DDR-Bürger, wenn in Berlin ein Loch in der Mauer ist? Er fährt nach Frankfurt/Oder. Denn dort ist die Schlange zu Ende."

Der zweite ist noch viel besser, aber erzählen könnte ich ihn nicht einmal, wenn mir Günter Jauch eine Million Euro dafür bieten würde. Papier jedoch ist geduldig. Mein Lieblings-DDR-Witz - in Erinnerung an eine wunderbare Nacht in Athen: Erich Honecker genießt ein paar Tage auf seiner Datscha. Eines Morgens tritt er auf die Veranda, streckt sich - und plötzlich beugt sich die Sonne zu ihm herab. „Einen wunderschönen guten Morgen wünsche ich, lieber Staats-ratsvorsitzender und Generalsekretär. Wünsche, wohl geruht zu haben." Honecker ist bass erstaunt, fängt sich aber und antwortet. „Danke, liebe Sonne." Nach dem Mittagessen dasselbe noch einmal. Demütig beugt sich die Sonne herunter. „Wünsche weiterhin gute Verrichtung aller wichtigen Dinge, lieber Staatsratsvorsitzender und Generalsekretär. Einen angenehmen Nachmittag." Abends nimmt Honecker seine Frau Margot mit auf die Veranda, schaut erwartungsvoll zur Sonne. Nichts tut sich. Honecker wartet und bemerkt dann spitz: „Na, Sonne?" Worauf die Sonne einmal kurz aufleuchtet und dann sagt: „Leck' mich am Arsch, jetzt bin ich im Westen."

Das war der beste Witz dieser Party, aber doch nur die zweitbeste Pointe. Denn irgendwann, es dämmerte draußen schon der Abflugtag, fragte mich „Joschi" Zülow: „Sag' mal, Svennie, wer ist eigentlich der Typ, den du da mitgebracht hast." Und meine Antwort war: „Ach, nur so ein Journalist aus West-Berlin." Die Jungs haben sich fast verschluckt, aber es war alles in Ordnung. In punkto Menschenkenntnis bin ich eigentlich noch nie auf die Nase gefallen. Ich wusste, dass diese Zusammenkunft nicht am nächsten Tag in der „Morgenpost" stehen würde. Und auch nicht am übernächsten.

Das Faszinierende an dieser Geschichte ist, dass die Party in Athen im Mai 1989 stattfand. Also keine sechs Monate, bevor die Mauer fiel. Ich glaube, ich spreche für 99,99 Prozent aller West-Berliner - wir hatten damals nicht die geringste Hoffnung oder Ahnung, dass es passieren würde. Ich bin vom Mauerfall völlig überrascht worden, weiß noch, dass ich in meiner Wohnung vor dem Fernseher saß und mich von den Bildern habe mitreißen lassen. Aber ich bin nicht jemand, der rausrennt und sich in die Masse stürzt. Insofern gibt es von mir keine Geschichten vom Brandenburger Tor oder keine wilden Trabbi-Fahrten auf dem Kurfürstendamm.

Und dann, Ende Oktober, waren die Deutschen Meisterschaften, die letzten, die der DABV vor dem Zusammenschluss mit dem Deutschen Box-Verband der DDR alleine ausgerichtet hat, ausgerechnet in West-Berlin. In der Sömmeringhalle saßen „Joschi" Zülow, Andreas Otto und viele andere plötzlich am Ring. Wir mussten keine geheimen Absprachen mehr treffen, um uns ein paar schöne Abende zu machen. Das ist meine deutlichste Erinnerung an die Wende. Plötzlich war alles sooo normal. Gänsehaut erregend normal.

Ich habe mich im Verlauf der Jahre, in denen ich immer wieder mit Boxern (und natürlich auch Trainern) aus der ehemaligen DDR Kontakt hatte, einige Male gefragt, wie ich mich auf der anderen Seite der Mauer zurechtgefunden hätte. Ich glaube, es wäre kein großes Problem für mich gewesen. Ein in gewisser Weise reglementiertes Leben habe ich eigentlich immer gesucht. Das Gemeinschaftsgefühl, das im Osten definitiv stärker ausgeprägt war als im Westen, hätte mir garantiert auch gepasst. Und vor allem weiß ich eines: Ich habe die DDR-Sportler um ihre Zeit in den Kinder- und Jugend-Sportschulen beneidet. Das wäre für mich das Paradies auf Erden gewesen. Eine Schule, in der Sport gefördert wird. Ich will das nicht zu naiv sehen.

Wer weiß, was ich gemacht hätte, wenn ich dort als Schwimm-Talent entdeckt worden wäre und plötzlich hätte mir mein Trainer die blauen Pillen in die Hand gedrückt. Ich will nur klarmachen, dass wir Wessis oft viel zu pauschal über die DDR urteilen.

Ich habe jedenfalls nie schlechte Erfahrungen gemacht. Wenn man mal von so Kleinigkeiten absieht, dass ich nach dem TSC-Turnier 1987 bei Bekanntschafts-Besuchen in Ost-Berlin jedesmal meinen Porsche halb zerlegen musste, ehe mich die Grenzer durchgelassen haben. Aber die Hyperkorrekten, die Vertreter der Obrigkeit, die nur nach dem Klischee urteilen, gibt es überall. In West-Berlin hat Ende der 80er-Jahre auf dem Spandauer Damm direkt vor mir ein Auto gewendet. Einfach so, ohne in den Rückspiegel zu schauen – ich habe es trotz einer Vollbremsung richtig brutal erwischt. Der Fahrer war Polizist und dementsprechend lustig ging es in der Gerichtsverhandlung zu. Ich bekam ein Drittel Schuld, obwohl nicht einmal Michael Schumacher den Crash hätte verhindern können. Der erste Satz des hoch ehrenwerten Richters lautete: „Na, Herr Ottke, sie sind wohl nicht nur mit den Fäusten besonders schnell, sondern auch im Straßenverkehr." Ich bin innerlich fast geplatzt vor Wut, hatte aber keine andere Chance als die Klappe zu halten.

In der Chronologie fehlt zwischen der EM 1987 in Turin und der EM 1989 in Athen das Jahr 1988. Ein ganz besonderes Jahr - das Jahr meiner ersten Olympischen Spiele. Ich finde keinen Superlativ für diese Tage. Sie sind das Größte für einen Sportler. Ein Erlebnis, das für jede einzelne Schweißperle der ganzen Karriere entschädigt. Und Seoul 1988 war für mich das absolute Highlight meiner Athletenzeit. Das beginnt schon mit der Einkleidung. Ich weiß noch wie heute, als der Brief vom Nationalen Olympischen Komitee kam, durch den ich nach Frankfurt/Main eingeladen wurde, um die Olympiasachen abzuholen. Wir bekamen extra einen Merkzettel, mit dem wir zu einem Schneider gehen mussten, um unsere Maße eintragen zu lassen. In Frankfurt stand ich schließlich in dieser Riesenhalle und bin von Station zu Station gegangen, um meine Seoul-Klamotten auszusuchen. Den Ausgeh-Anzug, die Freizeit-Kombination, Trainings- und Wettkampfsachen, Hüte, Taschen, Wecker und was weiß ich noch alles. Ich habe mich gefühlt wie ein Kind im Bonbon-Laden und bin mit zwei prall gefüllten Reisetaschen zurück nach Berlin. Das Seoul-Sakko habe ich immer noch. Der Trainingsanzug ist mir leider 1989 bei der EM in Athen gestohlen worden.

Sven auf dem Weg nach Korea - das Unternehmen begann mit einem legendären Patzer. Denn beim Abflug in Berlin-Tegel, vor dem

Mein Svennie

6. Runde: Der Landestrainer

„Svennie wusste immer genau, was er wollte. Das ist nichts Besonderes. In 30 Jahren als Trainer hatte ich hunderte von Boxern, die ganz genau wussten, was sie wollten. Aber Sven hat es auch getan. Er hat soviel Talent mitgebracht, dass es ein Geschenk war, mit ihm zu arbeiten. Er hat aus allem etwas gemacht, nie eine Sonderbehandlung verlangt und mehr trainiert als jeder andere. Wir konnten ihn in der Bundesliga zwischen Halbmittelgewicht, Mittel und Halbschwer hin- und herschieben, er hat nie gemault. Gemault haben die, die von mir in den Rundenpausen angeschrien worden sind. Warum schreien Sie Sven nie an, bin ich gefragt worden. Die Antwort: Weil man Svennie nur sagen musste, ob er vorne oder hinten liegt, den Rest machte er von alleine. Ich gebe zu, dass ich nicht daran geglaubt habe, dass er ein grandioser Profi wird. Da hat er mich überrascht, fast reingelegt. Denn ich habe ihm immer wieder gepredigt, dass nur der hart schlägt, der hart schlagen will. So einfach ist das. Inzwischen will Svennie auch hart schlagen. Und deswegen fallen erstaunlich viele Gegner um. Gekonnt hat er es nämlich immer schon. Ich sehe alle seine Kämpfe und genieße es jedes Mal. Mit dem Spaß, den ich dabei habe, hat er übrigens auch alle Buletten bezahlt, die er in meiner ehemaligen Kneipe so nebenher weggeputzt hat."

Gerhard „Bubi" Dieter (69) war lange Jahre Berliner Landestrainer und gewann als Halbweltergewichtler vier Deutsche Meisterschaften.

Hopser nach Frankfurt, von wo aus der Jumbo mit 400 Athleten an Bord direkt nach Seoul fliegen sollte, gab es ein klitzekleines Problem. Herr Ottke, der dreimalige Deutsche Meister, die Stammkraft in der Nationalstaffel des Deutschen Amateurbox-Verbandes, hatte keinen Reisepass dabei. Ich hatte als West-Berliner nur ganz automatisch den „Behelfsmäßigen Personalausweis" eingesteckt - das war das Personaldokument, das West-Berlinern unter dem Alliiertenrecht zugestanden wurde. Aber der Pass lag zu Hause und staubte vor sich hin. Ich bin erschrocken wie selten in meinem Leben. Was machen die jetzt, lassen die mich zu Hause, schießt es dir als erstes durch den Kopf. Dann denkst du positiv: Das können die nicht machen. Aber die Stunden, bis ich dann in Frankfurt einen Not-Reisepass ausgestellt bekam, waren die Hölle. Viel schlimmer als die Sprüche, die ich mir noch jahrelang bei jeder offiziellen Auslandsreise anhören musste. „Haben alle ihre Pässe dabei? Auch du, Sven?" Naja, wer den Schaden hat...

Das Erlebnis Olympia begann schon mit dem Nonstop-Flug um die halbe Welt. 400 Sportler in einem Flieger. Mein Element, weil ich ja keine Probleme habe, Kontakte zu knüpfen. Es war einfach wunderschön, all' die anderen mal kennenzulernen. Und Seoul war noch ein Fest, bei dem alle Sportler, selbst die Leichtathletik-Stars, irgendwie ein Teil des Ganzen waren.

Ich könnte ein zweites Buch nur mit Korea-Erinnerungen füllen, also muss ich mich auf die wichtigsten Erlebnisse konzentrieren. Auf Platz eins steht natürlich die erste Begegnung mit Gabi. Damals noch Gabi Reha, jetzt Gabi Ottke. Als Schwimmerin hatte ich sie vorher ein einziges Mal wahrgenommen, bei einem Lehrgang in Leimen, als sie auch im Kraftraum war, während ich dort trainiert habe. In Seoul lief sie mir gleich am ersten Tag in der Sportler-Mensa im Olympischen Dorf über den Weg. Besser gesagt, sie stürmte auf mich zu. Die Schwimmer waren schon zur Akklimatisierung im Trainingslager in Asien gewesen und es gab im Team heftige Konkurrenzkämpfe. Gabi freute sich einfach, einen Menschen zu sehen, der keine Flossen hatte. Wir haben uns in Seoul noch öfter getroffen, ohne dass wir die weitere Entwicklung unserer Beziehung vorausgeahnt hätten. Einmal habe ich sie sogar mit in die Boxhalle genommen, als Andreas Schnieders, unser Schwergewichtler, boxte.

Genau genommen war Gabi erst die zweite Frau, die mir in Seoul aufgefallen ist. Die erste war ein Blondschopf vor mir in der Reihe bei der offiziellen Akkreditierung. Ich kannte sie nicht, was mich natürlich nicht gehindert hat, sie gleich anzuquatschen. So nach dem Motto: „Hey, schöne Frau, was machst Du eigentlich so?" Tja, Anja Fichtel war zu diesem Zeitpunkt schon Fecht-Weltmeisterin, aber das wusste ich nicht. War auf jeden Fall ein peinlicher Vorstoß. Anja hat es zum Glück locker genommen, wir verstehen uns heute noch prächtig. Vor ihrer sportlichen Leistung ziehe ich jeden Hut, den ich habe. Ich habe gemerkt, dass Anja Fichtel eine energische, selbstbewusste Person ist. Ich weiß noch, dass ich mich in der Athleten-Disko eines Abends mit ihr unterhalten habe. Dann kam Gabi, mit der ich auch ein paar Sätze gewechselt habe - und als ich mich umdrehte, war Anja spurlos verschwunden. Ganz oder gar nicht, sollte das wohl heißen.

Sportlich begann das Olympische Turnier super für mich. Ich habe in der Vorrunde einen Israeli klar besiegt und im zweiten Kampf einen Südkoreaner aus dem Wettbewerb geworfen. Im zweiten Kampf gab es ein 4:1-Punktrichter-Urteil, obwohl ich wirklich haushoch überlegen war. Aber erst, als es später zu dem großen Skandal um Roy Jones aus den USA gekommen ist, habe ich die Verbindung zu einem Heimvorteil für den Sportsfreund aus Korea gezogen.

Der dritte Auftritt war ein Höhepunkt in meiner Karriere. Ich habe Ruslan Tamarow aus der UdSSR klar ausgepunktet. Eine Leistung, die mir zum damaligen Zeitpunkt nicht viele Experten zugetraut haben. Ich erinnere mich deshalb noch daran, weil nach diesem Kampf ein Glückwunschtelegramm meines Spandauer BC ins Olympische Athletendorf geliefert wurde. Einen Sowjet-Boxer aus dem Turnier zu werfen, war für einen Athleten aus der Bundesrepublik schon eine klasse Sache.

Aber trotzdem musste ich immer noch einen Kampf gewinnen, um mir den großen Traum zu erfüllen. Zwischen mir und der Bronzemedaille stand der Kanadier Egerton Marcus, der später als Profi einen WM-Kampf gegen Henry Maske klar verlor. Zwischen mir und der Bronzemedaille stand aber noch etwas anderes - meine Unerfahrenheit, um nicht ganz einfach meine Dummheit zu sagen.

Bei allen Olympischen Spielen gibt es ein sogenanntes Deutsches Haus. Das ist der Treffpunkt für Athleten, Funktionäre, Journalisten und Sponsoren. Und dort in Seoul war ausgerechnet am Vorabend meines Viertelfinal-Duells mit Egerton Marcus „Berliner Abend". Ich habe zuerst kategorisch abgelehnt, dorthin zu gehen, weil ich am nächsten Tag im Vormittagsprogramm ab 10 Uhr antreten musste. Aber es ist schon eine Schwäche von mir, dass ich nicht allzu lange und nicht allzu laut „Nein" sagen kann. Also habe ich mich breitquatschen lassen und bin hin zu diesem verdammten „Berliner Abend". Es kam, wie es nicht hätte kommen dürfen.

Ich bin länger geblieben, als ich es eigentlich vorhatte. Dann gab es keinen Bus mehr zurück ins Athletendorf. Ein Taxi war auch nicht aufzutreiben. Und schließlich bin ich völlig frustriert vom Deutschen Haus zurück gelaufen. Ich war ewig unterwegs, mindestens eine Stunde und hatte einen derart dicken Hals vor Wut, dass ich auch nicht gleich einschlafen konnte. Ich erinnere mich noch an den Schock, als Bundestrainer Dieter Wemhöner mich um kurz nach sechs Uhr geweckt hat, weil alle Athleten um sieben Uhr über die Waage gehen mussten. Ich war völlig kaputt und in meinem Ärger über mich selbst habe ich mich auch in die ganze Sache noch hineingesteigert. Das Schlimmste aber war, dass ich noch einen Anfängerfehler draufgesetzt habe. Eigentlich gibt es in einer solchen Situation nur eine Rettungsmöglichkeit: Augen zu und durch. Bewegen, bewegen, bewegen und darauf hoffen, dass das Blei in den Armen und Beinen irgendwann vom Adrenalin weggespült wird. Aber ich habe mich nach dem Wiegen und einem kleinen Frühstück noch einmal hingelegt - und bin so völlig weggeknackt, dass das nächste Wecken erst richtig brutal war.

Ich könnte mir heute noch in den Hintern beißen, dass ich nicht vorher darüber nachgedacht habe, wie dumm die Teilnahme an diesem Termin am Vorabend meines Medaillenkampfes war. Ich habe meiner Meinung nach meine beste Chance auf eine Olympiamedaille einfach herge-schenkt. Im Kampf gegen Marcus stand ich völlig neben meinen Schuhen. Ich glaube, vom Boxerischen her war ich ihm durchaus eben-bürtig. Mindestens. Aber mein Timing war miserabel, alles, was sonst automatisch ablief, musste diesmal vom Gehirn den Muskeln vorgesagt werden. Ich bin zweimal angezählt worden und war nach der korrekten einstimmigen Punktniederlage so sauer auf mich selbst, dass ich mich beinahe übergeben hätte. Das Gefühl, eine riesengroße Chance weg-geworfen zu haben, wurde noch schlimmer, als ich den Halbfinal-gegner von Egerton Marcus gesehen habe. Ein pakistanischer Sportler hatte wohl deutlich davon profitiert, dass mit Anwar Chowdry ein Landsmann den Posten des Präsidenten des Amateurbox-Welt-verbandes Aiba inne hatte. Ich hätte also bei einem Sieg über Marcus nicht nur die Bronzemedaille sicher gehabt - im Amateurboxen wird Platz drei nicht mehr ausgeboxt, sondern die beiden Halbfinal-Verlierer bekommen Bronze -, ich hätte durchaus das Finale erreichen können. Gold holte in Seoul übrigens ein guter Bekannter: Henry Maske.

Wer sich im Boxen nicht so auskennt, findet vermutlich meine Bemerkung über die Halbfinal-Teilnahme des pakistanischen Vertreters an der Grenze zur Fairness. Aber das Olympische Box-Turnier 1988 war von einer Reihe von Punktrichter-Skandalen überschattet. Den größten, jenen mit Roy Jones junior als Opfer, habe ich live miterlebt. Ich saß am Finaltag in der Halle auf der Athletentribüne und habe Jones Szenenapplaus gespendet. Er hat seinen südkoreanischen Gegner fünf Runden lang von einer Ringecke zu anderen getrieben, ganze Trefferserien gelandet und den Kampf von Seoul bis zum Mond und zurück gewonnen. Dann kam das 3:2-Punktrichterurteil für den Koreaner – zwei Europäer werteten 60:56 für Jones, drei korrupte Figuren aber 59:58 gegen Jones - und in der Halle war die Hölle los. Einen offensichtlicheren Betrug habe ich in über 20 Jahren Boxen nicht mehr gesehen. Und die Herren Funktionäre haben sich später auch noch selbst entlarvt, in dem sie in einem Akt dümmlicher Wiedergutmachung Roy Jones zum besten Boxer des Turniers gekürt haben. Eine oberpeinliche Nummer, die nur zeigt, dass selbst der beste Sportler absolut machtlos ist, wenn - egal ob im Amateur- oder im Profiboxen - sportpolitisch hinter den Kulissen getrickst wird.

Und doch war der Skandal um Roy Jones junior, der heute noch als Dreifach-Weltmeister im Profigeschäft seine Extraklasse unter Beweis stellt, nicht die größte Hammernachricht in Seoul. Ich weiß noch, dass ich eines Tages in der Athletenmensa saß und plötzlich wie ein Lauffeuer die Nachricht umlief: Ben Johnson erwischt. Ben Johnson war beim 100-Meter-Finale gedopt. Ben Johnson wird die Goldmedaille abgenommen, er muss die Olympischen Spiele sofort verlassen. Es war eine Nachricht, die einerseits schockierte, andererseits aber auch nicht wirklich überraschte. Ich habe das 100-Meter-Finale damals im Athletendorf im Fernseher gesehen und vor ungläubigem Erstaunen gelacht, als Johnson ausgerechnet Carl Lewis so spielerisch abgehängt hat, dass er sich noch vor der Ziellinie triumphierend umdrehen konnte. Es gab ja rund um die Olympischen Spiele in Seoul zehntausend Gerüchte von angeblich positiv getesteten Athleten, von verschwundenen Dopingproben, bis hin zu der Parole, dass im 100-Meter-Finale alle acht Athleten auffällig waren, das IOC aber eine Mauer des Schweigens errichtet hatte.

Meine Meinung ist, dass Ben Johnson einfach viel zu unverschämt war. Es gibt ja sogar ein Fernseh-Interview, in dem er von den Pillen spricht, die ihm beim Training helfen. Das IOC musste einfach ein Exempel statuieren. Der Stein, der damals ins Rollen gebracht wurde, ist bis heute nicht aufzuhalten.

Die ganze Dopingdiskussion ist eine unlösbar verwickelte Sache. Einerseits ist es richtig, dass wir Deutschen mit voller Pulle testen, andererseits wissen alle, dass es nicht nur in den Entwicklungsländern, sondern auch in der Sport-Weltmacht USA riesige weiße Flecken auf der Landkarte der Dopingkontrollen gibt. Man kann sagen: Wir testen uns klein und die anderen lachen darüber. Oliver Caruso, mein Freund aus dem Gewichtheberlager, hat mir mal erzählt, dass er bei Olympischen Spielen in seinem Doping-Kontroll-Pass 28 Einträge stehen hatte. Sein Hauptkonkurrent aus Bulgarien dagegen nur ganze zwei. Oder um mal über Personen zu reden: Ich würde für Alexander Leipold, der in Sydney positiv getestet wurde, die Hand ins Feuer legen. Ich kann mir nicht im schlimmsten Traum vorstellen, dass er wissentlich gedopt hat. Ich glaube, dass er irgendwie reingelegt wurde. Aber genau bei solchen persönlichen Einschätzungen beginnt ja schon der Wahnsinn der ganzen Sache. Uta Pippig, die Marathonläuferin, soll gedopt haben? Nie im Leben, lautet meine spontane Reaktion. Das ist die liebste, ehrlichste und sportlichste Person unter der Sonne. Dann würde ich gefragt werden, ob ich Dieter Baumanns Zahnpasta-Geschichte glaube? Und schon müsste ich mich winden wie ein Aal, weil ich, ohne ihn besser zu kennen, mit dieser Story meine Probleme habe.

Je intensiver ich über die Doping-Problematik nachdenke, desto ratloser werde ich eigentlich. Es ist doch einfach so, dass inzwischen jede herausragende Leistung automatisch angezweifelt wird. Und dass selbst die Entlarvung von Betrügern, wie beispielsweise im Fall des Langläufers Johann Mühlegg, die heile Welt nicht mehr zurückbringt. Wobei es ein absoluter Witz für mich ist, dass er dann nur einen seiner drei Olympiasiege aberkannt bekommt, die beiden anderen Goldmedaillen aber behalten darf. Da könnten mir die Herren IOC-Funktionäre 14 Tage lang Vorträge über Recht und Regeln halten, diese Entscheidung ist Schwachsinn und sonst gar nichts.

Wenn man es auf den Punkt bringen will, haben Sportler, Trainer und Funktionäre mit dem Doping eine riesengroße, weltweite Sauerei angerichtet. Eine, die überall ihre Spuren hinterlässt. Ich weiß aber hundertprozentig, dass die Freigabe von Dopingmitteln selbst unter ärztlicher Aufsicht der sichere Tod des Leistungssports sein würde. Ich jedenfalls würde meinen Kindern sofort jede Art von Sport verbieten. Und ich kann nur hoffen, dass jeder einzelne Vater und jede einzelne Mutter genauso handeln würden.

Ich selbst bin zum Glück niemals in meinem Leben mit Doping in Berührung gekommen. Ich bin sowieso der Meinung, dass ein Boxer, der dopt, mit einem Bein im Grab steht. In meinem Sport spielt Reaktionsfähigkeit und Urteilsvermögen eine lebenswichtige Rolle. Wer sich aggressiver macht oder seine Schmerzgrenze ausschaltet, muss wahnsinnig sein. Oder unglaublich dumm. Wenn mir ein Trainer etwas angeboten hätte, hätte ich die Zusammenarbeit noch in derselben Sekunde beendet. Ich erinnere mich allerdings, dass vor den Olympischen Spielen 1988 im DABV-Kader die sehr präzise Information umging, dass ein Olympiakandidat während der Vorbereitung positiv getestet wurde. Es sollen Aufputschmittel gewesen sein - und dem unsauberen Burschen ist nichts passiert. Ich habe damals meinen Mund gehalten und finde es deshalb nur folgerichtig, wenn ich auch heute keine Details ausbreite. Das ist Vergangenheit. Diejenigen, die das damals verantwortet haben, sollen es mit sich und ihrem Gewissen ausmachen.

Mit dem Ben-Johnson-Fall hat die Doping-Diskussion jedenfalls einen dramatisch anderen Stellenwert bekommen. Die Zeit des Ignorierens war ein für allemal vorbei. Ich selbst merke es daran, dass rund um die Wettkämpfe auch bei mir ein regelrechter Verfolgungswahn ausgebrochen ist. Automatisch achtet man als Sportler darauf, wer einem welche Trinkflasche reicht und ob die Flasche noch korrekt versiegelt ist. Für mich, der ich bei der Abgabe der Dopingprobe immer enorme Lieferschwierigkeiten habe und jede Menge Flüssigkeit trinken muss, ist das eine echte Konzentrationsaufgabe. Ich muss mich wirklich dazu zwingen, um drei Ecken zu denken. Selbst wenn mir sehr gute Freunde eine offene Getränkedose oder -flasche reichen, muss ich ihnen sagen: Sorry, geht nicht.

Trotz meiner Niederlage im Viertelfinale und trotz Ben Johnson - die Tage von Seoul mit ihrer Farbenpracht und ihrem Flair werde ich nie vergessen. Es waren die schönsten Olympischen Spiele für mich, denn es waren meiner Meinung nach die letzten, in denen die sogenannte Jugend der Welt noch einigermaßen gemeinsam gefeiert hat. Die Superstars, die auf das Leben im Athletendorf pfeifen und von ihren Suiten in den Luxushotels mal eben zum Medaillenabholen ins Olympiastadion gefahren werden, kamen erst 1992 und 1996 dazu.

Zusammen mit den drei anderen Mittelgewichts-Boxern, die ihre Viertelfinal-Duelle verloren, stehe ich also als Olympiafünfter von Seoul in den Nachschlagewerken. Und trotz meiner persönlichen Enttäuschung bin ich in Berlin wie ein Superstar gefeiert worden. Der Spandauer BC mit Präsident Miesner hatte zusammen mit der Boulevardzeitung „BZ" ein Empfangskomitee am Flughafen Tegel organisiert. Meine Freundin Ilona war da und jede Menge Freunde und Fans. Ich war überwältigt. Wir sind mit einem Doppeldeckerbus durch die Stadt gefahren worden. War schon okay, war sogar richtig schön, aber ich bin eigentlich nicht der Typ für solche Sachen. Nach spätestens einer Stunde kriege ich Probleme damit, in der Öffentlichkeit zu stehen und mich feiern zu lassen. Ich bin Sportler und kein Unterhaltungskünstler. Und deswegen war das Ende dieses Rückflugtages nach den Olympischen Spielen 1988 absolut typisch für mich: Während in Spandau noch die Feier lief, habe ich mich ins Auto gesetzt und bin zum Landesleistungszentrum Deutschlandhalle gefahren. Ich musste einfach etwas tun, um alle Eindrücke zu verarbeiten, um den Kopf wieder halbwegs frei zu bekommen. Ich bin die große Runde gelaufen. Voll am Anschlag. Und ich habe mich absolut super gefühlt.

Den Abschluss dieses Jahres bildeten die Deutschen Meisterschaften in Schriesheim, wo ich im Finale gegen Gerhard Schoberth meinen vierten Titel in Folge geholt habe. Ich war zu diesem Zeitpunkt national wirklich unantastbar - und habe das auch im Ring konsequent umsetzen können. Der vierte Titel war insofern bemerkenswert, weil ich damit die Ausbeute von Bubi Dieter erreicht hatte. Bubi war in den 60er-Jahren viermal Meister. Und als Zuckerchen gab es noch eine Auszeichnung obendrauf: 1988 gewann ich erstmals die Leserwahl der Fachzeitschrift Box-Sport. „Bester Amateurboxer des Jahres 1988, Sven Ottke, Spandauer Box-Club" - den Pokal habe ich heute noch.

Zum bereits erwähnten Jahr 1989 mit der EM in Athen und dem Mauerfall gehört noch die Weltmeisterschaft in Moskau. Eine absolut außergewöhnliche Veranstaltung. Wir blieben über zwei Wochen in Moskau, weil die WM aufgrund ihrer aberwitzig hohen Teilnehmerzahl aufgebläht war. Und wir wohnten alle in einem riesigen Hotelkomplex, der mitten in Moskau einen kompletten Häuserblock einnahm. Wenn ich Laufen gegangen bin, habe ich Runden um das Hotel gedreht - so groß war dieser Bettenbunker. Von Glasnost und den ganzen dramatischen Veränderungen in der sich langsam auflösenden UdSSR habe ich nichts mitbekommen. Da kommt der schon erwähnte Tunnelblick ins Spiel. Ich habe mich auf den Sport konzentriert und bin diesmal auch mit Bronze belohnt worden.

Nach den Punktrichter-Skandalen in Seoul hatte der Weltverband Aiba den Einsatz der Punktmaschine forciert. Meiner Erinnerung nach war die WM in Moskau das erste große Turnier, in dem meine Kämpfe mit der Tastatur von den fünf Unparteiischen gewertet wurden. Wir hatten vorher einen DABV-Lehrgang, in dem uns Boxern das System erklärt wurde. Demnach wurde ein Treffer nur dann gültig gewertet, wenn drei der fünf Punktrichter innerhalb einer Sekunde für denselben Boxer die Taste drückten. Von Anfang an muss man sagen, dass die Urteile durch die Punktmaschine besser wurden. Aber Betrug war trotzdem nicht ausgeschlossen. Wenn drei Punktrichter sich einig wurden, war weiter alles möglich. Mein Boxstil hat ganz gut zur Punktmaschine gepasst, weil das Vermeiden gegnerischer Treffer ein wichtiger Schlüssel für den Erfolg wurde. Andererseits gab es im

Verlauf der Jahre immer wieder neue Entwicklungen. Mal drückten die Punktrichter wie bei einem Ballerspiel vor dem Computer, dann störte sich jemand im Weltverband an den hohen Urteilen und plötzlich wurde kaum noch gedrückt. Das war alles ziemlich unübersichtlich und hat den Amateurbox-Fans das Verständnis der Sportart sicher nicht leichter gemacht.

In Moskau war noch die fröhliche Zeit des Dauerdrückens angesagt. In der Vorrunde habe ich einen Engländer namens Edwards mit 21:17 besiegt. Wenn ich wirklich 17 Treffer innerhalb von neun Kampfminuten hätte schlucken müssen, wäre ich vermutlich schockiert abgereist. Aber egal, das Argument für die Punktmaschine war von Anfang an: Hauptsache, der bessere Boxer wird zum Sieger erklärt, dann sind die Trefferzahlen egal. Es kam das Viertelfinale, der Kampf um die Bronzemedaille. Ich hatte mit Michael Franek aus der CSSR einen Gegner, der für mich wie maßgeschneidert war. Ein mutiger Bursche, der immer nach vorne ging, aber boxerisch und von der Schnelligkeit her für mich kein Problem dargestellt hat. Kämpfe wie jenes 32:15 gegen Franek waren wirklich Spaß für mich. Ich hatte das Gefühl, dass ich jede einzelne Aktion, jeden Angriff, jede vorgetäuschte Attacke, jeden Rückzug, jeden Fehler meines Gegners in Zeitlupe sehen konnte. In solchen Kämpfen kann ich ohne jede Gefahr Angriffe starten und abschließen, dann lasse ich die lange Führhand draußen, damit er nicht kontern kann und bin schon wieder weg.

Es war schon genial. Erste WM-Teilnahme und gleich eine Medaille. Und das nach der Enttäuschung der Olympischen Spiele im Jahr zuvor und dem schnellen Aus bei der EM vier Monate vor der Fahrt nach Moskau. Doch mehr als Bronze war nicht drin. Das wusste ich schon bei der Auslosung. Im Halbfinale wartete Angel Espinosa aus Kuba, der beste Mittelgewichtler der Welt. Noch mehr als Henry Maske war Espinosa für mich eine unerreichbare Größe. Er hatte tierisch Muskeln, was im Mittelgewicht sowieso selten ist, hatte irre lange Arme und konnte sensationell boxen. Er hat sich bewegt wie eine Kobra, langsames Anschleichen, dann ein überfallartiger Angriff und Feuer mit beiden Fäusten. Gigantisch. Viel zu stark für mich, vom Kopf her habe ich das Wort Chance nicht einmal denken können.

Also gab es einen dieser Kämpfe, die auch das Bild meiner Amateurzeit geprägt haben. Sven Ottke neun Minuten im Ring und einzig auf Schadensbegrenzung ausgerichtet. Da kann mich ein Trainer noch so hineinhetzen wollen, noch so grandiose Motivationsreden vom Stapel lassen - dort oben im Ring ist es meine Birne, die getroffen werden würde. Und das habe ich als Amateur nicht eingesehen. Ich weiß noch, dass der Ringrichter mich mindestens dreimal aufgefordert hat, mehr zu machen. Dabei stand er vor mir, ließ seine Fäuste aufeinander prallen und rief: „Box, box." Denkste. Lauf, Svennie, lauf, schrie mein Gehirn. Und am Ende hieß es 13:3 für Angel Espinosa. Dass der Kubaner später das Finale gegen den Lokalmatador Andreij Kurnjawka verlor, war für mich die große Sensation von Moskau. Aber an meiner Einschätzung zu Espinosa ändert das nicht das Geringste.

Die Deutschen Meisterschaften, wie bereits erwähnt in der Berliner Sömmeringhalle ausgetragen, waren schließlich ein fast banaler Abschluss des Jahres 1989. Ich bin locker zum Titel marschiert und den 90er-Jahren entgegen. Aber obwohl ich inzwischen national unumstritten war und international für Aufsehen gesorgt hatte, war ich immer noch nicht vollständig im Sportlerleben angekommen. Nur ganz wenige enge Bekannte außerhalb meiner Familie haben beispiels-weise mitbekommen, dass ich zwischen 1987 und 1989 versucht habe, das Abitur nachzumachen. Ich habe mich bei einer Abendschule angemeldet und gepaukt wie noch nie in meinem Leben. Die Motivation war, dass die Versäumnisse meiner Schulzeit immer noch an mir genagt haben. Man kann schon von gewissen Minder-wertigkeitsgefühlen sprechen, was meine schulische Bildung anging. Ich wollte es einfach noch einmal versuchen, aber nach gut zwei Jahren musste ich einsehen, dass mir der Sport einfach zu wenig Zeit ließ, um das Abitur wirklich bestehen zu können. Hans-Peter Miesner hat damals noch einen letzten Vorstoß bei der Schule gemacht, ob ich eine weitere Fristverlängerung bekommen könnte, aber das ging einfach nicht mehr. Ich musste einsehen, dass nicht alles nach meinem Wunsch funktionierte.

Boxen als alleiniger Lebenszweck kam für mich aber nicht in Frage. Zu diesem Zeitpunkt, 1988 und '89, war zwar Graciano „Rocky" Rocchigiani gerade Profibox-Weltmeister geworden, womit das Berufsboxen wieder ein größeres Thema in den Medien wurde. Ich habe Graciano intensiv wahrgenommen, wir sind uns in Berlin öfter über den Weg gelaufen. Ich glaube auch, dass ich einen guten Draht zu ihm hatte – seine Intensität im Ring war beeindruckend. Aber die ganze Halbwelt-Szenerie um ihn herum hat mich abge-stoßen. Für mich ging die Blickrichtung genau entgegengesetzt. Ich brauchte irgendetwas Sinnvolles als Ergänzung zum Boxen. Zum Glück ergab sich dann die Möglichkeit, noch eine zweite Lehre zu machen. Die Mercedes-Benz-Niederlassung in Berlin bot für Spitzensportler eine Ausbildung zum Industriekaufmann an. Ich war hellauf begeistert.

Man ist uns Athleten von den Zeitabläufen und den Stundenplänen her entgegengekommen, aber nicht vom Ausbildungsstoff. Das war schon eine knallharte Zeit. Bei jedem Wettkampf, bei jedem Lehrgang hatte ich Bücher dabei und habe an freien Turniertagen noch auf der Zuschauertribüne gelernt. Es war mein großes Glück, dass ich national keinen wirklichen Herausforderer im Mittelgewicht zu befürchten hatte. Insofern war nicht die hundertprozentige Konzentration auf das Boxen notwendig. Dankbar bin ich bis heute für das Verständnis und die Hilfsbereitschaft der anderen Azubis. Es gab eine Phase, in der ich in Industriebetriebslehre ziemlich deutlich zurückgefallen war. Antje Schmidt, eine Kurskollegin, hat sich die Riesenarbeit gemacht, mir den Unterrichtsstoff auf Kassetten zu sprechen – damit konnte ich selbst im Auto auf dem Weg zum und vom Training lernen. Ein riesengroßes Dankeschön dafür.

Insgesamt waren wir vier Sportler in dieser Ausbildungsgruppe. Die Hochspringerin Andrea Ahrens, die später Armin Baumert, den Leistungssportdirektor des Deutschen Sportbundes geheiratet hat, Eisschnellläuferin Anja Mischke und der Hockeyspieler Thorsten Mikloweit. Nur Andrea hat die Abschlussprüfung im ersten Versuch gemeistert. Wir anderen drei sind durchgerasselt, ich unter anderem in Informatik. Ich weiß nicht, ob Anja und Thorsten einen zweiten Anlauf gewagt haben, aber ich wollte nicht aufgeben, habe mich reingekniet und statt im Herbst 1992 dann im Februar 1993 meinen Abschluss gebaut. Wenn es um Erfolge geht, ordne ich das ziemlich weit oben in meiner persönlichen Rangliste ein.

4 Der große Triumph mit einem neuen Trainer

Gold auf die harte Tour

Der Anfang der 90er-Jahre brachte auch im Boxen eine ganze Menge Veränderungen. Durch das Zusammenwachsen der beiden deutschen Staaten wurden auch die beiden Box-Verbände zusammengefügt. In Berlin gab es damit auf einen Schlag mindestens viermal so viele Amateurboxer wie zuvor. Und eine ganze Menge Trainer mehr. Ich weiß heute nicht mehr genau, wie ich Ulli Wegner kennen gelernt habe. Aber ich weiß noch, dass ich anfangs unbewusst und später bewusst nach neuen Trainingsreizen gesucht habe. Bubi Dieter ist eine Seele von Mensch, einer, der eine Menge vom Boxen versteht. Aber ich kannte zu diesem Zeitpunkt seine Trainingsmethoden und die Abläufe im Leistungszentrum aus dem Effeff. Es bestand die Gefahr der Langeweile. Ich weiß, dass es ihm wehgetan hat, dass ich Anfang der 90er-Jahre immer mehr mit Ulli Wegner gearbeitet habe und später komplett zu Ulli gewechselt bin. Doch Sportler müssen, ich betone: müssen, in solchen Entscheidungen Egoisten sein. Ich glaube, Bubi versteht das heute auch.

Ulli hat mit mir anfangs eher aushilfsweise die Pratzenarbeit gemacht. Das ist eine ganz entscheidende Sache zwischen Athlet und Trainer. Die Chemie muss hundertprozentig stimmen. Der Trainer an den Pratzen muss die Schlagfolgen und das Tempo vorgeben, aber so, dass zwar viele Wiederholungen dabei sind, dass es aber trotzdem nicht langweilig wird. Bei Ulli sind mir sofort seine Besessenheit und sein Ehrgeiz aufgefallen. Und seine Menschlichkeit. Er ist kein Brüller, eher einer, der versucht, die Eigenmotivation herauszukitzeln und er ist in jeder Minute des Trainings unheimlich intensiv. Ja, ich nenne ihn „Diktator", aber das ist auch ein Adelstitel. Ulli erzählt aus dieser Zeit, dass ich ihn mir regelrecht ausgeguckt habe. Dass ich immer wieder zugeschaut habe, wie er mit anderen Athleten gearbeitet hat, ehe ich dann selbst mehr mit ihm trainiert habe. Mag sein. Ein Trainerwechsel ist ja ein bisschen mehr als ein Hemdenwechsel. Das muss schon passen. Es hat gepasst.

Man darf heute, über ein Jahrzehnt später, nicht übersehen, was das Zusammenbrechen des Ostblocks damals für Sportler und Trainer bedeutet hat. Anders als in anderen Ländern, die sich

Mein Svennie

7. Runde: Der Amateurexeperte

„Jaja, diese Geschichte wird mir ewig nachhängen. Sven Ottke ist zu klein fürs Mittelgewicht, habe ich gesagt. Nicht ohne Grund. Das war damals, 1988, nach Svens Niederlage im Länderkampf gegen die DDR gegen Henry Maske. Und ich bin heute noch der Überzeugung, dass es in der Amateurgewichtsklasse bis 75 Kilo Boxer gab, die aufgrund ihrer Körpergröße für Sven unbesiegbar waren. Eben Athleten wie Maske oder sein kubanischer Angstgegner Ariel Hernandez.

Natürlich ist nach elf Deutschen Meistertiteln im Amateurlager - neun davon im Mittelgewicht - und zwei EM-Titeln meine Aussage über Sven immer wieder zitiert worden. Die Lacher waren garantiert.

Dafür war ich aber einer der wenigen, die Svens Wechsel in den Profibereich nicht als potenzielle Katastrophe niedergemacht haben. Über drei mal drei Minuten

Heinz Birkle (71) aus Karlsruhe war Vizepräsident Sport des Deutschen Amateurbox-Verbandes.

hatte Sven gegen einige wenige Top-Amateure seine liebe Not, aber wegen seines Ehrgeizes und seiner Kondition habe ich mir schon vorstellen können, dass er über zwölf Runden noch aufblühen würde. Schade, ewig schade, dass es nie zu Profi-Duellen mit Maske oder Hernandez gekommen ist. Ich hätte auf Sven gewettet. Auch im Supermittelgewicht."

zersplittert haben, wurden die Möglichkeiten - auf gut deutsch: die Plätze am Futternapf - in Deutschland weniger. In der ehemaligen UdSSR gab es zwölf Olympia-Startplätze. Ein paar Jahre später das sechs- oder siebenfache für Russland, Ukraine, Weißrussland, Litauen, Lettland, Aserbeidschan und so weiter. In Deutschland hingegen wurden zwei Nationalstaffeln mit ihren Trainer- und Funktionärsstellen zu einer zusammengedampft. Für die Ost-Trainer ging es mehr oder weniger um die blanke Existenz. Insbesondere für die Berliner, die im DDR-Sportsystem immer damit zu kämpfen hatten, dass Schwerin und Frankfurt (Oder) als Hochburgen betrachtet wurden.

Bevor Ulli Wegner und ich unseren ersten großen gemeinsamen Auftritt hatten, ging erst einmal das auf den ersten Blick sportlich unspektakuläre Jahr 1990 ins Land. Nur absolute Amateurbox-Insider erinnern sich, dass ich damals in einem Bundesliga-Kampf für den Boxring Berlin in der Bruno-Gehrke-Halle einen gewissen Dariusz Michalczeswki geschlagen habe. Es war ein Kampf, der viel brutaler war, als ich mir das im normalen Bundesliga-Alltag eigentlich gewünscht habe. Aber Bubi Dieter als Landestrainer hatte eine Aufstellung ausgetüftelt, mit der wir die Bundesliga-Vorzeigetruppe von Bayer Leverkusen ärgern wollten. Dazu musste ich hoch ins Halbschwergewicht und gegen Dariusz boxen. Ein Jahr zuvor hatte ich Michalczewski - ebenfalls in der Bundesliga - schon einmal im Mittelgewicht geschlagen. Es war beide Male ein hartes Stück Arbeit, aber beide Male hatte ich die überlegene Schnelligkeit und kam immer rechtzeitig aus der Gefahrenzone heraus.

Das einzig andere erwähnenswerte Box-Ereignis war 1990 das Turnier bei den Goodwill-Games in Seattle. Die Goodwill-Games waren so eine Art Mini-Olympiade, auch ein wunderbares Erlebnis mit engem Kontakt zu anderen Sportlern. Ich habe im Finale gegen einen Kubaner verloren und bin dann nach Los Angeles geflogen, um „Sven allein in Amerika" zu spielen. 14 Tage auf eigene Faust durch den Westen der Vereinigten Staaten. Richtig gut vorbereitet mit einem Budget für Motel-Übernachtungen, einer ungefähren Reiseroute im Kopf, einem vorbestellten Leihwagen und Karten-material vom ADAC. Da konnte doch überhaupt nichts schiefgehen.

Nun gut, das erste klitzekleine Problem war der Versuch, mit dem Auto durch Los Angeles hindurch und aus Los Angeles heraus zu kommen. Die ADAC-Karte war ja wunderbar übersichtlich. Schließlich waren nur die großen und wichtigen Straßen eingezeichnet. Also habe ich mich innerhalb von ein paar Minuten heillos verfranzt. Aufgrund meiner späten Ankunftszeit in LA war es inzwischen dunkel, ich war sauer und todmüde und wollte einfach nur noch einen Platz zum Schlafen. Irgendwie habe ich schon registriert, dass ich mich in keiner besonders guten Gegend befand. Aber andererseits war mein Übernachtungs-Budget auf 40 Dollar pro Nacht beschränkt, also bog ich ab in die Einfahrt dieser heruntergekommenen Herberge. Ich habe kein Problem mit Farbigen, nie gehabt. Doch die Tatsache, dass draußen vor der Rezeption ein gutes Dutzend wilder Gestalten herumlungerte, hat mir schon ein bisschen Vorsicht eingehaucht. Jedenfalls habe ich meine Dollars über den Tresen gereicht, einen Zimmerschlüssel bekommen, meinen Wagen geparkt und bin hoch auf mein Zimmer. Dass es klein und ziemlich dreckig war, hätte ich angesichts meiner Müdigkeit vielleicht noch akzeptiert, aber als ich mit bereits ausbrechender leichter Panik feststellte, dass das Schloss an meiner Zimmertür kaputt war und es keine Möglichkeit gab, den Eingang zu verrammeln, war Schicht. Ich bin so unauffällig wie möglich wieder zu meinem Leihwagen - und bin mit quietschenden Reifen vom Motel-Parkplatz weggefegt. Pfeif' auf die Dollars, habe ich mir gedacht. Nur weg hier.

Zum Glück bin ich irgendwie auf eine Straße gekommen, die nach Disneyland ausgeschildert war. Und dort hat Sven Ottke, der große Entdecker Amerikas, auf dem Parkplatz im Auto gepennt. Hatte auch sein Gutes, denn am nächsten Morgen war ich der allererste im Vergnügungspark. Ich hatte keinerlei Warteschlangen vor mir, habe alle Attraktionen in einem Vormittag abgerissen und mich dann auf meine große Reise gemacht. Wunderschön war es. 4000 Meilen in 14 Tagen habe ich hinter mich gebracht. Grand Canyon, Bryce Canyon inklusive eines Rundflugs mit einem einmotorigen Flugzeug, ein einziger Tag im für mich viel zu hektischen und lauten Las Vegas, dann Sacramento und San Francisco. Eine Million Eindrücke, tausend Menschen, zehn Worte Englisch. Aber es ging. Ich habe mich pudelwohl gefühlt.

Ich bin gerne in Amerika, aber leben könnte ich dort nicht. Denn einerseits hilft die vordergründige Freundlichkeit der Menschen enorm bei kurzen Besuchen, aber andererseits kommt mir das immer so aufgesetzt vor. Nur nicht genau hinschauen, nur nicht zu sehr in die Tiefe - mit diesem Motto kann ich mich nicht anfreunden. Ganz allgemein habe ich auf der ganzen Welt kein Land gefunden, in dem ich lieber leben würde als in Deutschland. Von der Westküste bin ich noch nach Florida geflogen, nach Miami. Dort blieb ich noch eine Woche bei einem Bekannten, der sogar eine Welcome-Party für den angeblich so berühmten Boxer Sven Ottke organisiert hatte. Mann, war mir das peinlich. Aber sonst war Miami schon okay. Sonne, Meer und jede Menge hübscher Frauen. Schauen darf Mann ja.

1990 und 1991 habe ich in rascher Folge eine ganze Menge Boxer aus der ehemaligen DDR vor den Fäusten gehabt. Kein Wunder, die Hierarchie im vereinten Deutschland musste neu aufgestellt werden. Ich habe Torsten May in der Deutschland-Liga nach Punkten besiegt, Enrico Richter, immerhin Vizeweltmeister, ebenfalls in einem Mannschafts-Duell und habe mir eine Fehde mit dem Schweriner Torsten Schmitz geleistet. „Tolle", inzwischen Profi-Trainer beim Universum-Boxstall, und ich sind uns innerhalb von zwölf Monaten viermal im Ring begegnet - 3:1 für mich lautete die Bilanz. Interessant auch, dass ich den sechsten Deutschen Meistertitel 1990 und den siebten 1991 jeweils im Finale gegen Norbert Nieroba aus Ahlen/Westfalen erkämpft habe. Norbert heuerte später auch bei meinem Profi-Stall, dem von Manager Wilfried Sauerland, an und war bei einem kleinen Weltverband sogar Titelträger. Mit ihm hatte ich im Ring immer Schwierigkeiten, weil er einen ähnlichen Stil wie ich geboxt hat. Sehr abwartend, sehr kon-terstark, dazu Rechtsausleger. Sehr unangenehm. Aber trotzdem meist beherrschbar.

Das Jahr 1991 war gespickt mit internationalen Höhepunkten. Beim Weltcup in Bangkok habe ich mich mit einem Punktsieg bei dem Kubaner Orestos Solano für die Niederlage bei den Goodwill-Games revanchiert und dann kamen die Europameisterschaften in Göteborg/ Schweden. Inzwischen war Ulli Wegner voll für mich verantwortlich und hing doch zwischen Baum und Borke. Er hatte nämlich noch keine Festanstellung als Bundestrainer, der Verteilungskampf im neuen DABV war im vollen Gange. Bei den Funktionären, so mein Eindruck, hatten die Wessis die Ossis praktisch vollkommen aus den Ämtern gedrängt, eine Stufe tiefer, bei den Trainern, passierte genau das umgekehrte. Dank ihrer Klasseboxer nahmen die ehemaligen DDR-Trainer die Schlüsselpositionen ein. So war der ehemalige Cheftrainer der DDR, Günter Debert, der Hauptver-antwortliche für das Unternehmen Göteborg. Debert, ein Ost-Berliner, war nach außen hin immer eine unnahbare Autorität. Aber ich habe mich mit ihm gut verstanden. Wenn man ihn ein bisschen näher kannte, konnte man durchaus ein Augenzwinkern bei ihm bemerken. Ich weiß noch, dass er mich vor der Wende mal bei einem Turnier gefragt hat, wie denn die Stimmung im UNO-Aufgebot sei. Er meinte unsere Nationalstaffel, die der Bundesrepublik, in der aufgrund der Talentknappheit eben auch zugewanderte und eingebürgerte Sportler wie Raschad Abdelghaffer, Bogdan Maczuga oder der in Berlin aufgewachsene Ibrahim Vural ihren Mann standen. Ich fand die Bemerkung absolut nicht herablassend, sondern ziemlich witzig. Bei Günter Debert verbarg sich meist viel mehr hinter den Worten, als es zuerst mal den Anschein hatte.

Trommelwirbel
und Tusch:
Meine allererste
Autogrammkarte.

SVEN OTTKE

utscher Juniorenmeister 1984, Deutscher Meister 1985 + 1986.

Die ersten Meistertitel: 1986 in Bochum jubele ich schon routiniert, ein Jahr vorher in Mainz habe ich meine sensationelle erste Meisterschaft ausgelassen gefeiert.

Test the Ost: 1987 beim Ost-Berliner TSC-Turnier mit meiner Mutter (Mitte), meinem Stiefvater (Dritter von rechts) und Freunden vom Spandauer Box-Club.

SNACK STOP

TSC-Turnier 1987: Mein erstes internationales Achtungszeichen war der Sieg über den kubanischen WM-Dritten Julio Quintana (oben), das Finale gegen Turniersieger Henry Maske (Bild unten zeigt die Siegerehrung) war dann eine andere Geschichte.

Eines der ersten
Bilder mit Trainer
Ulli Wegner, circa
1991.

111 Mal habe ich für die National-staffel geboxt. Bundestrainer Helmut Ranze (unten links) und das Trikot mit der Nummer 33 waren immer dabei.

**Bund fürs Leben:
Seit 1991 sind
Gabi und ich ein
Paar, 1993 haben
wir geheiratet.**

Ein Jubel aus Genug-
tuung: Dirk Eigen-
brodt wurde für die
WM 1995 in Berlin
nominiert - bei der
Deutschen Meister-
schaft habe ich ihn
dann im Finale klar
besiegt. Es war mein
zehnter Titel.

Siegerehrung 1993 in Duisburg. Rechts neben mir stehen Markus Beyer, Oktay Urkal und Luan Krasniqi - allesamt heute im Profilager.

Mein erster Kampf oh-
ne Hemd: Profidebüt
am 22. März 1997 ge-
gen Eric Davis.

Meine aktuelle Autogrammkarte, 17 Jahre nach der ersten.

Dieser Mai in Göteborg wird mir ewig in Erinnerung bleiben. Das mit der Punktmaschine habe ich ja schon erklärt. Damals, immer noch in der Anfangsphase des verordneten Tastendrückens, hat sich meine Überlegenheit oft überdeutlich in den Punkturteilen widergespiegelt. Wenn ich einen Gegner beherrsche, kann ich dank meiner Schnelligkeit Treffer fast nach Belieben setzen. Und das auch mit der nötigen Sorgfalt, damit die Punktrichter auch sauber drücken können. Im EM-Achtelfinale habe ich einen Gegner aus Jugoslawien haushoch geschlagen, laut EM-Statistik lautete das Endergebnis 43:7. Und im Viertelfinale war es ein Schotte, der einfach einsehen musste, dass er auf der falschen Seite der Handschuhe stand: 43:11.

Mit EM-Bronze bereits in der Tasche, ging es ins Halbfinale gegen Alexander Lebsjak aus der UdSSR. Aber diesmal wollte ich mehr. Bronze reichte einfach nicht mehr, wobei Ulli in meiner Ecke eine wirklich entscheidende Rolle spielte. Denn eigentlich lag ich nach der zweiten Runde schon chancenlos hinten. Sechs oder sieben Punkte betrug der Vorsprung Lebsjaks, der einer der ganz wenigen Mittelgewichtler war, der ungefähr meine Körpergröße hatte. Die meisten waren größer. Lebsjak war ein Wühler, aber einer, der sehr gute Reaktionen hatte und selbst dann, wenn ich glaubte, schnell genug wieder weg zu sein, immer noch eine Hand unterbrachte.

Ich weiß noch ganz genau, dass ich nach der zweiten Runde ziemlich sauer in die Ringecke gekommen bin. Ulli muss das instinktiv gespürt haben und hat mir nicht einmal eine Millisekunde Zeit gelassen, darüber eventuell nachzudenken, dass der Rückstand uneinholbar sein könnte. Er hat sofort versucht, mich an der Ehre zu packen. „Wenn Du nicht für Dich gewinnen willst, dann mach's für mich", hat er mich angebrüllt und gar nicht mehr locker gelassen. „Mach's für mich. Mach's für mich." Wow, wenn ich an Ullis Intensität in diesen 60 Sekunden denke, dann kriege ich heute noch eine Gänsehaut. Und eigentlich wollte ich mich von Lebsjak nicht so abservieren lassen. Es gab keinen Grund, ihn irgendwo ganz oben aufs Podest zu stellen.

Also bin ich raus und habe mal für drei Minuten die Alarmanlage abgeschaltet. Es war eine Schlacht ohne Rücksicht und ich weiß heute nicht mehr im Geringsten, was da alles passiert ist. Aber ich habe Treffer um Treffer gelandet, habe gespürt, dass es plötzlich wieder zu packen war und habe das Ding umgedreht. Ja, es bestand auch in diesem Kampf die Möglichkeit, dass ich sage: Leckt mich doch alle, ich komme ein anderes Mal wieder. Aber Ullis Power in der Ecke zusammen mit meiner Peilung, dass der EM-Titel eigentlich machbar war, haben zu dieser dritten Runde geführt. Ich freue mich heute noch riesig über diesen Sieg, aber ich weiß auch ganz genau, was ich dafür bezahlt habe. In diesen drei Minuten haben ein paar Treffer eingeschlagen, die ich in jeder Faser meines Körpers gespürt habe. Dafür hasse ich Boxen. Ganz egal, wie groß auch die Belohnung ist.

Ja, ich habe es zum größten Teil für Ulli gemacht. Weil er sehr viel Arbeit in mich investiert hatte. Weil er immer noch wegen seiner Bundestrainer-Stelle in der Luft hing. Später haben mir Journalisten erzählt, dass Günter Debert den ganzen Kampf stehend am Ring verfolgt hat. Und dass er ein Programmheft in der Hand hielt, das er in der dritten Runde derartig zerfetzt hatte, dass nur noch Konfetti übrig blieb. Genau solch ein Kampf war das - aber wer jetzt glaubt, dass ich vor Stolz über solch eine Ringschlacht platze, der hat mich immer noch nicht richtig verstanden. Dazu passt auch, dass ich keine großen Danksagungen von Ulli Wegner gebraucht habe. Er war nur ganz kurz in der Kabine, hat sich bei mir bedankt, hat mich gelobt. Und dann sind wir erst mal unsere eigenen Wege gegangen. Über solche Sachen zu reden, ist Quatsch. Jeder von uns beiden wusste ganz genau, was passiert war, was es bedeutete und was wir davon hatten.

Das Finale war schließlich am entgegengesetzten Ende der Spannungsskala angesiedelt. Sportfreund Franek aus der CSSR, den ich schon auf dem Weg zu WM-Bronze 1989 beherrscht hatte, kam aus der anderen Hälfte des Turnierfeldes durch. Und die dreimal drei Minuten im Finale am 12. Mai 1991 waren eine lockere Angelegenheit. 43:13, da bleiben keine Fragen offen, da werden auch keine Legenden gestrickt. Passt mir aber ganz gut. Ich habe keinerlei Probleme mit einfachen Kämpfen.

Europameister mit 24 Jahren, das ist schon etwas, auf das ich stolz bin. Wobei mir bei dieser EM in Göteborg wieder einmal auffiel, mit wie wenig Glamour das Amateurboxen ausgestattet war. Schon zwei Jahre zuvor in Moskau hatte ich meine Erlebniss der seltsamen Art. Ein DABV-Funktionär, den ich auf seinem Zimmer besuchte, um ihn nach irgendeinem Termin zu sprechen, öffnete mir in Unterhosen und mit bekleckertem Hemd. Als sei er in seiner Gartenlaube und erwarte höchstens die Müllabfuhr. Bei einem Botschaftsempfang zog der damalige Delegationsleiter als Geschenk eine Schwarzwaldpuppe aus einer Plastiktüte - ich wäre vor Scham am liebsten im Boden versunken. Und auch 1991 kam es wieder zu einem Plastiktüten-Event. Dariusz Michalczewski, Europameister im Halbschwer, und ich bekamen unsere Titel-Urkunden formvollendet auf einer ranzigen Hoteltreppe überreicht, wieder aus der Henkeltasche gezogen. Im Amateurboxen habe ich mich oft so gefühlt, als wäre die Zeit komplett stehengelieben. Und zwar irgendwann Mitte der 60er-Jahre.

Der Empfang in Berlin war wieder überwältigend. Der Spandauer BC hatte eine Feier organisiert, die Presse überschlug sich in Würdigungen des Lebsjak-Kampfes, was bei mir immer ein gequältes Lächeln auslöste. Aber eines war anders als in den ganzen Vorjahren: Mein persönlicher Lebensmittelpunkt hatte sich verlagert. Wann immer es möglich war, schrubbte ich mit meinem damaligen Auto, einem Mercedes 190 Diesel (ich war in der Benzinsparer-Fraktion angekommen) von Berlin nach Karlsruhe. Denn mit Gabi war ich inzwischen richtig zusammen.

5 Bis zum Schluss ein überzeugter Amateur

Zwischen Gold und Borke

Die Trennung von Ilona war eine verdammt schwierige Sache. Wir hatten uns schon einige Male Adieu gesagt, aber weiter nach dem Motto „Es geht nicht mit und auch nicht ohne dich" irgendwie zusammengelebt. Mit Gabi habe ich nach Seoul immer Kontakt gehalten und richtig gefunkt hat es dann im März 1991 anlässlich eines Amateurbox-Länderkampfes gegen die USA, der passenderweise in Karlsruhe stattfand. Wir haben uns getroffen, haben fast jede Minute miteinander verbracht und sind – zusammen mit einem anderen Pärchen – eines Abends ins Elsass gefahren.

Das war dann der wirkliche und echte Kennenlerntag: Seit dem 23. März 1991 sind wir ein Paar. Gabi sagt, ich hätte nach dem Essen, bei dem ich sie die ganze Zeit angehimmelt hätte, darauf bestanden, dass wir keine getrennten Rechnungen bezahlen. Und ich hätte das damit begründet, dass wir ab sofort zusammen gehören und sowieso mal heiraten würden. Na ja, das mit dem Zusammengehören und dem Heiraten kann ich bestätigen, aber ob das mit der gemeinsamen Rechnung wirklich stimmt...

Gabi und ich haben zum Glück eine ganze Menge gemeinsamer Interessen, was alleine schon mit dem Sport beginnt. Ich konnte in Seoul leider nicht zu ihren Wettkämpfen in die Schwimmhalle kommen, aber wann immer es sonst die Gelegenheit gab und auch heute noch gibt, schaue ich gerne bei ihren Wettkämpfen zu. Ich bewundere ihren Ehrgeiz, den ich sogar noch einen Tick höher als meinen einstufe. Sie war zweimal Deutsche Meisterin über 200 Meter Schmetterling, 1988 und 1989, und hat in Seoul nur hauchdünn das A-Finale verpasst. Wenn Gabi sich ein Ziel setzt, und wenn sie nur mal wieder der Meinung ist, ein paar Sekunden langsamer geworden zu sein und das wieder ändern will, dann trainiert sie wie eine Besessene. Ich glaube bis heute, dass sie locker eine Olympiamedaille gewonnen hätte, wenn es zu ihrer großen Zeit im Schwimmsport auch nur halbwegs sauber zugegangen wäre. Von der Technik, der Energie und den körperlichen Voraussetzungen war sie garantiert Weltklasse. Und ihr Schwimmstil, vor allem beim Delphin, ist eine Augenweide. Genau wie sie.

Mein Svennie

8. Runde: Die Sportfreundin

„Ich kenne Svennie aus dem Club der Besten und hatte nie ein Problem damit, dass er als einziger Profisportler bei unserem Jahresfest der Amateure dabei war und ist. Sven ist so vollkommen normal geblieben, macht jeden Spaß mit und gehört einfach zum Club der Besten wie der Strand, die Sonne und das Meer.

Im Laufe der Jahre haben wir uns immer besser kennengelernt. Immer, wenn er in Nürnberg boxt, wohnen Freunde von Gabi und Sven bei uns. Und am Abend vor dem Kampf, dem Freitagabend also, gibt es ein Ritual: das große Nudelessen. Das geht auf Svens ersten Auftritt in der Nürnberger Arena zurück, als er am Abend zuvor bei mir eine Riesenportion Nudeln mit Knoblauchsoße weggeputzt hat. Dann hat er einen Superkampf hingelegt, hat seinen Gegner in der zehnten Runde gestoppt. Wir saßen vorne am Ring und plötzlich beugte sich Sven über die Ringseile und schrie uns entgegen: 'Das waren die Nudeln.'

Tja, und seitdem gibt es jedes Mal Nudeln in allen Variationen, mit verschiedenen Soßen, damit auch immer alles gut geht. Hat ja noch zwei weitere Male funktioniert. Wegen mir kann Sven noch lange boxen, denn ich kenne noch eine ganze Menge Nudelrezepte."

Sylke Otto (33), gewann bei den Olympischen Spielen 2002 in Salt Lake City die Goldmedaille im Rodel-Einsitzer.

Was ich von Anfang an an ihr so geschätzt habe, ist, dass sie keinen großen Wert auf Statussymbole legt. Wir haben eigentlich vom ersten Tag an ein völlig normales Leben gelebt, eines, das zugegebenermaßen extrem auf meine sportliche Karriere abgestimmt wird. Wir gehen gerne zu Freunden, zu ganz normalen Quatsch- und Spieleabenden, wir bleiben auch gerne zu Hause, wir brauchen keine Nachtklub-Eröffnungen oder Gala-Veranstaltungen, um dort unsere Gesichter in irgendwelche Kameras zu halten. Wann immer wir es schaffen, gehen wir ins Kino. Wobei ich mehr auf Filme wie „Ein Offizier und Gentleman" oder auch „Braveheart" stehe, Gabi hingegen die treibende Kraft ist, wenn es um Komödien geht. „Verrückt nach Mary" oder „Der Schuh des Manitu" stehen auf ihrer Favoritenliste – in den „Manitu" musste sie mich regelrecht hineinzerren, und dann habe ich mich fast kaputt gelacht.

Aber aufgepasst: Im Kino neben Ottkes zu sitzen, ist durchaus gewöhnungsbedürftig. Das fängt bei meiner Lieblings-Disziplin „Werbe-Quiz" an. Wer länger als fünf Sekunden braucht, um einen Werbespot zu erkennen und das Ergebnis gut hörbar zu verkünden, der kann kein echter Kinogänger sein. Und wehe, es gefällt uns mal ein Film nicht. In dieser Beziehung sind wir ziemlich mitteilungsfreudig. Ich erinnere mich an diesen unsäglichen Demi-Moore-Streifen „Striptease", dessen völlig schwachsinnige Geschichte und die grauenhafte schauspielerische Umsetzung wir derart genüsslich kritisiert haben, dass die anderen Kinobesucher uns schon aus dem Theater schmeißen lassen wollten. Dasselbe gilt für Action-Streifen, wenn die Handlung völlig lächerlich wird. Wenn der Held wieder mal drei Minuten lang aus nächster Nähe mit sieben Maschinenpistolen beschossen wird, dann aber selbst einmal abdrückt, und alle Bösewichte fallen tot um, dann platzt mir der Kragen und meine Kommentare hört man meist im ganzen Saal. Und damit diese Frage auch gleich beantwortet ist: Ja, ich habe die „Rocky"-Filme mit Sylvester Stallone alle gesehen, finde den ersten auch richtig großartig. Der zweite ging dann noch halbwegs, der Rest ist absoluter Müll. Brauche ich nicht. Bitte löschen.

Rommé, Memory, Monopoly, gemütliche Abende mit Freunden, Kino, gemeinsames Essen mit den Kindern und dabei am liebsten eine normale Brotzeit - mit mehr großen Enthüllungen über das Familienleben bei Ottkes kann ich leider nicht dienen. Wir sind so normal, dass es sich wirklich nicht lohnen würde, bei uns zu Hause Kameras aufzustellen. Ich glaube jedenfalls nicht, dass die stundenlangen Spaziergänge oder Radtouren, die bei Gabi und mir ebenfalls weit oben auf der Hitliste stehen, besonders hohe Einschaltquoten bringen würden.

Einer der ersten, der realisiert hat, dass ich auf dem Sprung in den Südwesten war, war übrigens ausgerechnet Heinz Birkle, Vizepräsident des Deutschen Amateurbox-Verbandes, der in Karlsruhe lebt. Sofort hat er versucht, mich zu einem Wechsel zum Karlsruher SC zu überreden. Geschafft hat er es erst über ein Jahr später.

So super das Jahr 1991 privat und boxerisch begonnen hatte, so bitter war das Ende. Der zweite sportliche Höhepunkt dieses Jahres war die Amateurbox-WM in Sydney/Australien. Sydney war Bewerber um die Olympischen Spiele des Jahres 2000 und damit Konkurrent von Berlin, für das ich als Olympiabotschafter Werbung machte. Nun gut, wie die Wahl zwei Jahre später in Monaco ausgegangen ist, weiß jeder Sportinteressierte. Berlin schied sang- und klanglos schon im zweiten Wahlgang aus – ich war bei der Entscheidung in Monaco mit dabei und erinnere mich noch an die Begräbnisstimmung in unserer Delegation. Sydney triumphierte und veranstaltete zum Jahrtausendwechsel sensationelle Spiele. Die 91er-WM, als Reklame für die Olympiabewerbung gedacht, war hingegen organisatorisch ein einziges Chaos. Obwohl die Teilnehmerzahlen längst jenseits von Gut und Böse lagen, in einigen Gewichtsklassen an die 30 Athleten anreisten, hatten sich die Australier dagegen entschieden, in zwei Boxringen parallel kämpfen zu lassen. Das Resultat waren Marathon-Veranstaltungen von sechs Stunden und mehr vor allem in den Vorrunden. Die Vormittagsveranstaltungen gingen nahtlos ins Nachmittagsprogramm über und das Nachmittagsprogramm endete erst weit nach Mitternacht. Sportler, Trainer, Funktionäre und Punktrichter waren megagestresst. Irgendwie war es nur noch eine einzige Box-Soße ohne Anfang und ohne Ende.

Ich habe gleich eine besondere Erfahrung gemacht, was das Aufblähen des Starterfeldes angeht. Mein erster Gegner war ein gewisser Prince Tongi Taupongi von den Solomon Inseln. Das ist kein Scherz. Für die Journalisten, die die Reise ans andere Ende der Welt mitgemacht hatten, war es natürlich eine tolle Geschichte. Angeblich hatte der Prinz erst sieben Amateurkämpfe absolviert, was ich bis heute nicht glauben kann. Auf jeden Fall war er völlig überfordert und hätte in Deutschland kaum eine Landesmeisterschaft überstanden. 22:3 lautete das Ergebnis, nichts anderes als eine lockere Trainingseinheit. Dafür kam im Viertelfinale die Revanche mit Alexander Lebsjak. Wieder ein knallhartes Ding, aber diesmal habe ich keine Aufholjagd mehr zustande gebracht. 16:21 – ich war total enttäuscht, weil ich mir als Ziel wieder eine Medaille gesteckt hatte. Ich weiß nicht warum, aber in Australien konnte ich mich nicht zu solch einem bedingungslosen Kampf wie vier Monate zuvor in Göteborg überwinden. Ulli Wegner war extrem enttäuscht. Für das deutsche Aufgebot holten Torsten May im Halbschwer und Marco Rudolph im Leichtgewicht die Kastanien aus dem Feuer und gewannen zwei WM-Titel. Wobei mir vor allem die Klasseleistung von „Rudi" in Erinnerung geblieben ist. Er war der perfekte Punktmaschinen-Boxer, der seine Treffer so klar setzte, dass man sie nicht nur am Ring sondern auch noch in der 20. Zuschauerreihe sehen konnte. Wenn er topfit und topmotiviert war, waren seine Kämpfe eine Augenweide. In Sydney warf er im ersten Kampf einen gewissen Oscar de la Hoya aus dem Wettbewerb. Jenen „Golden Boy" aus Kalifornien, der bis heute als Profi für Furore sorgt. Im Finale besiegte Rudolph den Usbeken Artur Grigorjan, meiner Meinung nach der boxerisch beste Profi des Universum-Boxstalls.

Wenn „Rudi" schon gut war, dann muss auch noch ein anderer WM-Teilnehmer erwähnt werden. Ein Boxer, der mich bis heute begeistert, weil er sich bewegt wie kein anderer, mit aufreizenden Millimeter-Bewegungen die Schläge seiner Gegner ins Leere rauschen lässt und selbst sensationelle kontern kann. Kostya Tszyu aus der damaligen UdSSR ist für mich einer der ein, zwei oder drei Boxer auf diesem Planeten, für dessen Kämpfe ich mir sogar eine Eintrittskarte kaufen würde. Keine teure, dazu reicht meine Begeisterung als Box-Zuschauer dann doch nicht. Aber wenn, dann für Tszyu, der 1991 in Australien blieb und inzwischen im Halb-weltergewicht alle drei Titel der großen Profi-Weltverbände hält.

Ich merke bei der Erinnerung an Sydney, dass ich immer noch versuche, meine Riesenenttäuschung über das frühe Aus bei dieser Weltmeisterschaft zu kaschieren. Ich bin wirklich komplett aus der Europameisterschafts-Wolke abgestürzt. Und hatte trotzdem keine Vorstellung davon, was ganz unten wirklich bedeutet.

Denn Sydney war nur ein Mückenstich im Vergleich zu den Olympi-schen Spielen 1992 in Barcelona. Ich fuhr als Mannschaftskapitän der deutschen Box-Staffel nach Spanien und hatte Erwartungen, die mit himmelhoch-jauchzend nur ungenügend beschrieben sind. Seoul war ein derart grandioses Erlebnis für mich gewesen, dass ich mich riesig auf Barcelona gefreut habe. Als amtierender Euro-pameister habe ich die Schlappe von Sydney auch schnell verdrängt, hatte im Vorfeld der Spiele eine Reihe richtig guter Auftritte inklusive des Gesamtsiegs beim vorolympischen Turnier im Februar 1992. Lange Rede, kurzer Sinn: Ich wollte Olympiasieger werden.

Und dann sind mir trotz einer gigantischen Eröffnungsfeier, bei der ein Bogenschütze mit einem Feuerpfeil die Olympische Flamme entzündete, nur dunkle Gewitterwolken in der Erinnerung geblieben.

Barcelona 1992 war die bitterste Pleite meiner gesamten Karriere, ein derart tiefes schwarzes Loch, dass ich heute noch nahe an der Kotzgrenze bin, wenn ich darüber reden muss.

Ich habe in den ersten beiden Kämpfen einen Burschen aus Puerto Rico und mit Brian Lentz aus Dänemark einen meiner Lieblingsgegner vernascht. Brian war maßgeschneidert für mich. Viel im Vorwärtsgang, aber zu langsam – bingo. Und dann stand auf dem Turnierplan ein Kubaner. Aber einer, über den wir alle, Ulli Wegner eingeschlossen, wenig wussten. Ariel Hernandez, der Nachfolger von Angel Espinosa. Junioren-Weltmeister, aber im Senioren-Lager ein eher unbeschriebenes Blatt. Als ich in den Kampf ging, war ich tausendprozentig davon überzeugt, zu gewinnen. Das wäre dann Olympia-Bronze gewesen. Mit der Chance, eine schönere Farbe draus zu machen. Aber es kam anders. Katastrophal anders. Klingt es peinlich, wenn ich sage, dass dieser Ariel Hernandez mich völlig überrascht hat? Er kam wie ein Wirbelsturm, lag im Nu ein paar Punkte vorne und ich bin verzweifelt. Ich kam nicht mehr in den Kampf zurück, und das waren verdammt bittere Minuten. Wenn sich Sportler über solche Situationen unterhalten, sprechen sie davon, fest zu werden. Das ist das Schlimmste, was passieren kann. Es beschreibt eine Situation, in der du als Athlet sonnenklar mitbekommst, dass du etwas falsch machst, dass du etwas erzwingen willst, aber dabei völlig verkrampfst. Wenn man sich aus dieser Notlage nicht lösen kann, wenn man nicht mehr locker wird, sind das die unerträglichsten Momente.

Hernandez hat sich vor diesem Duell in Barcelona garantiert keinen Kopf gemacht. Aber ich hatte mir jede Menge Ballast auf die Schultern geladen. Und bin darunter zusammengebrochen. So brutal einfach war die ganze Chose. 6:14 hieß das Endergebnis. Ich wollte es nicht glauben. In Momenten derartiger Enttäuschungen fühle ich mich richtig angeknockt, auch wenn keinerlei Schlagwirkung vorliegt. Mein Mund fühlt sich völlig trocken an, wie eine 20 Jahre alte Fußmatte. Ich kann keinen klaren Gedanken fassen und will es nicht wahrhaben. Es ist wirklich so, dass ich dann eigentlich auf den Moment warte, in dem ich es noch einmal probieren darf, aber der kommt nicht. Kommt verdammt noch mal einfach nicht. Ulli Wegner war nach meiner Niederlage gegen Hernandez völlig fertig, hat in der Kabine Rotz und Wasser geheult. Und ich war irgendwo in einer anderen Welt. Eine, die nur aus Schmerz, Enttäuschung, Wut, Selbstzweifel, Verachtung besteht – und aus dem Gefühl, dass ich mit diesen ganzen Olympischen Spielen nichts mehr zu tun haben will.

Ich war Mannschaftskapitän und hätte an den folgenden Tagen immer als Cheerleader in der Halle sitzen sollen, um die anderen

Boxer unseres Teams anzufeuern. Ich habe es nicht gemacht. Habe es nicht gekonnt. Und bei aller Kritik, die danach auf mich hereingeprasselt ist, möchte ich es am liebsten noch einmal aus voller Brust herausbrüllen: Ich habe es nicht gekonnt. Ich wäre krepiert, wenn ich auch nur einen Tag länger in Barcelona geblieben wäre. Meine sonstige Lockerheit ist in solchen Momenten völlig weg. Ich hasse mich selbst. Ich will alleine sein. Ich will weg. Genau das habe ich getan. Sven Ottke reist vorzeitig von den Olympischen Spielen ab. Der Mannschaftskapitän lässt sein Team im Stich. Ich akzeptiere jede Geschichte, die sich kritisch mit meinem Verhalten auseinandergesetzt hat. Heute bin ich ein bisschen mehr in der Lage, ans große Ganze zu denken und Kollegen im Sauerland-Stall zu helfen, gut zuzureden, sie zu unterstützen. Damals habe ich die Verantwortung für andere geradezu gescheut. Ein Freund hat mir einmal versucht zu erklären, dass ich für andere Boxer, genaugenommen für Boxer aus der ehemaligen DDR, die Verkörperung des Westens war. Einer, der alles im Griff hat, der jedes Problem löst. Und dass sie deswegen so enttäuscht von mir waren, als ich sie 1992 im Stich gelassen habe.

Meine Teamkollegen, die Funktionäre, die Journalisten, alle hätten mich einfach nur sehen müssen. Sehen, auf der Heimfahrt von Barcelona nach Karlsruhe. Im Athletendorf war mir ein Segler über den Weg gelaufen, einer, der auch vorzeitig ausgeschieden war. Es gibt keine Chance, egal wie lange ich mein Gehirn ausquetsche, um die Erinnerung an seinen Namen zurückzuholen. Aber als dieser Segler erzählte, er werde noch an diesem Abend nach Deutschland zurückfahren, habe ich meine Sachen aus meinem Zimmer geholt und bin in sein Auto gestiegen. Wir haben uns auf der endlosen Fahrt durch Spanien und Frankreich am Steuer abgewechselt, haben versucht mit Tempo 90 – immerhin hatten wir ja sein Segelboot auf dem Anhänger – unserem Frust zu entkommen. Es ging, solange wir gequatscht haben. Aber als ich dann fuhr, und er auf dem Beifahrersitz pennte, war es wieder ganz dunkel für mich. Ingesamt war das ganze Unternehmen Spanien ein völliger Schlag ins Wasser. Der einzige Trost, den ich vielleicht noch zusammenkratzen kann, ist die Geschichte jenes anderen Athleten, der ebenfalls vorzeitig und ohne Erlaubnis seiner Teamleitung nach Hause fuhr. Dort erwischte er seine Ehefrau in flagranti mit seinem besten Freund. Wenigstens das ist mir erspart geblieben.

Ich käme mir ein bisschen bescheuert vor, wenn ich versuchen würde, dem Sport-Jahr 1992 noch etwas Positives abzugewinnen, indem ich auf die Deutschen Meisterschaften verweise. Also nur das Ergebnis: Sven Ottke besiegt, erstmals im Halbschwergewicht, den amtierenden Weltmeister Torsten May mit 21:7. Ende, abgehakt, vorbei – aber weh tut 1992 bis heute.

Es ist schon so, dass mir die Erfolge auf nationaler Ebene zu diesem Zeitpunkt nicht mehr die ganz große Befriedigung gegeben haben. Dieser Sieg Ende 1992 über Torsten May hat in meiner Erinnerung erst viele Jahre später wieder an Gewicht gewonnen, weil es einer meiner wirklich herausragenden Kämpfe vom Boxerischen her war. Ein paar Monate später habe ich ihn dann wieder besiegt, in der Bundesliga. Das war in Frankfurt (Oder), wo Torsten als Lokalmatador des Boxring Brandenburg mit dem Weltmeister-Status natürlich eine Riesennummer war. Viele haben sich damals gefragt, warum ich ausgerechnet eine Gewichtsklasse höher geklettert bin, um gegen ihn zu boxen. Die Antwort ist banal: Unsere Trainer beim Boxring Berlin wollten es so, also habe ich es gemacht und 27:21 gewonnen. Es blieb aber nur ein Achtungszeichen in einem sportlich un-befriedigenden Jahr.

Da war zuerst die Weltmeisterschaft in Tampere/Finnland. Malerische Gegend mit Fjorden und dem ganzen Programm. Aber ich hatte nach der Auslosung schon wieder einen Hals so dick wie eine Litfasssäule. Im ersten Kampf gegen Alexander Lebsjak und dann, falls ich gewinnen sollte, gleich im Achtelfinale gegen Ariel Hernandez. D-A-N-K-E-S-C-H-Ö-N. Als mir Berliner Journalisten, die bei der Auslosung dabei waren, die rohe Botschaft im Hotel überbrachten, habe ich zuerst sogar noch gelacht. Das musste ja ein dummer Witz sein. So etwas konnte es gar nicht geben. Gab es aber. Weil im Weltverband Aiba meiner Meinung nach nur Traumtänzer und Ahnungslose sitzen. Jede halbwegs brauchbare Sportart hat eine Setzliste bei den Saisonhöhepunkten, viele Sportarten, beim Tennis angefangen, haben bei jedem Turnier Setzlisten. Das ist doch vollkommen logisch: Wenn ich der zweitbeste Mittelgewichtler auf der Welt bin, und genau so habe ich mich damals eingeschätzt, dann ist es Schwachsinn, dass ich durch Lospech schon im ersten oder zweiten Kampf auf den Besten treffe. Nicht nur für mich ist das ungerecht, sondern auch für die Fans, denen im Regelfall ein Superfinale vorenthalten wird. Wenn alle starken Boxer in eine Hälfte des Tableaus gelost werden, heißt der Endkampf: Star gegen Micky Maus. Ich könnte mich über diesen Nonsens heute noch aufregen.

Gegen Lebsjak hatte ich dann erstaunlich wenig Probleme. Ich war schon in einer Superform 1993 und habe meinen Dauerrivalen mit 13:1 aus dem Rennen geworfen. Doch dann kam Ariel Hernandez. Das Duell mit ihm dort in Tampere war aus verschiedenen Gründen ein ganz besonderes. Mit Karl-Heinz Wehr aus der ehemaligen DDR und Heinz Birkle hatte der DABV zwei Top-Funktionäre in der Aiba und auch wenn ich so gut wie nie den Eindruck gehabt habe, von Punktrichtern etwas geschenkt zu bekommen, damals herrschte schon eine komische Stimmung. Irgendwie hatte ich den Eindruck, man wollte, dass ich gegen Hernandez gewinne. Wir haben uns einen taktisch hochklassigen Kampf geliefert. Ich habe mich nicht wie 1992 in Barcelona überraschen lassen, sondern ihn unter Druck gesetzt. Weniger durch Schlag-Aktionen als durch konsequentes Hinterhergehen, ich habe ihm keine Luft gelassen und versucht, über meine Kondition die Entscheidung in der dritten Runde zu suchen. Der Plan wäre um ein Haar auch aufgegangen. Es stand nach acht Kampfminuten 2:2 nach Treffern – inzwischen war jene Zeit angebrochen, in der die Punktrichter nur noch minimale Wertungen zustande brachten. Jeder Insider wusste, dass das von den Funktionären verordnet war, weil die hohen Trefferzahlen aus den Anfangszeiten der Punktmaschinen-Ära angeblich das Amateurboxen in einem ungesunden Licht erscheinen ließen.

2:2 nach acht Minuten – und bis heute glaube ich, dass ich nur noch einmal in Hernandez hätte hineinstolpern müssen, dann hätte ich das 3:2 bekommen. Da wäre schon in meinem Sinne gedrückt worden. Aber ich habe es nicht geschafft, obwohl mich Ulli Wegner lautstark nach vorne trieb. Ich wartete auf eine klare Lücke für einen sauberen Treffer – und dann war der Kampf vorbei. Bei einem Unentschieden werden als Hilfspunkte die Gesamt-Trefferwertungen zur Entscheidung herangezogen. In dieser Unterwertung hieß es 22:14 für Hernandez – Ende der WM.

Wieder eine Chance vertan, Hernandez wurde für mich zu einem Trauma. Ich fand kein Erfolgsrezept gegen ihn – und die Knappheit der Pleite von Tampere half da auch nicht viel weiter. Nicht einmal die Tatsache, dass mir Kubas legendärer Coach Alcides Sagarra nach dem Duell in Finnland ein Kompliment machte. Als ich in die kubanische Ecke ging, um zu gratulieren, zog er das untere Augenlid mit dem Zeigefinger nach unten. „Mit Auge geboxt", sollte das heißen. Aber knapp daneben ist eben auch keine Medaille.

Die habe ich dann vier Monate später bei der EM in Bursa/Türkei geholt. Bronze nämlich. Die unbefriedigendste Bronzemedaille meiner Karriere, obwohl es mein erstes Turnier im Halbschwergewicht war. Die Türkei als Veranstalter hatte zusätzlich großen Einfluss in der Funktionärsriege, was dazu führte, dass ich gegen Sinan Samil San, der inzwischen als Schwergewichtler für den Universum-Stall im Profilager boxt, eiskalt über den Tisch gezogen wurde. Nach zwei haushohen Siegen ging es um den Finaleinzug – und nach acht

Kampfminuten stand es 0:0. Wir Boxer wussten natürlich immer über den Zwischenstand Bescheid, auch wenn die Box-Verbände Dutzende von Versuchen unternommen haben, die Wertungen abzuschirmen und geheim zu halten. Aber in diesen Tagen saßen immer auffällig viele Zuschauer mit Feldstechern in der Halle – und irgend jemand konnte immer einen Blick auf den Bildschirm des Schiedsgerichts werfen. 0:0 kurz vor dem Ende des Kampfes – damit war jedem vernünftigen Menschen klar, was passieren würde. Ganz am Ende würde es plötzlich die Punkte für den Lokalmatador geben, so spät, dass keine Chance mehr zu einer Aufholjagd bleiben würde. So lief es dann auch, wenn auch mit einer kleinen Variation. In plötzlich irrwitziger Geschwindigkeit bekam jeder von uns beiden einen Treffer zugestanden. Dann jeder noch einen. Dann war Pause – und dann kamen zwei Punkte für meinen Gegner. 2:4, Ende der Geschichte – Bursa war eine Farce.

Wenn jetzt der Eindruck aufkommt, 1993 wäre ein verkorkstes Jahr gewesen, dann könnte nichts so weit von der Wahrheit entfernt sein als diese Einschätzung. 1993 war ein Superjahr – und ganz bestimmt nicht wegen meines neunten Deutschen Meistertitels in Folge, ebenfalls im Halbschwergewicht erboxt gegen den Flensburger Jan Schwank. Nein, 1993 war super, weil ich mit Gabi zusammen gezogen bin, Vater wurde und geheiratet habe.

Der Reihe nach. Heinz Birkle hatte schon lange um mich geworben. Mit seinen Argumenten bezüglich der Trainingsmöglichkeiten im Badischen und der beruflichen Perspektive bei Mercedes-Benz hat er mich letztendlich überzeugt. Wobei das gar nicht so schwer war, weil ich sowieso aus Berlin weg wollte. Man mag über die Entwicklung der Stadt seit der Wende denken wie man will, ich habe vor allem die negativen Dinge gesehen. Immer mehr Menschen, immer mehr Staus, immer mehr Schlangen, überall – und garantiert nicht weniger Dreck oder Kriminalität. Natürlich schätze ich die Möglichkeiten einer Metropole, aber ich bin nicht bereit, dafür Lebensqualität herzugeben. Im Januar 1993 habe ich also meine Wohnung in der Achenbach-Straße aufgelöst, alles in einen Siebeneinhalb-Tonner verfrachtet und bin in die Karlsruher Sonntagstraße umgezogen. Gabi und ich hatten dort eine Riesenwohnung mit über 100 Quadratmetern für anfangs bescheidene 600 Mark Miete – dafür hatten wir weder im Schlafzimmer noch in der Küche oder im Flur eine Heizung. Erst, als wir Mitte 2002 auszogen, wurde die Wohnung auf den modernsten Stand gebracht.

An den Umzugstag erinnere ich mich noch, weil mich meine Freunde, die in Berlin beim Verladen mitgeholfen haben, noch Jahre später verflucht haben. Ich bin schon vom Stamme der Sammler und hatte jede Menge Krimskrams, insbesondere Dutzende Kartons voller Pokale, Plaketten und Medaillen. Das Ganze musste über vier Treppen nach unten geschleppt und transportfertig verstaut werden. Und dann war ich zwölf Stunden von Berlin nach Karlsruhe unterwegs. Der Kleinlaster war derart vollgepackt, dass ich an Steigungen höchstens noch Tempo 40 schaffte – und die Vierzigtonner sind mit 100 und voller Hupe an mir vorbeigerauscht. Zwölf Stunden – mit dem 190er Mercedes bin ich die 680 Kilometer lange Strecke aus Sehnsucht nach Gabi mal in knapp unter vier Stunden durchgerauscht. Mit einer großzügigen Auslegung der Straßenverkehrsordnung, vermutlich. Gabi fand übrigens auch, dass ich zuviel Krempel mitgebracht hatte – ein Teil der Kartons verschwand sofort und unwiderruflich im Keller.

Zu diesem Zeitpunkt war Gabi schon mit Rebecca schwanger. Wir hatten gut eineinhalb Jahre lang eine Wochenendbeziehung geführt, ehe wir uns entschieden, auf Verhütung zu verzichten. Ich war (und bin es heute noch) total in Gabi verliebt und fühlte mich reif genug, eine Familie zu gründen. Allerdings, das weiß ich heute noch, dachte ich mir: Das wird schon noch ein paar Monate dauern. Schließlich hatte Gabi gute zehn Jahre lang die Pille genommen. Da hört man immer, dass es danach schon eine gewisse Zeit dauert, ehe es nach der Hormonumstellung klappt. Denkste. Es kann keine Woche zwischen dem Absetzen der Pille und dem Moment, in dem Rebecca entstanden ist, vergangen sein. Auf jeden Fall war Gabi, als ich im Januar 1993 umzog, bereits im vierten Monat.

Ein paar Wochen später habe ich angefangen, bei Mercedes-Benz zu arbeiten. Ich war Ersatzteil-Verkäufer in der Niederlassung Mannheim-Heidelberg, habe von der Radkappe bis zum Stoßdämpfer verkauft, was das Lager hergegeben hat – und so ganz nebenbei zwei Leidenschaften aufgeschnappt. Anhand der Uhren-Kollektion von Mercedes-Benz bin ich zum Sammler geworden, auch wenn das inzwischen etwas abgekühlt ist. Aber so um die 35 Uhren habe ich schon angehäuft. Viel dauerhafter ist meine Begeisterung für Auto-Modelle im Maßstab 1:18. Auch die habe ich bei Mercedes entdeckt und habe mich anfangs auf Cabrios spezialisiert. Inzwischen habe ich so um die 100 Modelle, aber auch hier geht es inzwischen langsamer weiter. Seit der Euro-Umstellung ist der Fuhrpark, der irgendwann in unserem Haus in Karlsruhe in Vitrinen stehen soll, nicht mehr so rasant angewachsen. Irgendwas muss da schief gelaufen sein, vermutlich hat das nur noch niemand gemerkt... Aber dieselben Autos, die Ende 2001 noch 30 oder 35 Mark kosteten, sind inzwischen 30 bis 35 Euro teuer. Schon komisch, oder?

Die Arbeit bei Mercedes hatte natürlich auch Einfluss auf mein tägliches Programm. Mit viel Verständnis für meine sportlichen Verpflichtungen durfte ich jederzeit rechnen, aber trotzdem war das ein ernstzunehmender Job. Also sah das ungefähr wie folgt aus: Sechs Uhr aufstehen und so langsam mit müden Augen in die Trainingshalle des Karlsruher SC fahren. Dort traf ich mich mit Bundestrainer Valentin Silaghi, der die 38 Kilometer aus Lingenfeld schon mal unter die Räder genommen hatte. Entweder waren wir laufen oder stand Pratzenarbeit an. Jener Teil des Trainingsprogramms, in dem die Schlagfolgen automatisiert werden und die Trainer die kleinen Fehler, die sich ab und zu einschleichen, korrigieren können. Nach diesem Frühsport im wahrsten Sinn des Wortes fuhr ich die 73 Kilometer nach Mannheim. Arbeitsbeginn 9.30 Uhr, ver-kaufen, verkaufen, verkaufen. Nach Schichtende gegen 16 Uhr bin ich dann nicht Einkaufen, nicht nach Hause zum Ausspannen vor dem Abendprogramm, nicht zu Freunden, nicht zur Familie – sondern 23 Kilometer ins Bundesleistungszentrum nach Heidelberg gefahren, um meine zweite tägliche Trainingseinheit zu absolvieren. Kraft-training, oder Sparring, oder Konditionsbolzerei oder was auch immer auf dem mit Ulli Wegner weiterhin abgestimmten Trainingsplan stand. Oft war auch Gabi dabei, die ich dann in Mannheim am Bahnhof aufgelesen habe. Und schließlich ging es wieder 56 Kilometer zurück in die Karlsruher Sonntagstraße, wo ich meist gegen halb neun endlich zu Hause war. Dreizehneinhalb Stunden nach dem ersten Drehen des Zündschlüssels.

Ich will keine Runde Mitleid für diese Erzählung. Inzwischen, als Profi, habe ich die Doppelbelastung mit der Arbeit ja nicht mehr. Ich will nur ein bisschen Verständnis wecken für die Sportler, die zum Beispiel alle vier Jahre bei Olympischen Spielen den Bundesadler auf der Brust tragen. Sie haben kein schlechtes Leben, sie stehen, wenn alles gut geht, in der Öffentlichkeit und genießen das dem-entsprechend – aber sie investieren auch eine ganze Menge. Im Endeffekt sind sie Verrückte, die alles tun würden, um nur noch ein bisschen mehr Sport treiben zu dürfen. Und wenn einer dieser Jungs oder Mädels 2004 in Athen im Vorkampf scheitert, dann ist das kein Loser – sondern jemand, der unglaublich viel in einen Traum investiert hat, der dann - aus welchen Gründen auch immer - mit einem fie-sen, kleinen „Pffft" geplatzt ist. So, das musste mal runter von meiner Seele. Nicht wegen mir, sondern für alle von uns. Über die schönen Seiten reden wir ja auch gerne.

Gabis Schwangerschaft verlief glücklicherweise ohne größere Probleme. Ich glaube, ich war der typische Mann, der zum ersten Mal Vater wird. Ich habe immer einen ganz auf locker und gut vorbereitet gemacht, habe Ultraschallfotos geguckt und mir schlaue Ratschläge angehört – und vermutlich im Vorfeld selbst auch schon welche gegeben. Aber als es soweit war, war ich nicht mehr so die große Hilfe. Die ganze Geschichte war legendär. Am 6. Juni 1993 saß ich in unserer Karlsruher Wohnung vor dem Fernseher und habe aus lauter Langeweile „Beverly Hills 90210" geschaut. Und irgendwann ging Gabi unseren langen Flur entlang zur Toilette – in diesem Moment muss die Fruchtblase geplatzt sein. Auf jeden Fall weiß ich noch, wie sie rief: „Du Sven, ich glaube wir müssen jetzt ins Krankenhaus." Und ich sagte: „Ach, menno, lass' mich doch noch das Ding hier zu Ende anschauen." Das völlige Nichtkapieren. Selbst als Gabi den Flur entlang kam und es so komisch tapsende Geräusche machte, habe ich erst noch mal einen Wischmopp herausgeholt und wollte saubermachen. Gabi erzählt immer, ich sei ihr sogar mit dem Teil noch die Beine hochgefahren, so neben der Kappe war ich in diesem Moment. Auf jeden Fall musste sie mich noch einmal energischer zur Ordnung rufen: „Sven, wir müssen jetzt wirklich in die Klinik." Da saß ich aber schon wieder vor dem Fernseher, ob man es glaubt oder nicht.

Zum Glück hat Gabi in diesem Moment komplett das Kommando übernommen und ihren Mann dazu gezwungen, den Apparat auszuschalten und loszufahren. Im Krankenhaus sagte dann der Arzt, der Muttermund sei noch fast geschlossen, das Ganze könne noch dauern und ich solle erst noch einmal nach Hause fahren. Hätte ich vielleicht auch gemacht, aber Gabi sagte: „Nichts da, du bleibst hier. Bei meiner Mutter ging das auch rasend schnell." Und sie hatte Recht. Wenig später waren wir schon im Kreißsaal und hatten eine Menge Spaß. Ich habe voll den Komiker gegeben, um Gabi von den Schmerzen abzulenken. Als die erste Presswehe kam, habe ich ihr ins Ohr geflüstert: „Schatzi, das war jetzt der Startsprung." Und bei der zweiten sagte ich ihr: „So, das war jetzt die erste Wende." Ich habe also während der gesamten Zeit eine Live-Übertragung von Gabis Paradestrecke 200 Meter Delphin simuliert. Gabi hat mir später gesagt, dass ihr das enorm geholfen hat. Jedenfalls war es im Kreißsaal innerhalb von gut zwei Stunden geschafft. Ich habe Rebecca am 6. Juni 1993 um 1.36 Uhr in Empfang genommen, habe die Nabelschnur durchgeschnitten, diesen wunderbaren, kleinen Menschen gebadet und gewogen. Es gibt keine Möglichkeit, die Gefühle in diesen Sekunden zu beschreiben. Die kleine Maus war so niedlich, und ich bin fast vor Stolz geplatzt. Das haben Gabi und ich schon super hinbekommen. Kinder sind – und jetzt sage ich gar nichts mehr, sondern strahle nur noch. Denn jeder Satz kann die Wirklichkeit nicht einmal annähernd beschreiben. Ausprobieren, nachmachen, wünschen, hoffen, träumen und erleben. Dann strahlen. Ich war jedenfalls total erleichtert, dass Gabi und Rebecca alles gut überstanden hatten. Als Vater schaut man automatisch sofort nach, ob das Kind gesund ist. Dieser Greiftest, den der Arzt macht, ist schon der Hammer. Da hält sich dieser kleine Fratz an den Fingern eines Mannes fest und kann hochgehoben werden.

Rebecca kommt sehr stark nach mir. Sie ist total lebhaft, aber auch ein echter Sturkopf, sie will viel Aufmerksamkeit, kommt aber auch völlig alleine klar. Das hat sie von mir. Den unbändigen Ehrgeiz, selbst noch im kleinsten Spiel Mau-Mau gewinnen zu wollen, hat sie von Gabi. Und natürlich das Schwimmtalent. Es ist garantiert ein tolles Schauspiel, wenn wir im Freibad oder im Urlaub am Strand sind. Ich ziere mich endlos, bis ich mit ins Wasser gehe. Aber Rebecca lässt einfach nicht locker, tobt um mich herum und zieht alle Register, bis ich dann doch mal in dieses komische nasse Element gehe. Rebecca kann ich nicht widerstehen, bei ihr zieht nicht einmal mein bestes Argument: „Ich will nicht, dass mein Kopf voller Wasser läuft." Gabi und Rebecca sind perfekte Wassermenschen, daneben komme ich mir so unglaublich plump vor. Gabi sagt ja immer, es sei schrecklich, dass man mit mir im Wasser nicht schmusen kann. Ich würde derart bleischwer an ihr hängen, dass wir beide ertrinken würden.

Unsere Hochzeit bildete den Abschluss eines Jahres, das in meinem Privatleben eine absolute Ausnahmestellung einnimmt. Wobei es dabei leider noch einmal kurz Stress gab. Wir wollten am 12. Dezember 1993 heiraten, an einem Sonntag, ohne jedes Brimborium, nur Standesamt, ein paar Freunde und wir als Haupt-figuren. Aber aus Gabis Familie hat jemand den Termin an die Presse weitergegeben, worüber sie ziemlich sauer war. Und ich auch. Also haben wir den Standesbeamten, den wir auch privat kannten, angerufen und haben den Termin um einen Tag von Sonntag auf Montag verschoben. Dann bin ich direkt von der Arbeit nach Hause, habe sie abgeholt, habe die Ringe eingepackt und bin zum Standesamt. Thorsten Spürgin, mein bester Freund aus dem Lager der Amateurboxer, war mein Trauzeuge, Gabis beste Freundin stand an ihrer Seite. Wir haben beide das „Ja" sauber rausgebracht, die Ringe sind nicht runtergefallen, das Essen danach war wunderbar – ich kann nur sagen, dass ich von diesem Tag restlos begeistert war.

Mag das jeder so halten wie es ihm gefällt, aber ich kann mich einfach für diesen großen Rahmen nicht begeistern. Ich habe das oft genug erlebt, dass die Trauung mit Kutsche und Party und ellenlanger Gästeliste und womöglich noch mit Feuerwerk inszeniert wird, dass sich ein Brautpaar für die Hochzeitsfeier vollkommen fertig macht und sich wochenlang nur um die Organisation und das Wohl der Gäste kümmert - und keine zwei Jahre später schlagen sich dann Mann und Frau fast den Schädel ein und lassen sich scheiden. Mit Gabi bin ich in diesem Jahr zehn Jahre verheiratet und stehe hundertprozentig zu dieser Lebens-Entscheidung. Ich kann nur hoffen, dass ich da auch für sie spreche. Die große Feier organisiere ich gerne für unsere Silberne Hochzeit, dann, glaube ich, wissen wir beide, dass wir alle Klippen überwunden haben.

Nach diesem langen Abschweifen ins Private fällt es verflixt schwer, wieder zum banalen Sport zurückzukommen. Aber genau dort wartete 1994 eine der entscheidenden Hürden meiner ganzen Karriere. Die Daten aus meinem Kampfbuch erzählen von beeindruckenden internationalen Erfolgen wie der Silbermedaille beim Weltcup in Bangkok, wo ich im Finale dem Olympiazweiten Rostislaw Saulitschny aus der Ukraine nur knapp nach Punkten unterlegen bin. Wobei es dazu noch eine nette Anekdote gibt, die ich so auch nur einmal erlebt habe. Als wir uns in Bangkok für die Finalkämpfe vorbereitet haben, was mit rechtzeitigem Essen, Aufwärmen und Pratzentraining ja durchaus eine kleine Wissenschaft für sich ist, kam plötzlich das Kommando: Stopp, wir warten noch ein bisschen. Der Prinz hatte sich als Ehrengast angesagt und natürlich konnten wir nicht zuschlagen, bevor die königliche Hoheit eingetroffen war. Also haben wir eine Dreiviertelstunde Däumchen gedreht – und wie sich jeder vorstellen kann, ist das in Box-Handschuhen besonders nervig...

National war eine ganz andere Geschichte am Kochen. Thomas Ulrich war der kommende große Star am deutschen Amateurbox-Himmel. Ich gebe unumwunden zu, dass mich Dutzende von Menschen, unter anderem mein Stiefvater Hans, vor Thomas gewarnt hatten. Doch der große Sven wollte es nicht hören. Vielleicht war damals die einzige Phase, in der ich abzuheben drohte. Ich habe mich nicht damit auseinandersetzen wollen, dass ich im Spandauer Box-Club, meinem Spandauer Box-Club, durch den Wechsel nach Karlsruhe als Verräter galt. Solche Diskussionen sind mir einfach zu lächerlich. Aber dass ich mir spätestens seit dem Wechsel zum Bundesliga-Team des Boxring Brandenburg eine Menge Unverständnis in Berlin eingehandelt hatte, hätte ich schon besser mitbekommen müssen.

Thomas Ullrich jedenfalls, als ehemaliger Zehnkämpfer ein Super-Athlet, hat mir im Oktober 1994 eine der bittersten Niederlagen in 335 Amateurkämpfen beigebracht. Die Deutsche Meisterschaft dieses Jahres, die programmgemäß mit meinem zehnten Titel in Folge hätte enden sollen, fand in großem Rahmen in der Berliner

Mein Svennie

9. Runde: Der Förderer

„Es gibt inzwischen erfreulich viele Sportler, die sich auch noch auf den Höhepunkten ihrer großartigen Karrieren an die Förderung durch die Deutsche Sporthilfe erinnern. Dirk Nowitzki, inzwischen Basketball-Superstar in der nordamerikanischen Profiliga NBA, oder Timo Boll, der Weltranglisten-Erste im Tischtennis. Sven Ottke, unser Svennie, war einer der ersten, der mit seinem Dank an die Förderung durch die Sporthilfe an die Öffentlichkeit gegangen ist. Und er ist bis heute einer der konsequentesten. Wir wissen, dass er notfalls noch in der Kabine unmittelbar vor dem Kampf Nadel und Faden holen lässt, falls vergessen wurde, das Sporthilfe-Abzeichen auf seine Hose zu nähen. Er hat nie vergessen, wo er herkommt – dieses oft zitierte Klischee ist bei Sven Ottke die Wahrheit. Er ist eine feste Größe überall dort, wo sich deutsche Spitzensportler treffen. So wurde ein Freundeskreis, dem er mit seiner Frau Gabi zusammen angehört und der sich auch oft bei WM-Kämpfen von Sven getroffen hat, das Vorbild für unseren Ehemaligen-Klub „emadeus". Diese Gruppe ehemaliger Sporthilfe-Athleten ist als Netzwerk geradezu ein Abbild der zahlreichen Freundschaften und Kontakte, die Svennie zu Sportlern aller Disziplinen pflegt. Als Gabi und Sven mit vielen ihrer Bekannten bei der Ruder-WM 1998 in Köln für Stimmung im VIP-Bereich sorgten, wurde die „emadeus"-Idee geboren. So hat er noch einmal etwas zurückgegeben."

Gerd Klein (59) ist Geschäftsführer der Deutschen Sporthilfe, die seit 1967 35.000 deutsche Athleten finanziell unterstützt hat.

Deutschlandhalle statt. Als Generalprobe für die kommende Weltmeisterschaft 1995. Thomas und ich sind problemlos durch die Vorrunde marschiert und damit kam es zum Traumfinale. Es war schon komisch, als Berliner in der eigenen Stadt nicht mehr der Publikumsliebling zu sein. Aus Gründen, die sicher auch mit meiner Abwanderung zu tun hatten, aber auch durch das Potenzial von Thomas bedingt waren, feuerten die Fans den jungen Herausforderer des altgedienten Sven Ottke frenetisch an. Das Ganze war für meine Mutter, die natürlich am Ring saß, dermaßen unerträglich, dass sie zusammen mit ihrem Bruder, meinem Onkel, einen zweistimmigen Gegensprechchor startete. Aber am Ende feierte nur noch das Lager von Thomas Ulrich.

Ich habe großen Respekt vor Thomas, aber so richtig als Verlierer habe ich mich nicht gefühlt. Der Kampf war lange Zeit ausgeglichen, am Ende hatte Thomas vier Punkte Vorsprung – 21:17. Im Endeffekt waren die Auswirkungen für mich niederschmetternd. Wegen dieser Niederlage habe ich die WM 1995 in Berlin verpasst. Im Halbschwergewicht wurde Thomas nominiert und mein Versuch, ins Mittelgewicht zurückzukehren, scheiterte an der Lobby, die Dirk Eigenbrodt aus Frankfurt/Oder den Rücken stärkte. Damals war Frankfurt/Oder das einflussreichste, weil finanzstärkste Amateurbox-Zentrum, der DABV hat mich trotz aller Meisterschaften und internationalen Medaillen ausgebremst. Ich gehe bis heute davon aus, dass dabei nicht das Sportliche, sondern die Abhängigkeit des DABV und die Lust nach einer Abreibung für den zu groß gewordenen Sven Ottke eine Rolle gespielt hat. Als Aktivensprecher habe ich den Funktionären deutlich die Meinung gesagt, habe meinem Gefühl Ausdruck verliehen, dass im DABV vielleicht die Funktionärs-Bankette professionell organisiert wurden, dass es aber an der Betreuung der Sportler haperte. All' das, glaube ich, kam in diesem Moment, als ich – bildlich gesprochen – zum ersten Mal angeknockt war, mit auf die Rechnung.

Gute acht Jahre später kann ich denen, die das damals entschieden haben, nur ein lautes Dankeschön entgegen rufen. Diese Lektion war wichtig für mich, weil ich 1994 und 1995 gelernt habe, wirklich egoistisch mein eigenes Ding durchzuziehen und noch mehr auf mich selbst zu hören. Und Thomas Ulrich bin ich über alle Maßen dankbar. Durch seine boxerische Stärke habe ich kapiert, dass mein Ausflug ins Halbschwergewicht nur der Bequemlichkeit wegen passiert ist. Es gab vor Ulrich keinen Halbschweren, vor dem ich mich fürchten musste, auch nicht Torsten May, dessen Stil mir einfach entgegen kam. Ich bin damals den Weg des geringsten Widerstandes gegangen – und erst Thomas hat mir das deutlich gemacht.

Ich hatte in der Kategorie bis 81 Kilo nichts verloren. Ich gehöre in die Gegend um 75 Kilogramm – nicht von ungefähr dominiere ich die Profi-Boxszene bei 76,203 Kilo im Supermittelgewicht. Hätte es Thomas Ulrich nicht gegeben, wäre ich als Profi vielleicht in die falsche Gewichtsklasse eingestiegen und hätte niemals die Erfolge feiern können, die ich seit 1998 errungen habe.

Die Story von Thomas und mir ist noch nicht zu Ende. Er hat mich Anfang 1995 gleich noch einmal klarer als beim ersten Mal besiegt, 18:12 nach Punkten, im Bundesligakampf Berlin gegen Brandenburg. Das war die Zeit, in der ich die ganzen Flüstereien mitbekommen habe: Ottke ist fertig. Der packt es einfach nicht mehr. Er hat ja seine guten Zeiten gehabt, aber inzwischen ist er einfach zu satt. Und so weiter. Und so fort. Doch es gab noch einen dritten Kampf zwischen uns beiden – und die meisten Beobachter meinen, dass dieses Duell in der Bruno-Gehrke-Halle, die mal meine Bruno-Gehrke-Halle gewesen war, aber inzwischen ihm gehörte, die spektakulärste dieser drei Auseinandersetzungen war. Ich habe ihn 23:17 besiegt, bin dabei ohne Rücksicht auf seine Schlagkraft mitten durchs Feuer marschiert und habe im Laufe der drei Runden, vor allem mit ful-minanten drei Schlussminuten, die Stimmung in der Halle wieder auf meine Seite gedreht. Es war wie damals 1991 gegen Lebsjak, dass ich einfach wusste: Du musst. Du musst. Du musst.

Wenn ich heute daran zurückdenke, sage ich: Der dritte Kampf gegen Thomas Ulrich war mein erster Profikampf. Wenn ich verloren hätte, wäre ich weg vom Fenster gewesen. Aber so habe ich allen gezeigt, dass noch lange nicht Schluss war. Und nach diesem Ausrufe-zeichen bin ich dann konsequent wieder ins Mittelgewicht hinunter.

Die Weltmeisterschaft 1995 in Berlin habe ich als Zuschauer verfolgt. In der Deutschlandhalle. Und mit jeder Menge Groll in der Brust. Dirk Eigenbrodt hätte meiner Meinung nach im Spaziergang ins Finale kommen müssen, ist aber vorher ausgeschieden. Vielleicht haben sich die entscheidenden Herren beim DABV ein paar Gedanken ge-macht, nachdem ich Dirk zum Jahresabschluss 1995 sowohl im Finale um die Deutsche Meisterschaft – mein zehnter Titel – als auch in der Bundesliga klar nach Punkten besiegt habe.

Egal, ich war wieder im Mittelgewicht, habe auch nach kurzer Zeit keine Probleme mehr mit den 75 Kilogramm gehabt. Fast schien es so, als sei der Ausflug ins Halbschwer nur ein Traum gewesen. Auf jeden Fall habe ich meinen dritten Olympischen Spielen entgegen-gefiebert. Und nur, dass das hier schon einmal klargestellt wird: An eine Profikarriere habe ich zu diesem Zeitpunkt keinen einzigen

Gedanken verschwendet. Zwar gab es innerhalb der Boxer-Szene fast täglich ein neues Gerücht, wer nun alles bei Wilfried Sauerland und wer bei Klaus-Peter Kohl im Gespräch sei oder angeblich schon einen Vorvertrag unterschrieben habe. Thomas Ulrich zu Universum, mein Trainer Ulli Wegner mit Markus Beyer zu Sauerland. Ich aber habe mit niemandem geredet und mich hat auch niemand angesprochen. Im Gegenteil: Als ich im Vorfeld der Olympischen Spiele von Atlanta fast regelmäßig zu der Abwanderungswelle in Richtung Profilager befragt wurde, habe ich wie ein Uhrwerk meine Absage wiederholt. Ich konnte mir keine Entwicklung vorstellen, die mich aus dem Amateurlager vertreiben würde. Ich war zufrieden.

Das Sportjahr 1996 begann mit einer Niederlage gegen den Burschen, von dem ich manchmal den Eindruck hatte, er würde mich verfolgen. Chemiepokal in Halle, Finale im Mittelgewicht, Ariel Hernandez aus Kuba gegen Sven Ottke, 8:2 nach Punkten. Zwei Monate später konnte ich aber wieder Selbstvertrauen tanken. Ich kann mich kaum an ein anderes Turnier erinnern, in dem ich mich so souverän gefühlt habe wie bei der Europameisterschaft im März und April 1996 in Vejle/Dänemark. Das kam schon einem Spaziergang gleich, wobei die Ergebnisse noch einmal die gewandelte Philosophie des Punktens mit der Maschine spiegeln. 22:6 – das war früher einmal ein Resultat eines guten, sauber dominierten Kampfes. In Vejle bedeutete es die Addition der Trefferwertung meiner vier (!) Turnierkämpfe. Im Finale bekam ich es mit dem Ungarn Zsolt Erdai zu tun und habe das Duell ganz locker mit 3:1 Treffern über die Zeit geschaukelt. Alles in allem war es ein schöner Erfolg, aber die EM-Goldmedaille 1991 in Göteborg wird mir immer viel deutlicher in Erinnerung bleiben. Vejle war relativ undramatisch.

Das kann man von den Olympischen Spielen in Atlanta nicht sagen. Für mich persönlich waren in der Coca-Cola-Stadt die Veränderungen der Olympischen Spiele noch deutlicher zu spüren als in Barcelona. Jeder Star und jeder, der sich auch nur annähernd dafür hielt, wohnte nicht mehr im Athletendorf, sondern in einem Nobelhotel oder einem privaten Apartement. Und von der Vermarktung her waren diese Spiele schon jenseits der Geschmacksgrenze. Ich bin mir eher wie auf einer Verkaufsmesse vorgekommen. Ich finde, das größte Sportereignis der Welt sollte ein anderes Flair haben – aber mich fragt ja niemand. Ich lache mich jedenfalls immer wieder halb schlapp, wenn ich den Begriff Amateursportler bei den Olympischen Spielen höre. Natürlich gibt es die, in den Randsportarten. Aber Olympia dreht sich doch zu 90 Prozent um die paar Stars aus Leichtathletik, Schwimmen oder anderen Gala-Disziplinen, die längst nicht mehr für ihr Land starten, sondern für Nike, Reebok, Adidas oder Puma.

Und doch war Atlanta für einen unvergesslichen Moment gut: Die Eröffnungsfeier, bei der Muhammad Ali die Olympische Flamme entzündete. Ich habe bei keiner der drei Veranstaltungen, die ich erlebt habe, die Eröffnungszeremonie verpasst. Das gehört einfach dazu, auch wenn es eine stundenlange Tortur ist, bis man vom Aufmarschplatz den Weg ins Stadion geschafft hat. Der erste Blick in ein prall gefülltes Olympiastadion ist dann einer dieser Adrenalinstöße, die ich nie vergessen werde. Aber das war nichts im Vergleich zu jenen Sekunden, in denen wir alle – Sportler, Zuschauer und Journalisten – realisiert haben, wer der Mann im weißen Trainingsanzug war, der dort mit zitterndem Arm versuchte, das Signal zum Auftakt der Spiele zu geben. Es waren über 70.000 Menschen im Stadion, aber man hätte eine Stecknadel fallen hören können. Und dieses Anschwellen eines erst ungläubig, dann begeistert ausgesprochenen Worts: „Ali. Ali. Ali". Ich bin – wie x-mal erwähnt – kein Box-Fanatiker, habe sicher weniger Ali-Kämpfe gesehen als ein durchschnittlich interessierter Box-Fan, aber die Wirkung dieser Legende auf uns an diesem Abend werde ich nie vergessen. Jedes Mal, wenn ich davon erzähle, bekomme ich eine Gänsehaut. Von diesem Abend werde ich noch meinen Enkeln erzählen. So oft, bis sie sagen: „Ey, Opa, nicht schon wieder die Story mit Ali und dem Feuer."

Sportlich war Atlanta hingegen die absolute Enttäuschung. Es kam wie es anscheinend kommen musste. Als Ulli Wegner mir vom Ergebnis der Auslosung erzählte, wusste ich schon bei einem Blick in sein Gesicht, dass es wieder passiert war. Ariel Hernandez war nicht nur in meine Hälfte des Tableaus gelost worden, sondern so früh, dass ich ihn bereits im Achtelfinale boxen musste. Ich kann es nur noch einmal wiederholen: Man stelle sich eine völlig freie Auslosung in Wimbledon vor, bei der dann Björn Borg gegen John McEnroe oder Boris Becker gegen Stefan Edberg oder Pete Sampras gegen Andre Agassi nicht im Finale, sondern bereits in der Runde der letzten 16 aufeinandertreffen. Und das Endspiel bestreiten dann Borg oder Becker oder Sampras gegen Johnny Flitzpiepe, das größte Glückskind aus dem Lostopf. Ich kapiere es einfach nicht.

Wie auch immer, für mich waren die Olympischen Spiele 1996 schon nach der Auslosung beendet. Man mag mich im Nachhinein dafür verteufeln, aber ich bin nach der Nachricht des frühen Wiedersehens mit Hernandez an mir selbst verzweifelt. Ich habe von Tag zu Tag mehr Hass auf diese Situation entwickelt. Wieder vier Jahre umsonst geackert, wieder solch ein Lospech, wieder eine fast aussichtslose Ausgangsposition. Ich weiß, dass jetzt viele sagen werden: Warum hat er es denn nicht probiert und ist wenigstens mit fliegenden Fahnen untergegangen? Meine Antwort: Das bin ich nicht. Oder war es zumindest nicht zu diesem Zeitpunkt. Ich hatte das Duell schon vorher verloren gegeben und bin mit einem 0:5 sang- und klanglos ausgeschieden. Ich habe kein Mittel gegen Hernandez gesehen. Und bei allem Vertrauen in mein eigenes Können bin ich eben auch ein scharfer Kritiker meiner Fähigkeiten. Ariel Hernandez hatte es geschafft, mich boxerisch und mental zu dominieren. Die einzige interessante Frage ist, wie es gewesen wäre, wenn ich ihn irgendwann in meiner Profilaufbahn wiedergesehen hätte. So zur achten oder zehnten Titelverteidigung. Aber meines Wissens ist er nach Ende seiner mit zwei Olympiasiegen – 1992 und 1996 – gekrönten Amateurkarriere in Kuba geblieben und nicht wie einige andere in die USA geflüchtet, um noch ein paar Dollar abzukassieren.

Die dritten Olympischen Spiele und wieder kein Edelmetall. Wobei noch als negatives Sahnehäubchen obendrauf kam, dass ich mich vor der Abreise aus Atlanta verletzt habe. Beim Fußball-Spielen mit Wasserballern und anderen Athleten bin ich voll in ein Loch im Rasen getreten und habe mir ein Band im Knöchel gerissen. Ich bin wirklich in einem emotionalen Tief aus den USA abgereist. Es ist nicht zu hoch gegriffen, wenn ich sage, dass ich für den Rest meines Lebens immer wieder daran denken werde, dass ich das ganz große Ziel meiner Amateurkarriere verpasst habe. Genau das macht es für mich auch so schwierig, ein gerechtes Fazit dieser vierzehneinhalb Jahre zu ziehen. Das wird, glaube ich, auch in diesem Kapitel deutlich. Es scheint so, als würde ich mich intensiv vor allem mit den wichtigen Niederlagen beschäftigen. Aber ich glaube, das ist nur natürlich. Wenn man eine Sportart auf meinem Niveau betreibt, dann erwartet man die Erfolge fast automatisch. Ich bin schon sehr stolz auf meine elf Deutschen Meisterschaften, schließlich hat nur Schwergewichtler Peter Hussing mit seinen 16 Titeln mehr errungen. Ich weiß, dass ich mit zwei EM-Titeln sehr gut dastehe. Und meine über 100 Auftritte im Nationaltrikot sind auch ein Beweis für konstante Leistungen in der Weltspitze. Aber ich hätte als Amateur gerne noch mehr erreicht. Und auch das ist mir bewusst, jedes Mal, wenn ich an meine Amateurzeit zurückdenke.

Deren Rest ist schnell erzählt. Meinen elften und letzten Meistertitel holte ich am 26. Oktober 1996 in Riesa gegen Kai Kurzawa, der inzwischen auch Profi ist. Dann kam die Bundesliga-Saison, die ich inzwischen als echter Legionär zur Abwechslung mal für Flensburg bestritt. Schleißlich, inzwischen hatte ich entgegen meiner seit Jahren monoton wiederholten Bedenken doch einen Profivertrag unterschrieben, kam der 1. März 1997. Für den BC Flensburg gewann ich im Mittelgewicht gegen den für Halle startenden Polen Joszef Gilewski nach Punkten.

Der Abschied war so unspektakulär, wie ich mir es insgeheim gewünscht habe. Eine kleine Halle, ein Blumenstrauß, kurze und nicht allzu peinliche Reden – ich hasse es, wenn es dann wie ein Nachruf klingt – und zum Abschluss noch ein Sieg. Einer aus der Kategorie, mit der ich im Amateurlager in Erinnerung bleiben möchte. 17:3 nach Punkten, was nichts anderes heißt, dass ich mein Ziel „Treffen und nicht treffen lassen" nahezu perfekt erfüllt habe. Man muss es mir glauben, es war nicht besonders viel Wehmut von meiner Seite aus dabei. Ich bin niemand, der zurückschaut, wenn er einen Schritt gegangen ist. Ich denke so gut wie nie über „Wenn", „Hätte" und „Aber" nach. Natürlich habe ich eine wunderschöne Zeit als Amateur erlebt, aber 1996 hatte sich auch schon viel Routine eingeschliffen. Das Amateurboxen hat es nie verstanden, den Profibox-Boom auszunutzen und ist deswegen ein Randgruppen-Programm geblieben. Das gilt für die steigende Kritik am Amateurboxen innerhalb der Olympischen Familie genauso wie auf nationaler Ebene. Ich sehe immer noch weitgehend dieselben Funktionäre wie zu der Zeit, als ich 1985 Deutscher Meister wurde. Ich höre immer noch dieselben Sprüche. Und ich glaube, dass das Amateurboxen auch bald wieder auf dem Niveau von 1985 angekommen sein wird. 1985 in der Bundesrepublik allerdings.

Vor allem die Regelumstellung auf erst fünf Runden zu nur noch zwei Minuten Kampfzeit und dann vier Runden à zwei Minuten macht den Sport kaputt. Es wird nur noch wild geprügelt, Technik oder Taktik spielen eine viel zu kleine Rolle. Was das alles mit erhöhter Sicherheit für die Athleten zu tun haben soll, ist mir schleierhaft. In Deutschland kommt die Feindschaft zum Profilager hinzu. Warum lässt man guten Amateuren nicht eine Tür zur Rückkehr offen? In Frankreich und Holland kann ein Boxer meines Wissens nach ein Jahr Profiluft schnuppern und dann immer noch entscheiden, ob er nicht lieber doch bei den Amateuren weitermacht. Ich verstehe es nicht, warum das in Deutschland nicht geht. Aber ich wette, dass man einmal quer durch die Fußgängerzone von zehn deutschen Großstädten laufen könnte, ohne auch nur einen Menschen zu finden, der einen aktuellen Deutschen Amateurbox-Meister benennen könnte. Ich selbst kenne ja nur noch eine Handvoll Namen, weil Amateurboxen in der Öffentlichkeit so gut wie nicht mehr stattfindet. Ich selbst konnte mich nie beschweren, für mich hat eigentlich alles gepasst. Ich wollte ja bis zum Schluss Amateur bleiben. Doch dann bekam ich ein Angebot, das ich einfach nicht mehr ablehnen konnte.

6 Der zweite Teil meiner Karriere beginnt

Ins kalte Wasser

Ich bin damals mit einem Kopf voller Fragen zum Flughafen nach Frankfurt/Main gefahren. Das Treffen, das erste Treffen mit Wilfried Sauerland, fand im November 1996 statt, also lange nach den Olympischen Spielen von Atlanta. Ulli Wegners Überredungsgabe hatte uns beide zusammengebracht und da stand er nun, der Weltmeister-Macher und lächelte mich an. Wir hatten uns im Restaurant „Käfer's" verabredet, was uns aber sofort unangenehm war. Denn rund um unseren reservierten Tisch war jeder Platz besetzt, ich kam mir vor wie auf dem Präsentierteller, also zogen wir in eine ruhigere Ecke um. Es waren nur Herr Sauerland und ich – für solche Gespräche will ich einen möglichst kleinen Rahmen, weil ich viel über meine Menschenkenntnis entscheide. Auch in diesem Fall. Wilfried Sauerland bestellte Mineralwasser, genau wie ich. Kein Imponiergehabe mit einem Super-Wein für ein paar hundert Mark oder gar einem Champagner. Das fand ich okay. Und als ich das nächste Mal auf die Uhr schaute, hatten wir über zwei Stunden lang geredet. Über seine Pläne mit mir, die eine schnelle Kampffolge und eine EM-Chance innerhalb der ersten 24 Monate umfassten. Viel mehr aber über das Leben allgemein, über unsere Familien, unsere Ansichten zu ganz normalen Dingen. Ich habe ihm erzählt, dass ich mit Gabi den möglichen Wechsel ins Profigeschäft einige Nächte lang durchdiskutiert hatte. Und er erzählte mir ganz offen, dass er ebenfalls lange darüber nachgedacht hatte, ob eine Karriere als Berufsboxer für mich einen Sinn machen würde. Es war so, als würde ich diesen Menschen schon jahrelang kennen. Es hat einfach gepasst – und im Grunde war meine Entscheidung klar.

Ach ja, eventuell interessiert auch das Finanzielle. Hat mich schließlich auch interessiert und ich bin mit einer ungefähren Vorstellung über meinen Jahresverdienst nach Frankfurt gefahren. Oder besser gesagt, mit einem Wunschtraum. Der lag so bei 150.000 Mark, das war das, was ich mir als Spitze vorstellen konnte. Das Angebot von Herrn Sauerland lautete 30.000 Mark pro Kampf im ersten Jahr, 50.000 im zweiten. In Mathematik war ich in der Schule ziemlich brauchbar, also habe ich um keine Mark mehr gefeilscht. Das hat gepasst. Das Angebot war sogar hervorragend.

Und wenn etwas für mich in Ordnung geht, dann brauche ich nicht noch große Klimmzüge für mein Ego. Dann sage ich einfach: Stimmt so, danke schön.

Ein paar Wochen später, im Dezember 1996, kam es zu einem weiteren Meeting in Frankfurt. In einem Hotel saß ich Klaus-Peter Kohl vom Hamburger Universum-Boxstall gegenüber. Das Finanzielle war bei diesem Angebot sogar noch ein bisschen besser, aber mein Gefühl hat nicht gestimmt. Ich wusste damals schon, dass es im Profiboxen knallhart zugeht, dass das A und O für den Erfolg ein Manager ist, auf den man sich wirklich verlassen kann. Und ich akzeptiere auch, dass jeder Profibox-Manager ein Hai sein muss, einer, der jede Chance nutzt, um zuzubeißen. Aber wenn das so ist, dann habe ich lieber einen Hai, mit dem ich mich gut verstehe und von dem ich weiß, dass ich ihm auch einmal den Rücken zudrehen kann. Bei Kohl hatte ich diesen Eindruck nicht. Das beste Argument, dass meine Entscheidung für Sauerland und gegen Kohl goldrichtig war, hat mir „Don Kohl" selbst geliefert. Als mein Vertrag mit Sauerland bekannt wurde, dementierte Kohl erst, mit mir überhaupt verhandelt zu haben. Dann kam der Satz, der Universum-Boxstall sei keine Renten-Anstalt. Danke, habe ich mir gedacht, danke für die Bestätigung meiner Wahl. Vielleicht zählt ja ein Box-Experte mal zusammen, wie viele Universum-Boxer in den Jahren meiner Profikarriere schon in Rente gegangen sind. Mein Trainer trägt bis heute einen Zettel mit einem anderen Kohl-Spruch in seinem Geldbeutel mit sich herum: „Wir wollen nicht das Altersheim der deutschen Amateurboxer werden." Wir, im Altersheim, lachen jedenfalls heute noch.

Sven Ottke wird Profi. Wow. Das hat auch andere Menschen, zum Beispiel einige Journalisten, zu hämischen Bemerkungen provoziert. Zu lange, zu laut und zu intensiv hatte ich meine Abneigung gegenüber dem Profilager geäußert. Die ganzen Archive sind voll von meinen Statements: „Bei den Profis ist der Mensch nur eine Ware." Oder: „Ich habe ein Problem damit, mich an einen Promoter zu verkaufen, der dann mit mir machen kann, was er will." Und natürlich, gebetsmühlenartig: „Ich bin gerne Amateur und will 2000 noch einmal zu den Olympischen Spielen."

Alles richtig und alles tief in meinen Gedanken verwurzelt. Und alles auch immer wieder bestätigt, wie damals im Februar 1994 als ich eine der peinlichsten Nummern in einem deutschen Boxring aus nächster Nähe erlebt habe. In der Berliner Deutschlandhalle boxte Graciano Rocchigiani gegen den Engländer Chris Eubank um die Supermittelgewichts-Weltmeisterschaft eines Weltverbandes namens World Boxing Organization. Die WBO kannte ich nur aus der Presse, in der sie schön berlinerisch mit „Wir Boxen Ooch" verarscht wurde. Auf jeden Fall hatte ich mich bereit erklärt, den Kampf als Radio-Kommentator für den Berliner Sender 100,6 live zu übertragen, saß direkt am Ring, so nahe, dass ich Rocky und Eubank die Schnürsenkel hätte aus den Stiefeln ziehen können. Es herrschte eine grandiose Atmosphäre, die sehr viel über den damaligen Stellenwert von Graciano aussagt. Seine Intensität im Ring hat mich immer beeindruckt, ich hatte auch immer einen guten Draht zu ihm. So gut, dass ich ihn ab und zu auch dazu bringen konnte, wieder von der Palme runterzuklettern, wenn er sich in der Öffentlichkeit mal aufgeregt hat. Aber genauso oft trat ich auch einfach nur einen Schritt zur Seite: Graciano in voller Fahrt ist nur schwer zu stoppen.

Die Deutschlandhalle war rappelvoll, eine geniale Veranstaltung mit 10.000 Zuschauern und einer Übertragung auf „Premiere". Als Graciano aus der Kabine kam, musste er durch ein Tor aus Scheinwerfern, das mit Nebelkanonen praktisch undurchsichtig gemacht worden war. Dann tauchte er aus der Nebelsoße auf, reckte einmal die rechte Hand in die Höhe und jeder einzelne Fan in der Halle brüllte „Rocky". Gänsehaut. Pure, wunderbare Sport-Gänsehaut. Eubank wiederum war das arroganteste Stück Boxer, das ich je erlebt habe. Er zelebrierte jede Bewegung in einer Art, als sei er eine wertvolle Statue. Er sprang über das oberste Ringseil – sorry, ich hasse solche Schauspieler. Ich kriege einen dicken Hals, wenn jemand so einen Schwachsinn aufführt. Eubank war außerdem Titelverteidiger und genau genommen der einzige halbwegs bekannte Weltmeister der WBO, die sich lange nach den anderen drei Weltverbänden WBC, WBA und IBF gegründet hatte, um auch einen Teil vom Kuchen abzubekommen. Aber ich war viel zu naiv, um diese ganzen Informationen vor dem Kampf richtig zusammenzurechnen. Dabei hätte ich, der Profibox-Kritiker, schon vorher ahnen müssen, was 10.000 Zuschauern und einem fassungslosen Radiokommentator erst bei der Verkündung des Punktrichter-Urteils klar wurde.

Für mich und die meisten Experten am Ring hatte Graciano den Kampf gewonnen. Noch heute sage ich: klar gewonnen. Fast alle Schläge von Eubank gingen auf Gracianos Doppeldeckung, Rocky selbst landete die härteren Treffer. Und dann kam das Urteil mit Wertungen von bis zu acht Punkten Vorsprung für Eubank. Bei einer der Witzfiguren mit dem WBO-Logo auf dem Anzug hatte Graciano nur eine einzige der zwölf Runden gewonnen. Und die auch nur, weil Eubank wegen dauerndem Abduckens ein Punkt abgezogen wurde. Ich war fassungslos, sprachlos, völlig fertig. Ich habe keine Ahnung mehr, ob ich überhaupt noch etwas herausgebracht habe, oder ob man mir das Mikrofon einfach weggenommen hat. Bei Radio 100,6 brach fast die Telefonanlage zusammen, weil vor allem Taxifahrer der Nachtschicht anriefen und fragten, welchen Penner man da an den Ring gesetzt hatte. Sie hatten Recht: Ich hätte wissen müssen, dass das Aushängeschild der WBO auf keinen Fall diesen Kampf hätte verlieren können. Selbst wenn Graciano Mister Eubank k.o. geschlagen hätte, hätten sie ihm höchstens ein Unentschieden gegeben. Eubank war der King der WBO – und in einem derartigen Bananen-Verband wird das eben so geregelt. Die Beispiele gibt es bis heute. Für mich existiert die WBO jedenfalls überhaupt nicht.

Dieses Erlebnis in der Deutschlandhalle war natürlich Wasser auf meine Mühlen. Nie im Leben würde ich mich in eine derartige Situation begeben, in der man vor 10.000 Menschen und einem Fernseh-Publikum eiskalt gelinkt werden kann, ohne dass irgendjemand dafür zur Verantwortung gezogen wird.

Nie im Leben Profi – man soll wirklich niemals nie sagen. Denn 1996 kam eines zum anderen. Ulli Wegner, mein Erfolgstrainer, wechselte ins Profilager, zum Stall von Wilfried Sauerland. Ulli ist ein ganz Raffinierter. Von Anfang an wollte er, dass ich mitkomme. Er kennt mich gut genug und hat an mein Potenzial als Berufsboxer geglaubt, schon lange, bevor ich selbst eine positive Meinung dazu hatte. Auf jeden Fall nahm Ulli mit Markus Beyer und Rene Monse zwei Olympiateilnehmer mit zu Sauerland. Aus der Atlanta-Staffel wechselten auch Thomas Ulrich, Oktay Urkal und Zoltan Lunka. Alle drei gingen zum Universum-Stall. Ich hatte plötzlich nicht mehr allzu viele Bekannte im Amateurbox-Lager. Ulli hat nicht nur mit diesem Argument bei mir den Hebel angesetzt. Immer wieder hat er angerufen und mir vorgeschwärmt, wie toll die Bedingungen im neuen Sauerland-Gym in Köln werden würden. Nebenher hat er in der Presse pausenlos Gerüchte lanciert, dass ich Angebote von Sauerland und Kohl vorliegen hätte. Was bis weit nach den Spielen von Atlanta einfach nicht stimmte. Noch bei der Deutschen Meisterschaft im Oktober 1996 in Riesa war ich absolut auf eine weitere Amateurkarriere eingestellt – niemand hatte sich bei mir gemeldet, meine Vorwärtsverteidigung gegen das Profiboxer-Dasein funktionierte besser als ich das zu diesem Zeitpunkt eigentlich noch haben wollte.

Denn meine Deckung war inzwischen brüchig geworden. Zum einen gab es deutliche Signale, dass die Sportförderung durch Mercedes-Benz nicht mehr in dem Umfang aufrecht erhalten würde, wie ich sie bis 1996 genossen hatte. Das hätte weniger Freistellungen bedeutet und damit die Gefahr mit sich gebracht, nicht mehr so intensiv trainieren zu können. Den Job bei Mercedes hätte ich nämlich auf keinen Fall aufgegeben. Viel mehr aber hat die Pleite von Atlanta an meiner Widerstandskraft genagt. Immer und immer wieder schoss der Gedanke durch meinen Kopf: „Wer garantiert mir eigentlich, dass ich 2000 in Sydney nicht wieder Lospech habe? Wer sagt denn, dass es in vier Jahren mit einer Medaille klappt?" So schwer es mir fiel, Abschied von diesem riesengroßen Traum zu nehmen, so wenig Argumente konnte ich für das konsequente Weitermachen bis zu meinen vierten Olympischen Spielen finden.

Der Hammer war schließlich ein weiterer taktischer Geniestreich von Ulli. Nicht nur, dass er immer wieder gaaaanz geheim durchblicken ließ, ich hätte Angebote vorliegen. Nein, jetzt stand plötzlich in der Zeitung, Sven Ottke habe ein Angebot von Wilfried Sauerland abgelehnt. Jahre später hat mir Wilfried erzählt, dass er von dieser Geschichte genauso überrascht war wie ich es gewesen bin. Erst kein Angebot haben, dann das auch noch ablehnen. Eine Woche später stand wiederum in der Presse, Sven Ottke würde nun doch ernsthaft über ein Sauerland-Angebot nachdenken – Ulli spielte sein Spiel mit den Medien wie ein Künstler. Unangenehm nur, dass ein Reporter der „Bild"-Zeitung mit voller Fahrt auf die Geschichte einstieg und Gabi anrief, die mit Rebecca bei einem Bekannten aus dem Schwimmerlager in Florida Sonne tankte. Jeder Ehemann kann sich das folgende Telefonat von Gabi mit mir sicher gut vorstellen. Wie sollte ich meiner Frau erklären, dass das, was da in den Zeitungen stand, überhaupt keine Grundlage hatte. Als Gabi zurück in Deutschland war, haben wir uns aber wirklich Gedanken gemacht. Amateur bleiben, hieß eine ungewisse Zukunft. Profi werden aber noch viel mehr. Trotzdem war die Tendenz schnell klar, die familiären Rahmenbedingungen auch. Gabi würde in Karlsruhe bleiben und nicht mit nach Köln umziehen. Der Sicherheitsgedanke hat uns zu dieser Entscheidung getrieben. Immerhin hatte Gabi als ausgebildete Steuerfachgehilfin einen Halbtags-Job in einem Steuerbüro, der bei einem Scheitern meiner Profipläne auch zu einer Ganztagsstelle hätte ausgeweitet werden können. Außerdem war unsere Wohnung in der Sonntagstraße konkurrenzlos günstig. Auch da hätten wir nie wieder einen gleich guten Deal gefunden. Wenn wir komplett nach Köln übergesiedelt wären, wäre also das Wasser, in das wir gesprungen sind, noch ein paar Grad kälter gewesen. Aber Gabi hat immer wieder gesagt: Lass' uns nicht alles auf eine Karte setzen. Das war auch meine Meinung.

Über die Treffen mit Sauerland und Kohl war Gabi natürlich informiert. Bei Kohl war sie sogar dabei – und hat mein Unwohlsein geteilt.

Insgesamt waren wir aber trotz der beeindruckenden Zahlen im druckfrischen und von unserem Anwalt geprüften Profivertrag immer noch unsicher. Für ein bisschen Boxen, nur weil das Fernsehen dabei ist, so viel Geld. Irgendwo muss der Haken doch sein, so toll kann das doch gar nicht sein, haben Gabi und ich uns immer wieder gefragt. Was soll ich sagen: Sechs Jahre später habe ich immer noch keinen Haken gefunden.

Und das, obwohl die Ungläubigen klar in der Mehrheit waren. Wie Wilfried auch heute noch offen zugibt, hatte er sich bei zaghaften Vorstößen, seinem Fernseh-Partner RTL den Profi Sven Ottke schmackhaft zu machen, nur Ablehnung eingehandelt. Der damalige RTL-Sportchef Michael Lion ist zwar ein guter Freund von mir, war aber der Meinung, mein Amateurstil tauge nicht für das Profigeschäft. Und schon gleich gar nicht für eine gute Einschaltquote. Lion baute eigentlich auf Markus Beyer als kommenden Star, ich glaube, ich war höchstens als Versicherung eingeplant. Und auch das nur, weil RTL und Sauerland im Sommer und Herbst 1996 durch eine Reihe von Misserfolgen ziemlich in die Klemme kamen. Auf Mallorca erlitt Torsten May bei seinem Versuch, die Cruisergewichts-Weltmeisterschaft gegen Adolpho Washington aus den USA zu gewinnen, eine brutale Niederlage. Schwergewichtler Axel Schulz, der Mega-Quoten-Bringer für RTL, wurde von Michael Moorer, meinem flüchtigen Bekannten aus Amateurtagen, im Dortmunder Westfalenstadion klar besiegt. Und Henry Maskes Rücktritt stand unmittelbar bevor. Spätestens nach der abschließenden Niederlage von Henry gegen Virgil Hill im November 1996 hatte RTL, die Fernseh-Hochburg des Profiboxens, eigentlich nichts mehr zu bieten. Rocky wiederum war im Sommer 1996 gerade mal wieder in einem WBO-Kampf verladen worden, diesmal gegen Dariusz Michalczewski. Zwar war er auf dem Weg zurück zu Sauerland – aber darauf verlassen wollte sich angesichts von Gracianos Unzuverlässigkeit niemand.

Und so habe ich angefangen, ohne Trikot zu boxen. Das mag lustig klingen, aber das war schon ein komisches Gefühl. Amateure boxen mit Oberbekleidung, Profis ohne. So ist das eben. Noch mehr hat mich gestört, dass ich ohne Kopfschutz in den Ring musste. Ein absolut verunsicherndes Gefühl, wenn man 335 Kämpfe lang diese zusätzliche Sicherheit hatte.

Da lebte ich nun in Köln, von Montag bis Freitag, beim Training im Sauerland-Gym auf dem Gelände des Müngersdorfer Stadions. Gleich um die Ecke habe ich eine Wohnung gefunden, zwei Zimmer mit Dachschrägen, über einer Blumenhandlung gelegen. Im Sommer komme ich mir vor wie im Botanischen Garten, das kommt schon richtig gut. Dort, in Junkersdorf, liegt auch die Sendezentrale von RTL. Im Prinzip kann ich alles, was für mich als Profi wichtig ist, zu Fuß oder mit dem Rad erreichen. Bei RTL war ich schon schnell Stammgast. Erstens war die Truppe, die sich dort ums Profiboxen kümmerte, ein lustiger Haufen und zweitens – na ja, vielleicht hätte ich das zuerst nennen sollen – konnte ich in der RTL-Kantine meist umsonst essen. Wir wollen doch nicht vergessen, dass ich trotz des gut dotierten Vertrages weiter der sparsame Sven geblieben bin. Wenn ich mich heute in meiner Bude so umschaue, erinnere ich mich, dass das alles auf Übergang eingestellt war. Auch hier gebrauchte Möbel, keinerlei Luxus. Hauptsache ein guter Fernseher und eine gute Stereoanlage – aber nichts Durchgeknalltes. Eine Arbeitswohnung eben. Ich will jetzt nicht sagen, dass ich in Köln auf Montage bin, dazu verdiene ich zuviel. Aber ich habe mein Profidasein nicht verklärt gesehen. Ich schätze, das hat mir oft geholfen, auf dem Boden zu bleiben.

Mit Ulli Wegner habe ich natürlich von Anfang an daran gearbeitet, die Grundlagen für die längeren Distanzen im Profigeschäft zu schaffen. Ich glaube, dass ich einer der ganz wenigen Profis weltweit bin, der von vornherein auf einen Vier-Runden-Kampf als Einstieg verzichtet hat. Gegen den Rat von Wilfried und Ulli übrigens. Aber da war ich stur: Wenn ich mit meiner Kondition, mit meinem Trainingsfleiß, nicht sofort sechs Runden gehen kann, dann bin ich fehl am Platz. So lautete meine Argumentation. Basta.

Zwischen meinem letzten Kampf als Amateur und meinem Profidebüt lagen exakt 21 Tage. Am 1. März 1997, einem Samstag, war ich noch für Flensburg in der Bundesliga aktiv, am 22. März, wieder ein Samstag, stieg ich schon gegen Eric Davis aus den USA als Profi in den Ring. Eine ganze Reihe von Eindrücken sind mir aus diesen Tagen noch präsent. Da war diese nervende Diskussion um einen Kampfnamen. Henry Maske war der „Gentleman", Graciano ist natürlich „Rocky", Michalczewski wurde und wird als „Tiger" vermarktet. Für mich sollte es das „Phantom" sein. Eigentlich habe ich damit kein Problem, weil es meinen Box-Stil ziemlich präzise beschreibt. Ich tauche aus dem Nichts auf, schlage zu und bin schon wieder weg. Aber besonders traurig, dass das bis heute nicht zu einem Markenzeichen für mich geworden ist, bin ich nicht. Kampfnamen finde ich albern. Ganz selten passt es mal auf den Punkt. Ansonsten ist es einfach Verkaufe. Und mit „Svennie" gibt es ja auch etwas, was Fans gut rufen können und mir auch gefällt.

Das nächste war die Wahl der Einmarschmusik. Wieder so ein Ding. Mein Management, RTL, dazu viele Freunde und Bekannte, haben mir die Ohren vollgepustet, wie wichtig die richtige Musik für mich sein würde. Ich habe es nicht kapiert, mich aber breitschlagen lassen und über ein paar Varianten nachgedacht. Mit „Danger Zone" aus dem Film „Top Gun" mit Tom Cruise bin ich beim Debüt in den Ring. Weil ich mich gefühlt habe wie beim Betreten einer Gefahrenzone. Aber irgendwie war mir das schnell zu blöde. Nachgedacht habe ich auch über „Bed of Roses" von Bon Jovi, weil ich mit dem Profidasein meiner Familie und mir ein Bett aus Rosen schaffen wollte. Auch viel zu kompliziert. Das war es dann auch. Lasst mich doch alle in Ruhe, habe ich beschlossen, ich brauche keine Einmarschmusik. Seitdem mache ich mir einen Spaß daraus, für jeden Kampf zusammen mit meiner PR-Beraterin Anke Lütkenhorst eine aktuelle Produktion auszusuchen. Ob H-Blockx oder Gotthard oder wen auch immer – Hauptsache der Song hat Zunder und kommt live gut rüber. Die paar Euro, die ich dafür bekommen, sind Nebensache – viel lustiger finde ich es, wenn der Titel in der nächsten Hitparade nach oben schießt. Das macht Spaß, weil es ein kleines Spiel zwischen mir und dem Geschmack der Musikfans ist.

Damals, in der Berliner Max-Schmeling-Halle, war es also „Danger Zone" – was in gewisser Weise einem Etikettenschwindel gleichkam. Mister Davis bedeutete nicht die geringste Gefahr. Ich habe zwei Videos von ihm gesehen, weil ich mich gewissenhaft vorbereiten wollte. Und dann, als mich die Journalisten nach meinem Gegner fragten, war ich wieder einmal zu ehrlich für diese Welt. „Gummikuh" habe ich ihn genannt, weil er völlig unmotiviert durch den Ring gehüpft ist. Das war natürlich ein gefundenes Fressen für die Presse. Ottkes Debüt gegen eine Gummikuh. Ich glaube, Wilfried Sauerland hat einmal lange und tief geseufzt, als er das gelesen hat.

Das Duell gegen Davis war genauso einseitig wie uninteressant. Selbst in den Berliner Zeitungen war es eher eine Randnotiz, je nach Sympathiegrad für mich zwischen harmlos und spöttisch be-schrieben. Auch für mich war dieses erste Mal alles andere als aufregend. Ich glaube nicht, dass ich auch nur einen einzigen Treffer abbekommen habe. Zum Hauptkampf saß ich in der ersten Reihe. Graciano Rocchigiani, inzwischen wieder mal bei Sauerland gelandet, gewann locker gegen einen ebenfalls wenig berauschenden Gegner namens John „Iceman" Scully. Was der „Iceman" sollte, weiß ich bis heute nicht. Scully war eher ein Pappkamerad – und als ich hörte, dass Sauerland und RTL Rocky für diesen Auftritt zwei Millionen Mark gezahlt hatten, bin ich fast in Ohnmacht gefallen.

Ich habe dann einfach mein Zeug gemacht. Ziemlich unaufgeregt, aber dafür regelmäßig. Bis Mitte Oktober hatte ich schon sieben

Kämpfe absolviert. Mehr, als wir eigentlich für das erste Jahr geplant hatten. Aber die Umstellung lief dank Ulli hervorragend. Und mal ehrlich: Die Qualität der Gegner in dieser Anfangsphase war Pillepalle. Eigentlich ist dieser erste Abschnitt im Profilager nichts anderes als Sparring vor Publikum. Jeder Amateurboxer, der etwas auf sich hält, muss da einfach souverän durchmarschieren. Wobei ich auch ganz bewusst – sicher zum Missfallen von Wilfried Sauerland – darauf geachtet habe, die Kampfdistanzen auszunutzen. Ich lache mich immer schlapp, wenn ich von den großen K.o.-Künstlern höre, die ihre ersten 20 Kämpfe vorzeitig gewinnen. Das bringt nichts, aber auch gar nichts. Ich glaube einfach nicht, dass sich heutzutage auch nur noch ein Box-Fan auf Dauer blenden lässt. Wer am Anfang seiner Profikarriere alle Gegner ausknockt, boxt keine schlechten Gegner, sondern katastrophal schlechte Gegner. Und oft kommt dann das böse Erwachen, wenn der erste halbwegs brauchbare Kontrahent plötzlich auf die Idee kommt, zurückzuschlagen. Schwachsinn. Ich bin mit einem einzigen K.o.-Sieg in meinen WM-Kampf gegen Charles Brewer gegangen, aber dafür mit der Gewissheit, zwölf Runden problemlos Vollgas geben zu können.

Ein ganz wichtiger Schritt dorthin war mein achter Profikampf, im Dezember 1997 in Düsseldorf gegen Ali Saidi. Es war jene Veranstaltung, in der Torsten May als Hauptkämpfer gegen den Schweizer Stefan Angehrn mitten im Kampf abdrehte und aufgab. Ein Riesenschock für den Sauerland-Stall. Wieder war eine Hoffnung geplatzt. Ich wiederum war vor dem Duell mit Saidi ausnahmsweise nicht die Ruhe selbst. Obwohl ich den Sprung von sechs auf acht Runden problemlos geschafft hatte, war der erste Zehn-Runder ein unbekanntes Wesen. Und ich wusste, dass Ali jede einzelne Sekunde nach vorne marschieren würde. So kam es auch – konditionell kaputter als nach diesen zehn Runden war ich nie wieder. Nicht einmal nach den zwölf Runden gegen Brewer. Ali Saidi ist einer der Boxer, vor denen ich eine Art grimmigen Respekt habe. Er hat einen Tick zu wenig Talent, bekommt deswegen in jedem Kampf eine Menge ab, aber er hat Herz ohne Ende und ist ein tadelloser Sportler, der nie etwas Unfaires probieren würde. Ein Klassetyp auf seine Art. Ali hat mir alles abgefordert. Bis zum Letzten. Der Druck, den er ausübt, ist gnadenlos. Es war das erste Mal im Profilager, dass ich über meine Schmerzgrenze gehen musste. Und weil ich es getan habe, war klar, dass 1998 eine EM oder WM bringen würde.

Irgendwann während des Jahreswechsels von 1997 auf 1998 haben Gabi und ich eine vorläufige Bilanz gezogen. Schon jetzt stand fest, dass sich der Schritt vom Finanziellen her gelohnt hatte. Durch die acht Kämpfe habe ich mehr verdient, als ich bei den Amateuren bis zum Jahr 2000 hätte einnehmen können. Natürlich war Gabi nicht begeistert, dass ich praktisch pausenlos in Köln war. Aber wir haben trotzdem beschlossen, so weiterzumachen. Rebecca, mit ihren viereinhalb Jahren, war im Kindergarten gut aufgehoben. Und immer noch war uns nicht klar, wie lange das Abenteuer Profiboxen gut gehen würde. Schon seltsam, wenn ich nach den ganzen Titel-verteidigungen daran zurückdenke, wie wenig euphorisch wir das damals gesehen haben. Erwarte nicht zuviel, aber mach' das Beste daraus, heißt mein Lebensmotto. Sorry, wenn das langweilig klingt. Mir reicht die Aufregung, wenn ich dort oben im Ring stehe und zwei Handschuhen ausweichen muss.

Dabei kann ich gleich noch ein Kapitel abhaken. Merkt denn eigentlich niemand außer mir, wie sinnlos diese andauernden Geschichten über die deutschen Super-Duelle wie Ottke gegen Michalczewski oder Ottke gegen Ulrich sind? Darf ich mal ein Geheimnis verraten: Ende 1997 wurde zum ersten Mal über diese beiden ach so tollen Knüller spekuliert. Es wird nicht passieren. Eher eröffnet eine Eislaufbahn in der Hölle. Zwei Boxställe, die verfeindet sind. Zwei Fernsehsender, die nur nach den eigenen Quoten schauen. Dazu zwei Boxer, die natürlich keine Gelegenheit auslassen würden, die Gagen in die Höhe zu treiben. Ich sage es gerne noch einmal: Solche Kämpfe sind reine Phantasie-Produkte. Eine Chance gibt es nur, wenn einer der beiden Kämpfer so verzweifelt ist, dass er alle Bedingungen der Gegenseite akzeptieren muss. Und ich habe nicht vor, in so eine Lage zu kommen. Mein Trainer ist ja so einer, der immer, wenn er nach einem Duell mit Michalczewski gefragt wird, sofort „Ja" sagt und damit die Diskussionen wieder anheizt. Sorry, Ulli, Du hast mich kunstvoll ins Profilager gelockt, aber einen Superkampf kannst nicht einmal Du herbeireden. Meine Superkämpfe finden seit Oktober 1998 alle drei Monate statt - WM-Kämpfe. Ich war von Anfang an ein Gehetzter, was die Zeit für die Profikarriere anging. Mit späten 29 gewechselt, das sorgt schon für Druck. Meinen 30. Geburtstag habe ich zwischen meinem vierten und fünften Profikampf gefeiert.

Über meinen Titelgewinn gegen Charles Brewer ist im Prolog dieses Buches schon so gut wie alles gesagt worden. Die Krise in der achten Runde, mein Comeback zwei Runden später, die tobende Halle, meine Erschöpfung – alles erlebe ich noch einmal mit, wenn ich darüber spreche. Gänsehaut. Ein paar Ergänzungen habe ich trotzdem noch. Wie wäre es denn mit einer halbschweren Frage, sagen wir die 8000-Euro-Hürde bei Günther Jauch. Wie oft hat IBF-Weltmeister Sven Ottke seine Krönung in den vergangenen viereinhalb Jahren auf Video gesehen? 1. Mehr als 20-mal. 2. Mehr als fünfmal. 3. Einmal. 4. Nie. Bitte keine Kontonummern einschicken, irgendwie habe ich ja die Pointe vorweg genommen. Ich bin vermutlich der einzige Ottke-Fan auf diesem Planeten, der den Kampf vom 24. Oktober 1998 kein zweites Mal gesehen hat. Ich brauche das nicht. Ich brauche meine Kraft für die Zukunft, nicht für die Vergangenheit. Ich geile mich auch nicht an irgendwelchen tollen Szenen auf. Und ich brauche die Aufnahmen meiner Fehler auch nicht noch einmal zu analysieren. Ulli und ich wissen genau, wenn etwas nicht hundertprozentig war. Da reichen zwei, drei Sätze und dann wird an der Technik gefeilt. Für dieses Buch sollte ich mir zum Beispiel die achte Runde anschauen. Danke, ich verzichte. 20 Sekunden habe ich mitgemacht, dann drehte ich mich um und ging. Ich war doch näher dran als jeder andere, also habe ich immer noch einen Vorsprung, da kann jemand anderes das Video 200-mal laufen lassen. Deshalb weiß auch niemand außer mir, dass ich in der Nacht vor dem Duell kein Auge zugemacht habe. Ich lag in meinem Hotelzimmer im Bett und habe höchstens gedöst. Dann stehst du auf, gehst zur Toilette, drehst wieder eine Runde durchs Zimmer und im Gehirn fahren die Gedanken Karussell. Ich habe in solchen Momenten gar keine Zeit für Versagensängste, bin auch nicht deswegen aufgeregt, weil ich etwas Schlimmes befürchte. Aber mein Kopf spielt alle Trainingssituationen, alle Schlagkombinationen, alle Vorgaben von Ulli noch einmal durch. Immer und immer wieder. Ich fühle mich wie ein Hamster im Rad, ein Hamster mit kleinen, roten Boxhandschuhen. Wenn es nicht sofort gelingt, abzuschalten, dann wird eine schlaflose Nacht daraus. Zum Glück kann ich meist am Kampftag noch ein Nachmittagsschläfchen halten.

Ich weiß auch noch, dass ich in der kurzen Nacht nach dem Kampf wach gelegen habe. Natürlich war ich jetzt nicht mehr allein, sondern mit Gabi zusammen. Aber das sind die Momente, in denen die Schmerzen kommen. Im Ring, bei der Pressekonferenz, bei meinen kurzen Abstechern auf die VIP-Party spüre ich nichts, nicht einmal, wenn ich einen Cut, eine Gesichtsverletzung, habe. Adrenalin ist schon ein ganz besonderes Zeug. Doch wehe, der Körper versucht sich zu entspannen. Dann kommen die fiesen Schmerzen. Vor allem im Schulter- und Nackenbereich, im ganzen Rücken. Alles ist verkrampft, alles zieht, es gibt keine bequeme Stellung, um irgendwie damit umzugehen. Viele Leute schütteln den Kopf, wenn sie mich am Morgen oder Nachmittag nach einem WM-Kampf laufen sehen. Aber jeder Kilometer lindert die Schmerzen.

Dort in Düsseldorf mit Gabi auf dem Hotelzimmer war alles ein bisschen unwirklich. Ich hatte ja nicht einmal einen Weltmeister-Gürtel. Brewer hatte seinen wieder mitgenommen und ich bekam erst später

Mein Svennie

10. Runde: Der Box-Kumpel

„Ich habe Sven 1984 bei der Norddeutschen Junioren-Meisterschaft kennengelernt. Meine Mutter saß neben mir und sagte: „Schau mal, da vorne sitzt ein Berliner." Und er drehte sich um und fragte: „Is wat?" Wenn ich an Sven denke, denke ich an Tausende von Trainingsstunden, endlose Laufkilometer, an die Nationalstaffel-Lehrgänge, bei denen wir immer auf einem Zimmer lagen und an jede Menge Spaß. Nur Sven bringt so Dinger wie nachts im Trainingslager in Herzogenhorn im Schwarzwald plötzlich mit zwei Mülltüten vor dem Bett zu stehen. „Komm, wir rutschen die schwarze Piste runter." Ein Verrückter, mein Icke. Wenn ich an Sven denke, habe ich noch ein anderes Bild vor Augen. Am 15. Oktober 1990 war ich mit dem Rad auf dem Weg vom Training nach Hause, als mich mich ein 18-jähriger Autofahrer mit Tempo 85 über den Haufen fuhr. Ich habe nur überlebt, weil ich ein gut trainierter Sportler war, lag aber eineinhalb Monate im Koma. Als ich von der Intensivstation in ein normales Zimmer verlegt wurde, stand Sven am ersten Abend plötzlich vor meinem Klinikbett. Er stand da, hat gemerkt, dass ich wieder sprechen konnte und hat sich gefreut als wäre er gerade Olympiasieger geworden. Und dann hat er gelacht, weil ich ihn gefragt habe, ob er vor der Fahrt auch sauber trainiert habe."

Thorsten Spürgin (43) war 1984 und 1986 Deutscher Amateurbox-Meister im Halbschwergewicht.

einen zugeschickt. Den Lorbeerkranz, der jetzt in unserem Kölner Gym hängt, hatte Jean-Marcel Nartz, unser Technischer Leiter, gesichert. Also hatte ich nur die Schmerzen, die mich an den Kampf erinnert haben. Und das Wissen, dass Plan B nicht mehr zur Debatte stand. Heute kann ich ja zugeben wie Plan B ausgesehen hat. Ich hätte bei einer klaren Niederlage meine Box-Handschuhe an den Nagel gehängt. Wenn Brewer mich beherrscht oder sogar gestoppt hätte, wäre ich nicht noch einmal in die Warteschleife gegangen. Ich hätte akzeptiert, hätte akzeptieren müssen, dass eineinhalb Jahre Geldverdienen und die Titelkampf-Gage von 250.000 Mark brutto bereits das Ende der Fahnenstange bedeutet hätten. Von allen Profi-Gagen wäre mir nach Steuern und Abgaben für das Management das übliche Drittel geblieben. So um eine Viertelmillion herum. Gutes Geld, aber keine Reichtümer. Deswegen hätte ich versucht, irgendwie zu Mercedes-Benz zurückzukehren. Ich hätte zwei, drei Tage gewartet, dann wäre ich hingefahren. Plan B: Mund abputzen und mit dem Leben weitermachen. Wie wir alle wissen, ist es anders gekommen. Ziemlich anders.

Aber eines muss ich doch noch erzählen, weil es bis heute niemand außer Gabi und mir weiß. Am Montag nach dem Brewer-Kampf musste ich ins Krankenhaus. Die Sache begann so, dass wir am Sonntag von Düsseldorf aus nach Hause gefahren sind und ich beim Abendessen zu Gabi gesagt habe: „Schau mich mal genau an, stimmt irgendwas mit meiner rechten Gesichtshälfte nicht?" Ich spürte meine Zähne nicht mehr. Beim Kauen war es völlig komisch, wie nach einer Betäubung beim Zahnarzt. Auch am nächsten Morgen war diese Taubheit noch nicht weg, wir sind langsam unruhig geworden. Im Endeffekt ergab eine Kernspin-Tomografie, dass es eine Quetschung eines Gesichtsnervs war, der unterhalb des Auges verläuft. Normalerweise muss man so etwas innerhalb von vier Stunden behandeln, sonst drohen bleibende Schäden. Ich habe also einfach Glück gehabt, dass ich nicht rumlaufe wie Karl Dall. Gabi erzählt heute noch, dass ich die ganze Woche ziemlich ruhig und zurückgezogen war.

Hellwach war ich allerdings, als mir mein Manager als persönliches Dankeschön für den Sieg eine goldene Rolex schenken wollte. Ich und Rolex – das passt einfach nicht. Ich habe ganz höflich angefragt, ob ich als Uhren-Narr nicht etwas anderes bekommen könnte. Wilfried Sauerland hat gerne zugestimmt – seitdem besitze ich einen wunderbaren Chronometer von A. Lange&Söhne aus Glashütte.

Man kann aber nicht sagen, dass ich durch den Sieg über Brewer sofort zu einem Superstar aufgestiegen bin. Natürlich gab es

Anerkennung und innerhalb meines Umfelds war die Stimmung grandios. Meine Mutter und mein Stiefvater Hans, der eine künstliche Hüfte bekommen hatte und in Düsseldorf nicht dabei sein konnte, waren begeistert. Meine Mutter meinte gar, jetzt bräuchte ich der Olympiamedaille nicht mehr nachzutrauern. Aber das eine hat mit dem anderen nichts zu tun.

Insgesamt aber stand man mir immer noch reserviert gegenüber, was ich auch irgendwie verstehen kann. Drei Weltverbände sind schon zwei zuviel. Was ich vom vierten, der WBO halte, habe ich schon deutlich gesagt. Und der ganze Rest von WBU über WBF bis hin zu was weiß ich ist eine komplette Verarschung der Zuschauer. Manchmal denke ich, ich sollte selbst einen Verband gründen. OBW – Ottkes Boxing World. Einfach nur WBO umgedreht und genauso schwachsinnig. Wobei mir gleich noch eine WBO-Schote einfällt. Das war jener Verband, der 1998 um die Zeit meines ersten WM-Kampfes in seiner Rangliste die deutschen Mittelklasse-Schwergewichtler Willi Fischer und Kim Weber als Nummer eins und Nummer zwei geführt hat. Das wäre so, als würden Dieter Bohlen oder ich den Literaturnobelpreis bekommen. Aber seltsamerweise liest man kaum etwas über solche offensichtlichen Mauscheleien.

Ich glaube, dass ich mit dem ganzen Profibusiness ziemlich kritisch umgehe. Ich mache mein Ding, lächele alle an, aber wirkliche Freunde habe ich nur ganz wenige. Und ich habe auch ein schlechtes Gefühl, wenn ich einen unterirdischen Gegner serviert bekomme. Wie etwa diesen Giovanni Nardiello, der mir bei meiner ersten Titelverteidigung vor die Fäuste lief. Das war schon eine ziemlich kalte Dusche, ein abruptes Wiedersehen mit der Realität. Ich war gerade Weltmeister geworden, in einem Kampf, der an Dramatik kaum etwas zu wünschen übrig ließ und wurde in Berlin, meiner Heimatstadt, kaum wahrgenommen. Die Max-Schmeling-Halle war höchstens zu einem Drittel gefüllt und ich will gar nicht wissen, wie viele der vielleicht 3.000 Zuschauer auch wirklich bezahlt hatten. Berlin ist einfach ein brutales Pflaster für Sportveranstaltungen. Die Konkurrenz auf hohem Niveau ist enorm. Hertha BSC im Fußball, der EHC Eisbären, früher auch die Berlin Capitals im Eishockey und meine Lieblings-Basketballtruppe Alba sind nur die Spitze. Aber dann gibt es Volleyball, Wasserball, Football, Hockey und so weiter. Auf jeden Fall haben Wilfried Sauerland und ich meinen Marktwert damals ziemlich überschätzt. Doch der wirkliche Schock stand mir erst noch bevor.

Ich habe schon vor dem Kampf gedacht: „Was ist denn das für ein Witzbold. Der schaut ja nicht mal austrainiert aus." Er war es auch nicht. Er war einer Titelverteidigung nicht würdig. Nicht einmal für eine erste Titelverteidigung. Im Ring hat er sich auch angestellt wie ein Anfänger. In der dritten Runde habe ich ihn mit einer vollen Rechten erwischt. In diesem Moment war der Kampf eigentlich schon vorbei. Er kam noch mal hoch, aber da stand nur noch eine leere Hülle vor mir. Der Ringrichter hätte das sehen müssen. Müssen. Aber Mister Ferrara aus den USA hat weiterlaufen lassen und deswegen habe ich noch einmal zugeschlagen. Nardiello hat den Handschuh überhaupt nicht gesehen. Er ging zu Boden wie erschossen, musste minutenlang behandelt werden und wurde schließlich auf einer Trage und mit einer Halskrause ins Krankenhaus gebracht. Ich bin total erschrocken, als er dort im Ring lag. „Oh, Scheiße, ausgerechnet ich bringe jemanden um", war mein erster, schreckliche Gedanke. Ausgerechnet mir passiert so etwas. Ausgerechnet mir, der ich nun wirklich kein K.o.-Schläger bin.

Ich habe die Szenen in der Fernseh-Analyse noch einmal sehen müssen. Und ich kann nur immer wieder sagen: Ich brauche das nicht. Einen Gegner bewusstlos zu schlagen, bringt mir nicht das geringste Glücksgefühl. Ich gewinne genauso gern nach Punkten und habe dann, wenn der Schlussgong der zwölften Runde kommt, dasselbe Gefühl der Befriedigung. Wenn nicht sogar ein größeres. Wenn jemand hundertprozentig austrainiert ist, auch noch was vom Boxen versteht und ich zeige dann über zwölf Runden, dass ich einen Tick besser bin als er – dann bilde ich mir etwas darauf ein. Das ist super. Das kann sogar richtig geil sein. Doch bei jemandem wie diesem halbseriösen Herausforderer aus Italien bringt mir ein K.o. überhaupt nichts. Wer auf solche Siege stolz ist, hat einfach nichts in der Birne. Ich weiß noch, dass in meiner Kabine in der Schmeling-Halle ein TV-Monitor stand. Und als ich dort saß, die Bandagen von meinen Händen wickelte, kamen die Zeitlupen der Niederschläge schon wieder. Ich bin aufgestanden und in den Nebenraum gegangen. Noch ein-, zweimal dieser Aufprall eines steifen Körpers auf dem Boden und ich hätte mich übergeben müssen. Ich kann mich nicht daran berauschen, was ich da angestellt habe. Das muss ich einfach nicht haben.

Zum Glück ist Nardiello nichts passiert. Aber nach diesem Kampf habe ich schon mal darüber nachgedacht, dass auch dieses Risiko zum Profiboxen gehört. Ein Mensch kann durch meine Fäuste sterben. Ich bin niemand, der stundenlang über dieses Thema grübelt. Ich habe die Einstellung, dass Schicksal wirklich Schicksal ist. Dass wir nur in geringem Rahmen das beeinflussen können, was vorbestimmt ist. Ich glaube an Gott, auch wenn ich nicht regelmäßig in die Kirche gehe. Und deswegen bete ich, dass bei meinen Kämpfen kein Unfall passiert. Aber das beginnt eigentlich vorher: Nardiello hätte von seinen Betreuern überhaupt nicht erst in den Ring geschickt werden dürfen. Niemand kann mir erzählen, dass sein Trainer nicht wusste, wie körperlich mies sein Boxer drauf war. Wenn etwas Schlimmes passiert wäre, dann hätte man die ganze Ecke noch in der Halle verhaften müssen.

Ich bin in den Tagen nach dem Sieg über Nardiello x-mal gefragt worden, wie sich so ein K.o. anfühlt. Was er emotional in mir auslöst, herzlich wenig, habe ich ja schon beantwortet. Das rein mechanische Erleben ist aber zugegebenermaßen etwas Besonderes. Ich lache immer, wenn in Kinofilmen der Held jemanden bewusstlos schlägt und sich dann die Faust reibt. Ein K.o. fühlt sich so federleicht an, so flüssig, dass man sich unwillkürlich fragt: Was, von diesem Tupfer ist der umgefallen? Ein K.o. ist gar kein heftiger Aufprall der eigenen Hand ans gegnerische Kinn oder die Schläfe. Es geht viel mehr um Genauigkeit, Schlagschnelligkeit und das Durchziehen der Bewegung. Meine drei spektakulärsten K.o.s, der gegen Nardiello, der Ende 2001 gegen Anthony Mundine und der im August 2002 gegen Joe Gatti haben alle eines gemeinsam: Das unmittelbare Gefühl war butterweich, die Wirkung war es nicht.

Nach dem wenig befriedigenden Ausflug in meine Heimatstadt führte mich der nächste Kampf an den Tatort des Titelgewinns zurück. Irgendwie kriege ich in der Erinnerung wieder nicht so das richtige Weltmeistergefühl zusammen. Düsseldorf war kein gutes Pflaster für mich. Die Leute dort waren anscheinend den riesigen Hype um Henry Maske, meinen Vorgänger als Weltmeister im Sauerland-Stall, gewöhnt. Mit der abgespeckten Version des Boxers ohne Kampfnamen und, jetzt werde ich mal ironisch, ohne den von RTL verordneten gesamtdeutschen Vereinigungsauftrag, konnten sie weniger anfangen. Ich selbst war mit meinem klaren Punktsieg über Gabriel Hernandez aus der Dominikanischen Republik eigentlich zufrieden. Hernandez war kein schlechter Boxer, aber ich war in jedem Bereich den berühmten Tick besser. Von der Schnelligkeit her sowieso, von der Antizipation – das ist Trainerdeutsch und meint die Gabe, gegnerische Aktionen vorhersehen zu können -, von der Kondition und von der geistigen Frische. Hernandez hatte nur seine riesige Reichweite entgegenzusetzen, was dann dazu führte, dass es manchmal ein Gewürge im Ring gab. Wenn ich kritisch mit dem Ganzen umgehe, dann war es – in Erinnerung an meine Amateurzeiten – ein typischer Sven-Ottke-Kampf. Ich hatte alles unter Kontrolle, erinnere mich sogar noch daran, dass ich Gabi während eines Clinches in einer der späten Runden hinter dem Rücken von Hernandez zugezwinkert habe, aber ich bin nicht das geringste Risiko eingegangen. Die Quittung kam am nächsten Tag im Kölner Express.

Die Schlagzeile hieß schlicht und vernichtend: „Gääääääääähn." Das fand ich ein bisschen happig, aber vermutlich handelte es sich zum Teil auch um eine kleine Abrechnung mit mir.

Denn vor dem Hernandez-Kampf bekam ich meine erste Dosis davon, was Popularität in diesem Business bedeutet. Ich war mit dem Rad von meiner Wohnung in Junkersdorf unterwegs ins Trainingscamp, als mir eine Autofahrerin die Vorfahrt nahm. Sie hat mich einfach nicht gesehen und ich habe den Abgang über die Motorhaube gemacht. Es ist nicht viel passiert - außer dem Schrecken - und ich hatte die Sache eigentlich schon wieder vergessen. Bis ich ein paar Tage später im „Express" lese, was für ein mieser Kerl ich sei. Ich wäre der armen Frau hinten (!) aufs Auto gefahren und hätte mich trotz einer Sachbeschädigung nicht mal entschuldigt. Uff, dachte ich, entweder es gibt zwei Menschen, die Sven Ottke heißen, Profibox-Weltmeister sind und mit dem Rad durch Junkersdorf fahren oder hier stimmt etwas nicht. Also rufe ich Trottel auch noch in der „Express"-Redaktion an und beschwere mich. Bingo. „Gääääääääähn" - das war die Quittung. Diese Lektion habe ich gelernt. Boulevard-Zeitungen haben immer Recht. Und sollten sie mal nicht Recht haben, haben sie erst recht Recht.

Im Profiboxen gibt es eine meiner Meinung nach sehr sinnvolle Regel, die trotz der Flut von Weltverbänden für einen Qualitätsstandard bei den Titelverteidigungen sorgt. In regelmäßigen Abständen, meist einmal alle zwölf Monate, muss der amtierende Weltmeister gegen die Nummer eins der Weltrangliste des jeweiligen Weltverbandes antreten. In meinem Fall war das Thomas Tate – und für mich war das Duell mit diesem Mann, der seit acht, neun Jahren immer in der Weltklasse mitboxt, der Beginn einer neuen Ära.

7 Auf der Welle der Erfolge

Liebeserklärung an Magdeburg

Ich will gar nicht wissen, wie mein Manager Wilfried Sauerland auf Magdeburg als Austragungsort und die Bördelandhalle als Veranstaltungsstätte gekommen ist. Ich weiß nur, dass ich im September 1999 Bauklötze gestaunt habe.

Magdeburg. Sie alle sollten mich strahlen sehen, wenn ich mich an die Kämpfe dort erinnere. Ich weiß noch, dass wir ein Pressetraining im City-Carré hatten, bei dem mir 2.000 Menschen zugejubelt haben. Sie standen in Vierer-Reihen auf den einzelnen Stockwerken und haben mich sogar noch angefeuert, als ich nach dem offiziellen Teil nur noch ein bisschen Seilspringen gemacht habe. Magdeburg ist allererste Sahne, was Box-Begeisterung angeht. In Leipzig und Nürnberg ist die Stimmung auch tadellos, aber Magdeburg ist außerirdisch. In Magdeburg passiert es mir, dass mich bei einem PR-Termin eine bestimmt 70-jährige Dame anspricht und mir sagt, dass sie sich seit Monaten auf meinen Kampftermin freut. „Wissen Sie, Herr Svennie", sagte sie so wunderbar süß, „so lange bleibe ich sonst nie auf. Aber am Samstag trinke ich ein Glas Wein und warte auf die Übertragung. Ich muss doch wissen, dass sie gewinnen." In Magdeburg habe ich das Gefühl, dass mich die Leute einfach so nehmen wie ich bin. Auf der Straße rufen sie Svennie – im Osten ist es immer „Svennie", im Westen „Herr Ottke" – aber oft ist es einfach nur der Augenkontakt, der mir zeigt, dass man es mir von Herzen gönnt, Weltmeister zu sein. Und zu bleiben. In der Bördelandhalle kocht die Luft von der ersten Kampfsekunde an. Und, was das Allergrößte ist: Die Leute verstehen was vom Boxen. Bei dem Kampf gegen Tate habe ich zum ersten Mal bewusst mitgekriegt, dass ich für eine Meidbewegung Applaus bekommen habe. Anderswo tobt das Publikum, wenn zum ersten Mal Blut fließt. In Magdeburg registriert man, wenn sich jemand wie ich aus einer schwierigen Lage befreit, seinen Gegner ins Leere oder in die Seile laufen lässt. Das ist es doch, habe ich mir damals gedacht. Und schwebe seitdem jedes Mal auf einer Wolke, wenn wieder ein Termin dort ansteht.

Mir selber war nie bewusst, dass Magdeburg eine ellenlange Box-Tradition in der DDR hatte. Für mich waren Frankfurt/Oder, Schwerin, Berlin oder Halle die Städte, mit denen ich Amateurboxen im Osten verbunden habe. Aber ein Kenner der Szene hat mir erklärt, dass Magdeburg auch in diesem Konzert mitgespielt hat – bis nach der Olympiapleite der DDR-Boxer 1972 in München die Staffel aufgelöst wurde und alle Talente ausgerechnet nach Berlin delegiert wurden. Auf mich als Berliner, obwohl ich aus West-Berlin komme, müssten die Magdeburger also einen ziemlichen Brass haben, haben sie aber nicht. Das Fernsehen hat mal eine Straßenumfrage gemacht, warum ich dort so beliebt bin. Und dabei kamen zwei Dinge heraus. Erstens halten mich viele für einen Ossi, womit ich keinerlei Probleme habe. Und zweitens sagen die Leute, dass ich einfach völlig normal wirke, gar nicht eingebildet. „Er ist einer von uns", war der häufigste Satz. Das ist ziemlich einfach, wenn man so gefeiert wird.

Vielleicht muss ich an dieser Stelle ein bisschen ausholen und ein wenig über mich und die Fans reden. Ich habe grundsätzlich keine Probleme mit Menschen, die mich auf der Straße erkennen. 99,99 Prozent sind höflich, nett, lieb, verständnisvoll, unaufdringlich und so weiter. Die anderen 0,01 Prozent sind nicht der Rede wert. Es gehört einfach dazu, Autogramme zu geben oder für ein Foto zur Verfügung zu stehen. Mir macht es nichts aus und für viele Fans ist es das Highlight ihres Tages. Wenn ich mal wirklich „Nein" sage, dann nur, wenn ich dringend irgendwo anders hin muss. Für die Wenigen, die ein „Nein" hören, deswegen die Botschaft: Das nächste Mal noch mal probieren. Zweimal „Nein" kann gar nicht sein. Es gibt überhaupt nur zwei kleine Dinge, die nerven. Wenn ich irgendwo entlang gehe und jemand brüllt völlig unmotiviert, aber dafür um so lauter „Ottke" oder, wie einfallsreich, „Ey, Ottke", dann ruf' ich schon mal zurück „Ich kenne meinen Namen". Und beim Posieren für Fotos bitte nicht in den gnadenlosen Clinch: Nebeneinander stehen ist okay, eng stehen, na klar, wir wollen ja aufs selbe Foto. Aber bitte keine spontanen Umarmungen. Bei 30 bis 50 Mal am Tag ist das ein bisschen heftig. Danke für das Verständnis.

Erklärt hat mir das übrigens kein geringerer als der ehemalige Bundespräsident Roman Herzog. 1999 bei Herrn Herzogs Abschied aus dem Amt, einem Gartenfest im Schloss Bellevue in Berlin. Ich habe damals Fußball-Nationalspieler Steffen Freund kennen gelernt, zu dem ich sofort einen super Draht hatte. Christian Ziege war auch dabei, und weil wir so clever waren, einen der wenigen Stehtische immer mit uns herumzutragen, war die Stimmung in unserer kleinen Ecke bestens. Irgendwann haben wir es sogar geschafft, den Bundespräsidenten an unseren Tisch zu locken. Die Fotografen waren ganz heiß auf dieses Bild: Roman Herzog mit drei Sportlern. Ich habe mich einfach bei ihm untergehakt, da hat er mich sehr nett, aber bestimmt angeschaut und gesagt: „Nicht anfassen, junger Mann." Er hat sich sogar die Zeit genommen, mir zu erklären, warum ihm das unangenehm ist. Wegen x-mal am Tag und wegen der Sicherheit und so. Dann sagte er: „Sie werden auch noch in solche Situationen kommen." Er hatte Recht – und ich hoffe, dass ich das so freundlich rüberbringen kann wie Roman Herzog damals.

Aber zurück zu Magdeburg. Zurück zu einer ganzen Stadt voll freundlicher Menschen, zurück zum Maritim-Hotel, in dem ich mich jedes Mal wie ein kleiner Kaiser fühle, weil mir jeder Wunsch von den Augen abgelesen wird. Ich muss schon fast vorsichtig sein. Als ich mal sagte, dass ich Baumkuchen mag, fand ich jeden Tag einen Mini-Baumkuchen in meiner Suite – und bei der Abfahrt am Sonntag kam der Hoteldirektor mit einem echten, riesigen Baumkuchen. Zum Glück habe ich immer rechtzeitig mein Kampfgewicht und verfüge über genug Disziplin, auch mal etwas stehen zu lassen. Diese Vorbereitungstage, in denen ich glaube zu schweben, bringe ich auch immer mit in die Halle. Die Bördelandhalle ist mein Wohnzimmer – deswegen war ich so enttäuscht, als bei meinem Debüt dort diese dumme Verletzung passierte. Ich habe Tate klar ausgeboxt, aber in der neunten Runde sind wir mit den Köpfen zusammengerasselt. Über meinem linken Auge gab das einen derart großen Riss, dass selbst mein Cutman Dennie Mancini, ein Meister seines Faches, nicht mehr viel machen konnte. Im ersten Moment dachte ich nur „Holla, wo kommt denn das ganze Blut her". Dann checkt man seinen Gegner, aber da war nichts – also musste ich die Quelle für das rote Zeug sein. Es hat mich geärgert, weil Tate zwar jemand ist, der pausenlos nach vorne marschiert, aber immer im selben Tempo. Eigentlich sind das meine Lieblingsgegner, weil ich, wie in Zeitlupe, jede Aktion vorher erkennen kann. Der Kopfstoß war einfach Pech.

Die Regel, wonach bei einer Verletzung durch unabsichtlichen Kopfstoß die Punkzettel ausgewertet werden, hatte ich natürlich nicht präsent. Das ist auch typisch für mich, mit solchen Informationen ballere ich mir den Kopf erst gar nicht voll. Dafür sind der Manager und der Trainer zuständig. Die müssen auch ins Regelmeeting – ich schenke mir so etwas und konzentriere mich lieber auf den Kampf. Also hatte ich schon ein paar bange Sekunden, ehe mir Ulli in der Pause zur zehnten Runde sagte: „Sven, ruhig bleiben, es kann nichts passieren." Im Nachhinein ärgere ich mich, dass ich nur eineinhalb Runden weitergeboxt habe und der Kampf dann abgebrochen wurde. Mit meiner Erfahrung von heute, hätte ich zu Ende geboxt. Gefährlich werden konnte mir Tate in keinem Fall, ich hätte mit meinem Vorsprung von vier Punkten locker für den Rest der Zeit dicht machen können – vermutlich hätte ich ihn auch mit der Verletzung weiter ausgekontert. Aber so war erst einmal das totale Entsetzen in der

Halle zu spüren, als der Ringrichter das abrupte Ende signalisierte. Auf die ganze Euphorie, die mich durch die Magdeburger Tage getragen hatte, wirkte das plötzliche Aus wie eine eiskalte Dusche. Die Fans dachten: Verletzungsabbruch, Sven Ottke hat verloren. Ich habe versucht, dem Publikum zu signalisieren, dass alles in Ordnung sei, dass die Punktzettel entscheiden würden. In solchen Momenten kommt man sich als Boxer ziemlich dumm vor. Mit Handschuhen Gesten zu machen, funktioniert einfach nicht. Rufen kann man auch nicht, weil man den Mundschutz zwischen den Zähnen hat. Es hat also ein bisschen gedauert, bis die Feierstimmung zurückkkam. Aber ein Nachgeschmack bleibt bei so einer Entscheidung immer, den hätte ich gerne vermieden.

Noch in der Kabine wurde der Cut mit vier Stichen genäht. Ohne Betäubung, weil man wegen der Dopingprobe keine Medikamente benutzen darf. Aber man spürt kaum etwas – das Adrenalin, Sie wissen schon. Ein Kompliment an den Arzt: Wenn man nicht genau weiß, wo man die Narbe suchen muss, sieht man sie heute fast nicht mehr. Jedenfalls gibt es keinen Grund, deswegen nach meinem Karriereende zu einem Schönheitschirurgen zu rennen. Eines steht aber schon seit Jahren fest: Eine neue Nase werde ich mir spendieren. Erstens sieht meine nach über 20 Jahren Boxen wirklich ein bisschen lädiert aus und zweitens kriege ich durch das linke Nasenloch so gut wie keine Luft mehr. Das liegt nicht etwa an einem mehrmals gebrochenen Nasenbein, im Gegenteil, das ist mir noch nie passiert und Röntgenbilder zeigen, dass das Nasenbein immer noch kerzengerade ist. Aber die Nasenscheidewand ist öfter mal verletzt worden. Das will ich reparieren lassen. Vielleicht kann Gabi dann wieder ungestörter schlafen.

Gute zwei Wochen nach dem Tate-Kampf gab es einen weiteren wichtigen Termin für die Familie Ottke: Rebeccas Einschulung. Es war ein echtes Familienfest mit den Emotionen, die wohl alle Eltern in diesem Moment haben. Es kam mir so vor, als seien erst ein paar Monate vergangen, seit ich sie zum ersten Mal in den Händen halten durfte. Und dann heißt es: Jetzt beginnt der Ernst des Lebens. Rebecca hat uns auch gleich überrascht. Wir wollten Ende September für eine Woche in Urlaub fahren, hatten bei ihrer Klassenlehrerin angefragt, ob wir sie mitnehmen dürften. Doch Rebecca selbst stellte sich quer – sie wolle lieber in die Schule gehen. Ich habe mich schon gefragt. Mein Kind und so scharf auf Schule? Als wir wiederkamen, war der Anfall von Lernwut bereits wieder vorbei. Rebecca sagte „Das nächste Mal komme ich lieber mit" und ist bis heute bei dieser Einstellung geblieben. Hätte mich bei dem Vater auch gewundert.

Während Rebecca gerade Schreiben lernte, ging für mich das erste volle Kalenderjahr als Weltmeister zu Ende. Auf ziemlich harte Tour. Wenn man über meine schwersten Kämpfe spricht, sind immer die beiden Duelle mit Charles Brewer und der Kampf gegen den Australier Mundine die offensichtlichen Kandidaten. Für mich und mein Umfeld war aber auch die vierte Titelverteidigung gegen Glencoffe Johnson in Düsseldorf ein heißer Stiefel. Schuld war ich ganz alleine. Die Geschichte ist die, dass ich in der Vorbereitungsphase eine dicke Grippe hatte. Das passiert schon mal und wenn es früh genug passiert, ist es kein großes Problem. Weil ich das ganze Jahr durchtrainiere, auch wenn ich nicht in Köln bin, falle ich nie unter einen gewissen Fitnessgrad und kann kleine Rückschläge sehr schnell wieder aufholen. Aber die Grippe im Herbst 1999 kam verdammt spät und blieb über drei Wochen. Zum ersten Mal in meiner Laufbahn dachte ich darüber nach, einen Kampf abzusagen. Heute würde ich es tun, nach den Erfahrungen von damals. Aber wenn man sieht, wie viel hinter der Organisation eines Kampfabends steht, wie schwer es ist, alle boxerischen Fragen mit möglichen Sendezeiten und offenen Hallenterminen zu koordinieren, dann entsteht schon ein Druck, nicht halbherzig eine Absage herbeizuführen. Außerdem bin ich einfach nicht der Typ, der wegen ein bisschen Husten kneift.

Im Kampf habe ich dafür bitter bezahlt. Alle zwölf Runden waren eng, viel zu eng für meinen Geschmack. Ich habe einfach nicht diese Lockerheit gefunden, die mich sonst auszeichnet. Dieses Gefühl, die Fäuste automatisch fliegen zu lassen. Gegen Johnson musste ich jeden Schritt, jeden Schlag erzwingen. Erschwerend kam hinzu, dass er ein ungemein cleverer Zeitgenosse ist. Er wartet genauso gerne wie ich auf die Aktionen des Gegners, um dann erst seinen Plan auszupacken. Auch ist er einer der ganz wenigen Amerikaner, die zum Körper arbeiten. Sein K.o.-Sieg gegen Thomas Ulrich zwei Jahre später hat mich nicht sonderlich überrascht. Wer Glencoffe Johnson auch nur ein bisschen unterschätzt, spielt mit dem Feuerzeug am offenen Benzintank. Ich habe an Ullis Reaktion in der Ecke mitbekommen, dass wir nicht sehr viel Spielraum hatten. Drei Runden vor Schluss war mein Vorsprung immer noch so knapp, dass es noch hätte schief gehen können. Gabi hat mir später erzählt, dass in der ersten Reihe, in der sie und Sauerland meist nebeneinander sitzen, leichte Panik ausgebrochen ist. Aber Ulli hat mir deutlich gesagt, dass ich noch mal Gas geben muss – und am Ende hatte ich einen einstimmigen, wenn auch knappen Sieg gerettet.

Rund um diesen Kampf sind drei weitere Dinge erzählenswert. Zum einen war Sugar Ray Leonard in der Halle, weil er zu diesem Zeitpunkt als Manager oder Berater von Glencoffe Johnson fungiert hat. Sugar

Ray ist einer der ganz wenigen Profiboxer, die meinem Ideal des Boxens nahe kommen. Ich würde nicht so weit gehen, ihn als Vorbild zu bezeichnen. Aber seine Kämpfe gegen Hearns und Hagler kann auch ich mir anschauen. Er beherrschte die Kunst, einen Gegner zu lesen, einen Kampf zu bestimmen, aber dabei selbst kaum in Gefahr zu kommen. An Sugar Ray Leonard kommt keiner ran – diesen Satz darf man durchaus doppeldeutig verstehen. Und wenn man ihn heute sieht, dann sieht man ihm die ganzen Jahre im Boxring nicht an. So soll es sein.

Die zweite Story zu diesem knappen Kampf ist die Tatsache, dass Ulli Wegner und ich Glencoffe Johnson so hoch eingeschätzt haben, dass wir ihn später auch als Sparringspartner verpflichtet haben. Dabei habe ich mir aufgrund meiner eher simplen Englischkenntnisse einmal einen besonders harten Nachmittag eingehandelt. Bei Sparringspartnern kommt es meiner Meinung nur auf eine Sache an. Von wegen Gegner imitieren, das wird völlig überwertet. Für die Besonderheiten des nächsten Kontrahenten ist der Trainer zuständig. Ulli Wegner muss mir sagen, auf was ich aufpassen muss. Das sprechen wir vor dem Videorekorder durch. Aber imitieren haut sowieso nie richtig hin. Ich halte es für Quatsch. Aber fordern muss mich der Sparringspartner. Er ist der, der meinen Trainingszustand bestimmt. Wenn er mich nicht an die Grenze bringt und vielleicht auch ein Stückchen darüber, dann bezahle ich im Kampf dafür. Es gibt ja diese Geschichte von der Tour de France, bei der Udo Bölts seinen Teamkapitän Jan Ullrich anschreit: „Quäl' Dich, Du Sau." Genau so muss ein Sparringspartner funktionieren. Das darf auch ein bisschen derb werden. Johnson jedenfalls war mir an einem dieser Trainingstage zu lasch und ich wollte ihm sagen, dass er durchaus mehr machen dürfe. Ich sagte also „You are lazy", ohne ihm erklären zu können, dass ich das „Du bist faul" wirklich nur auf den Moment bezogen meinte. Wow, ist der losgegangen. Ich glaube, ich hatte ihn tödlich beleidigt. Auf jeden Fall musste ich alle Schotten dicht machen, um diesen Ansturm auszupendeln. Ulli hat sich halb schlappgelacht. Und ich muss an meinem Fremdsprachen-Motto „You know I'm the perfectly ausländisch speaker" wohl noch ein bisschen feilen.

Wenn ich mich im Sparring auf die andere Seite versetze, muss ich unwillkürlich grinsen. Ich wäre der schlechteste Sparringspartner der Welt. Mit meinem Sicherheitsdenken und meiner Schnelligkeit hätte jeder potenzielle Weltmeister als Arbeitgeber innerhalb von zwei Tagen die Schnauze voll und würde mich mit einem Rückflugticket aus der Halle werfen lassen. Hoffentlich mit einem Rückflugticket, aber da wäre ich mir nicht sicher.

Das dritte, was mir aus dem November 1999 in Erinnerung geblieben ist, kann den Aufhänger für eine ganze Serie von Geschichten bilden: Sven Ottke und die Dopingprobe. Im Johnson-Kampf hatte ich mich auf dem Zahnfleisch ins Ziel geschleppt. Nun habe ich sowieso Lieferschwierigkeiten, wenn es um die Urin-Probe geht. Ich bin perfekt austrainiert, mache im Kampf sehr viel über die Kondition und lasse die Flüssigkeit als Schweiß oben im Ring. Da geht dann eben gar nichts mehr. Damals, in Düsseldorf, ist das Anti-Doping-Team fast verzweifelt. Es war wie gesagt Ende November und schweinekalt. Der Rest des Trosses war schon zur VIP-Party oder nach Hause gefahren, die Pressekonferenz war längst vorbei. Um ein Uhr nachts saßen die beiden Herren und die Dame der Dopingkommission immer noch mit mir in der Kabine. Ich habe kräftig Wasser getrunken, aber es tat sich nichts. Dann haben die netten Hausmeister der Philipshalle Licht und Heizung ausgeschaltet. Wir fanden das gar nicht lustig, weil es ziemlich schnell ziemlich ungemütlich wurde. Nun muss aber nach den Dopingbestimmungen der Athlet immer in Sichtweite des Anti-Doping-Teams bleiben. Also sind wir zu mir ins Hotel gefahren und haben uns dort hingesetzt. Gabi war auch dabei und versuchte, mir noch etwas einzuflößen. Ich habe mit Bier weitergemacht. Das einzige, was im Fernsehen noch halbwegs brauchbar war, waren Musikvideos auf „Viva". Aber auch das hat mir nicht sonderlich geholfen. Ist doch eine tolle Art, eine Titelverteidigung zu feiern. Meine Frau hatte sich inzwischen ins Bett abgeseilt, es muss halb vier gewesen sein. Endlich, nachdem ich die Mini-Bar fast durch hatte, kam der kollektive Seufzer der Erleichterung, als ich im zweiten Versuch den Eichstrich erreicht habe. Welch ein Triumph! Welch ein Jubel! Welch aberwitzige Situation. Ich habe die Kommissionsmitglieder zur Tür gebracht, mich bedankt und nur noch gedacht: Diese Geschichte glaubt dir kein Mensch.

Dabei gibt es Dutzende dieser Beispiele. Ottke und die Dopingprobe, das ist Legende. Das ist schon eine seltsame Situation. Meist sieht man dort in den Katakomben unter knallhellem Neonlicht ja auch seinen Gegner wieder. Ich weiß nicht warum, aber die meisten kommen rein, pinkeln und gehen wieder. Und ich versuche mir die größten Wasserfälle auf diesem Planeten vorzustellen, aber nichts geht. Die größten Schwierigkeiten neben jenen nach dem Johnson-Kampf hatte ich bei der Amateur-Europameisterschaft 1996 in Dänemark. Mit der Goldmedaille in der Tasche meiner Trainingsjacke saß ich da und konnte nicht, was ich sollte. Wasser hatte ich schon bis zur Oberkante Unterkiefer getrunken, also kam unser Physiotherapeut Peter Rechenberg auf die Idee: Hefe treibt. Er hat vier – in Zahlen: 4 – Büchsen Paulaner Hefeweizen besorgt, die ich langsam, aber konsequent reingekippt habe. Nach vier Turnierkämpfen mit dauerndem Gewichtmachen war die Wirkung phänomenal. Ich weiß noch, dass ich mich bei dem schwedischen Dopingarzt, den ich von verschiedenen, langen Sitzungen gut kannte, und Peter Rechenberg einhaken musste, um ein paar Schritte über den Gang zu gehen. Das muss ein Bild für die Götter gewesen sein. Der frischgebackene Europameister im Mittelgewicht sah garantiert nicht mehr frisch aus. Als ich endlich mein Soll abgeliefert hatte, trug mich Peter Rechenberg ins Auto, in dem seit Stunden meine Amateurkollegen Luan Krasniqi und Zoltan Lunka warteten. Ich war sofort weg – und bin erst weit hinter Hamburg wieder aufgewacht. Der Rest war im Paulaner untergegangen.

Für die Rückkehr nach Magdeburg zu meiner fünften Titelverteidigung bei den Profis könnte ich all' die Lobeshymnen vom ersten Mal wiederholen. Diesmal habe ich auch einen super-souveränen Kampf zurückgeben können. Lloyd Bryan aus Jamaika konnte mit meiner Schnelligkeit überhaupt nicht umgehen. Gegen ihn habe ich mich wirklich perfekt gefühlt, war nur erstaunt, wie viel er genommen hat, bevor er in der zehnten Runde doch mal zu Boden gegangen ist. Er kam wieder hoch, hat bis zum Ende durchgehalten – und die Fans haben so gefeiert, dass ich noch während des Kampfes eine Gänsehaut bekommen habe. Ich glaube, ich habe damals zum ersten Mal in meinem Leben eine Liebeserklärung an ein Publikum abgegeben. Ich bin ja eigentlich nicht der Typ für große Reden, aber das damalige „Ich liebe Euch" kam ganz tief aus dem Herzen. Ein Journalist hat mir erzählt, dass Lloyd Bryan in seiner Kabine das Ganze als „Riesenerlebnis" bezeichnet hat, obwohl er wirklich ziemlich lädiert aus den zwölf Runden heraus ging. Na ja, die Geschmäcker sind verschieden, aber ich kann mir schon vorstellen, dass auch für meine Gegner die sensationelle Stimmung ein Höhepunkt ihrer jeweiligen Karrieren ist.

An jede Titelverteidigung schließen sich normalerweise zwei, drei Fernsehtermine in den Folgetagen an. Nach dem Bryan-Kampf hatte ich eine Einladung zu „Sport im Dritten" in Hamburg. Gabi war mit dabei und dann ist wieder eine Geschichte passiert, die typisch für mich ist. Für uns. Ottkes reisen ohne großen Geldbeutel. Ich kapiere nicht, warum es manche Menschen anscheinend für ihr Selbstbewusstsein brauchen, Tausende von Mark oder heute Euro in bar mit sich herumzuschleppen. Ich weiß, wie viel Geld ich habe, so viel, dass ich zufrieden bin – aber ich käme mir bescheuert vor, damit zu protzen. Auf jeden Fall gab es ein kleines Problem nach dem Termin in Hamburg. Wir hatten zwar einen Fahrservice zum Studio, mussten aber am nächsten Morgen mit dem Taxi zum Flughafen. Das hat unsere Barreserven aufgefressen, wir kamen regelrecht pleite in

Frankfurt/Main an. Keine Panik, weil wir sowieso den direkten Anschluss im Bahnhof erwischen wollten – aber der ICE nach Karlsruhe fuhr uns vor der Nase weg. Eine Stunde Zeit, keinen Pfennig in der Tasche, nur eine EC-Karte, aber ein Geldautomat war auch nicht gleich zu finden. Also gingen wir in ein Restaurant, Gabi hat noch extra gefragt, ob wir ausnahmsweise für zwei Milchkaffee mit Karte zahlen können und hatte auch eine positive Antwort bekommen. Doch an der Kasse machte sich eine unfreundliche und sogar richtig pampige Tussi nicht einmal die Mühe, noch einmal beim Chef nachzufragen. „Karten erst ab 15 Mark. Dann müssen sie halt was essen, damit sie auf 15 Mark kommen." So nicht. Nicht mit uns. Gabi und ich ticken da absolut im Gleichklang. Wir haben die Milchkaffees auf dem Tablett stehen lassen und sind abgezogen. Dann haben wir uns auf eine Bank gesetzt, die Beine auf unser Gepäck gelegt und wollten die Stunde abwarten. Doch plötzlich spricht mich jemand an, Typ Geschäftsmann, ganz korrekt. „Herr Ottke, darf ich ihnen 50 Mark schenken." Es war mir schon ein bisschen peinlich, aber der Mann hat das gleich ausgeräumt: „Wissen Sie, ich habe mitbekommen, welche Schwierigkeiten man ihnen gemacht hat. Außerdem genieße ich alle ihre Kämpfe und für die ganzen schönen Stunden sind 50 Mark doch gar nichts." Ich fand das Klasse. Die Art und Weise, die Begründung und einfach die Bereitschaft dieses Mannes, etwas zu tun. Natürlich haben wir uns eine Visitenkarte geben lassen, Gabi hat die 50 Mark mit der nächsten Post zurückgeschickt. Aber ich fand die ganze Story wunderbar.

Weniger lustig war die Nachricht von RTL, dass sie meinen nächsten Gegner ablehnen würden. Ich habe kein Problem damit, dass sich die Box-Experten eines Fernsehsenders auch die Qualität der Kontrahenten bei WM-Kämpfen gut anschauen, meiner Meinung nach passiert da manchmal eher zu wenig. Aber in diesem Fall war etwas anderes der Grund: Jemand, der Tocker Pudwill heiße, den könne man gar nicht vermarkten. Das war mir dann schon einen Zacken zu komisch. Ich weiß nicht, wie gut Sven Ottke anderswo klingt, aber jemanden wegen seines Namens ablehnen zu wollen, das hat mit Boxen nichts mehr zu tun. Ich habe ihn natürlich geboxt, den Herrn Pudwill – und zwar bei meinem ersten Heimspiel. In der Europahalle Karlsruhe war der Kampf eine klare Angelegenheit. Ich war viel zu schnell für ihn, er hatte außer seiner Tapferkeit nichts entgegenzusetzen. Dass Pudwill, wie ich nach dem Kampf erfahren habe, die zweiten sechs Runden mit einem doppelten Bänderriss im Knöchel durchgeboxt hat, ist bemerkenswert, überrascht mich aber nicht sonderlich. Ich sage das Zauberwort gerne noch einmal: Adrenalin. Man spürt wirklich verdammt wenig, wenn man mit der ganzen Anspannung und dem Erfolgsdruck dort oben im Ring steht.

Die größte Aufregung des Kampfes gab es in der ersten Reihe. Ausnahmsweise, und genau genommen gegen meinen Willen, saß Rebecca mit am Ring. Inzwischen fast sieben Jahre alt, hat Gabi sie mitgenommen, weil auch drei von Rebeccas Freundinnen und Freunden mit ihren Eltern in die Halle durften. Es wäre ungerecht gewesen, unsere Tochter zu Hause zu lassen, aber gepasst hat mir das nicht sonderlich. Und natürlich kam es zu einem Schocker: Pudwill und ich sind mit den Köpfen zusammengerasselt und bei ihm öffnete sich eine klaffende Wunde am Haaransatz. Soviel Blut auf einmal habe ich in meinen ganzen Kämpfen nicht gesehen. Rebecca hat gedacht, dass ich verletzt bin und war völlig außer sich. Sie hat geheult und war gar nicht mehr zu beruhigen.

Manchmal macht man sich als Eltern zu wenig Gedanken darüber, wie solche Dinge, die wir als Erwachsene sehr schnell richtig einordnen können, bei Kindern ankommen. Dazu noch eine weitere Geschichte. Als Rebecca jünger war und noch nicht lesen konnte, haben wir Silvester bei Freunden in Kleinmachnow bei Berlin gefeiert. In dem Haus lagen Box-Zeitschriften herum und auf einer war irgendein farbiger Sportler auf der Titelseite abgebildet. Rebecca hat die Illustrierte genommen, auf den Boden geworfen und ist mit ihrem kleinen Fuß darauf herumgestampft. „Charles Brewer, Papa muss aufpassen", hat sie gerufen. Dabei war der Kampf gegen Brewer längst vorbei. Aber obwohl sie bei meinem Titelgewinn nicht vor dem Fernseher sitzen durfte, hatte die ganze Anspannung bei ihr tiefe Spuren hinterlassen. Man kann nicht oft genug über solche Sachen nachdenken, um zu verhindern, dass man Kindern zu viel zumutet.

Den Abschluss meines Karlsruher Box-Debüts als Profi bildete meine um einen Tag verschobene Geburtstagsfeier. Der Kampf fand am 3. Juni 2000 statt, also hat Gabi für die Nacht zum 4. Juni etwas organisiert. Wir haben im Vierordt-Bad gefeiert, aber wenn ich ehrlich bin, war das vergebliche Liebesmühe. So kurz nach einem Duell im Ring, mag ich auch noch so souverän gewinnen, bin ich noch nicht wieder in der Realität angekommen. Ich könnte heute nicht mehr sagen, wer die speziellen Gäste an diesem Abend waren. Oder ob es besondere Überraschungen gegeben hat. Geht nicht. Der Kopf ist für solche Sachen einfach nicht frei genug. Überhaupt feiern Gabi und ich Geburtstage auf kleiner Flamme. Mit Kaffee und Kuchen bei den Schwiegereltern. Oder in einem etwas ausgedehnteren Familienkreis, wenn meine Mutter und mein Stiefvater anreisen. Mehr ist nicht. Ein Geburtstag ist für mich nichts Besonderes. Eine neue Zahl, sonst gar nichts.

8 Von Siegen und
anderen Höhepunkten

Uhrwerk Ottke

Die nächsten drei Weltmeisterschaften kamen in rascher Folge. Innerhalb von einer Woche, genau genommen. Sie haben nur vermutlich nichts darüber gelesen. Aber im Sommer des Jahres 2000 wollte es Gabi noch einmal richtig wissen. Aus dem normalen Training heraus hat sie gemerkt, dass sie über ihre Lieblingsstrecke 200 Meter Delphin immer noch eine beachtenswerte Zeit von 2:30 Minuten schwimmen kann, fuhr zuerst zur Deutschen Meisterschaft nach Berlin, dann zur Senioren-WM nach München. Dort holte sie dreimal Gold – und einmal darf geraten werden, wer vor Stolz fast geplatzt ist. Ich konnte zwar wegen eines Trainingslagers nicht in München sein, aber ich habe jede Startzeit auswendig gewusst und sofort nach Gabis Rennen angerufen. In Berlin war ich live dabei gewesen und ich wiederhole es gerne noch mal: Wenn Gabi schwimmt, schnalze ich mit der Zunge. Wenn sie nach dem Schwimmen aus dem Wasser steigt natürlich auch. Sie sieht einfach grandios aus. Ich bewundere ihren Ehrgeiz, als zweifache Mutter, als Hausfrau mit einem Mann, der den größten Teil des Jahres weg ist und sich ansonsten nicht unbedingt jede Minute als Helfer aufdrängt. Ums mal diplomatisch auszudrücken. Darüber hinaus darf man nicht vergessen, dass Gabi weiter stundenweise in einem Steuerbüro arbeitet, als Stützpunktleiterin die Verwaltung der badischen Kaderschwimmer in Karlsruhe regelt, einen Freundeskreis für ein Freibad mit organisiert und, und, und. Das ist eine ganze Menge und ihre Leistungen in München, mit denen sie in ihrer Altersklasse eine Klasse für sich war, haben mich begeistert. 2:29 über 200 Meter Delphin – für mich müsste man ein Begleitboot organisieren. Oder warten, bis die Bahn im Winter zufriert. Schlittschuhlaufen kann ich nämlich im Gegensatz zum Schwimmen ziemlich gut.

Für mich ging es nach der eher überschaubaren Herausforderung durch Tocker Pudwill ebenfalls auf hohem Niveau weiter. Zum einen war der nächste Kampf, im September 2000, der letzte, der von RTL übertragen wurde, zum anderen war es die Revanche gegen Charles Brewer. Die Sache mit RTL ist einerseits eine reine Business-Entscheidung meines Managers gewesen, der nach neun Jahren Zusammenarbeit keinen Anschlussvertrag von RTL mehr bekam und deswegen bei der ARD unterschrieb. Auf der menschlichen Ebene habe ich den Schritt bedauert. Die Box-Crew von RTL war eine klasse Truppe, bei der ich mich sehr gut aufgehoben fühlte. Allen voran Andreas von Thien, aber auch die anderen, waren in den dreieinhalb Jahren immer hilfsbereit, haben mir gute Tipps gegeben und nie versucht, mich zu verbiegen. Die ARD ist im direkten Umgang auch völlig problemlos. Mit Steffen Simon im Studio, Kampf-Kommentator Andreas Witte, Ringsprecher Waldi Hartmann und jenen, die mehr im Hintergrund bleiben, macht das Arbeiten riesig Spaß, ich fühle mich total locker. Im Vergleich zu RTL kommen mir aber die Entscheidungswege im Umfeld länger vor. Die ARD ist ein weit verzweigtes Gebilde. Dort, wo es bei RTL hieß „Okay, das machen wir", heißt es bei der ARD „Okay, wir schauen mal, ob wir das so machen können". Dabei finde ich keine großen Kritikpunkte an der nüchternen Herangehensweise der ARD an das Profiboxen. Ich rege mich ja auch darüber auf, dass das ZDF alle journalistischen Kriterien wegwirft und zweit- oder drittklassige Kämpfe des Universum-Stalls powert ohne Ende. Ich schätze, die Journalisten beim ZDF schauen manchmal am Morgen nach einer Übertragung nicht so gerne in den Spiegel. Andererseits frage ich mich natürlich aus egoistischen Gründen, was für Einschaltquoten über unsere üblichen fünf bis sieben Millionen Zuschauer hinaus in der ARD möglich wären, wenn dieses Riesenunternehmen wirklich mit seiner vollen Macht powern würde. Vielleicht erlebe ich es ja noch.

Ein letztes Mal zurück zu RTL – und ein letztes Mal zurück zu Charles Brewer. Ich war riesig enttäuscht von ihm bei dieser Revanche. Er hatte wirklich nichts, aber auch gar nichts aus unserem ersten Kampf gelernt. Das ist diese unglaubliche Arroganz der amerikanischen Boxer. Er hat einfach dasselbe noch einmal versucht, die üblichen Sprüche abgelassen und ist wieder auf mich losgestürmt. Warum er nach seinem Titelverlust nicht einmal darüber nachgedacht hat, dass es verdammt schwer ist, mich mit einem einzigen Schlag aus dem Ring zu pusten, ist mir ein Rätsel. Das ist diese Boxauffassung in den USA: Erst du zweimal am Boden, dann ich zweimal am Boden und wer beim dritten Mal liegen bleibt, der hat eben verloren. Ich kann damit nichts anfangen, das ist mir viel zu primitiv. Und ich frage mich: Wie dumm müssen Brewers Trainer sein, oder wie unfähig, ihm irgendetwas beizubringen? Für mich war dieses Verhalten natürlich Gold wert. Ich habe Brewer diesmal klar ausgeboxt, auch wenn der US-Punktrichter ihn drei Punkte vorne hatte. Wie er das ausgerechnet hat, wird sein Geheimnis bleiben. Ich war jedenfalls diesmal super zufrieden mit mir. Zum Wiedersehen mit dem Hackebeil kann ich nur sagen: Hat ja gar nicht wehgetan.

Im Vorfeld des Kampfes war dennoch eine besondere Anspannung zu spüren. Gabi hat für den engeren Familien- und Bekannten-kreis die Devise ausgegeben, dass die Klamotten vom ersten Bre-wer-Kampf herausgekramt werden mussten. Ihr schwarzes Stretch-kleid und der kleine braune Rucksack waren teil der Geisterbe-schwörung. Fand ich ziemlich lustig, als ich es mitbekommen habe. Noch besser ist allerdings die Geschichte, die mit meinen Brüdern Frank und Nils zu tun hat. Inzwischen war der Trubel in Magdeburg nämlich so groß geworden, dass auch Gabi Autogramme geben musste. Als sie wieder einmal in der Halle am Schreiben war, haben meine Brüder dazwischen gerufen: „Hey, das ist doch gar nicht Steffi Graf." Ich kann nur noch einmal sagen: Magdeburg ist ein Pflaster, von dem man als Sportler nur träumen kann.

Auch mein Manager hat die Wichtigkeit des zweiten Duells mit Brewer extrem hoch eingeschätzt. Immerhin war ich zu diesem Zeitpunkt das einzige Aushängeschild des Sauerland-Boxstalls. Markus Beyer hatte vier Monate zuvor seinen WBC-Weltmeistertitel im Supermittelgewicht durch einen technischen K.o. in der zwölften und letzten Runde an den Engländer Glenn Catley wieder verloren. Ich war also einmal mehr für die Zukunft des Sauerland-Boxstalls verantwortlich. Als Zuckerchen für mich hat Sauerland extra für das Bandagieren der Hände einen Spezialisten aus den USA einfliegen lassen. Normalerweise kümmert sich Dennie Mancini um meine Bandagen, deren Anbringung schon eine Wissenschaft für sich ist. Mit Mullbinden und Dutzenden von Tapestreifen wird die Hand so abgepolstert und fixiert, dass sich auch in zwölf Runden Kampf nichts verschieben kann. Das ist wichtig, denn die Hände sind schließlich unser Werkzeug. Wenn die Bandagen zu locker sind oder sogar verrutschen, ist der Schutz nicht mehr gegeben und man kann sich leicht die Knochen brechen. Ich lasse meine Hände gerne knallhart bandagieren. Bis an die Schmerzgrenze. Ich feuere Dennie in der Kabine immer an „Make it stronger". Aber dieser Typ aus den USA, ein gewisser Malcolm Garrett, hat das automatisch gemacht. Die Bandagen waren perfekt – und Wilfried Sauerland hatte sein Ziel erreicht. Ich fühlte mich ganz besonders umhegt, das kann dem Selbstbewusstsein schon noch einmal einen Kick geben. Leider hat er meine Nachfragen, ob Mister Garrett zu den weiteren Kämpfen nicht auch einfliegen könne, bisher abgeblockt. Dabei kostet es nur ein Rundflugticket Chicago-Deutschland-Chicago und ein paar Dollar für den Spezialisten...

Mit dem zweiten Sieg, diesmal eine super klare Angelegenheit, war für mich das Kapitel Brewer abgehakt. Ungefähr um diese Zeit habe ich auch mitbekommen, dass die amerikanische Box-Presse langsam Notiz von mir nahm. Acht erfolgreiche Titelverteidigungen sind ja nicht alltäglich, dennoch waren die Kommentare aus Übersee nicht besonders schmeichelhaft. Meine Boxkämpfe seien ein guter Ersatz für eine Schlaftablette, hieß es dort. Das haben die Amis umsonst. Ich habe ihre Boxer reihenweise abserviert und mit dicken Augen nach Hause geschickt. Ich glaube einfach, dass da zwei Box-Philosophien aufeinanderprallen. Ich jedenfalls habe nicht den Eindruck, dass ich als Profi einen langweiligen Stil boxe.

Das Geheimnis des großen Unterschieds zu meinen Amateurtagen ist die Kampfdistanz. Über drei Runden bin ich manchmal gar nicht richtig warm geworden. Vorsprung erarbeiten, dann Laden dicht und schneller Schuh – so lautete die Devise. Mit meinen Talenten, die auf Schnelligkeit und Defensivkraft aufbauen, sind drei Runden einfach zu wenig, um viel zeigen zu können. Bei zwölf Runden aber weiß ich, dass ich irgendwann im Kampf meine überlegene Kondition ausspielen kann. Bei den Profis kann ich Strategien entwickeln, kann einen Gegner sich auch mal müde boxen lassen. Ich weiß, ich könnte auch 15 Runden gehen – die meisten, die mir gegenüber stehen, müssen aber mindestens einmal im Kampf auf die Bremse treten. Deshalb geht es sogar, dass ich mal eine Runde abgebe. Wenn ich das klare Gefühl habe, dass mein Gegner in dieser Runde vorne liegt, reiße ich mir nicht beide Beine aus, um das noch umzudrehen. Dann beschäftige ich ihn lieber mit Schlag- und Körperfinten, um ihm ein bisschen Kraft abzuzapfen. Kraft, die ihm dann später hoffentlich fehlt. Die Kunst besteht darin, eine Strategie zu haben, aber trotzdem das Wesentliche nicht zu vergessen: Boxen ist immer von A nach B. Nicht von A über B nach C. Boxen besteht aus direkten Aktionen und direkten Gegenaktionen. Nur ganz, ganz selten kann man über die nächste Aktion hinausdenken. Das geht nur, wenn der Gegner schon ziemlich am Ende ist. Und selbst dann ist es ein Risiko.

Ulli Wegner bezeichnet mich als Manövrierboxer. Das klingt ziemlich behäbig, beschreibt aber die Tatsache, dass ich durch meine Schnelligkeit und meine Reflexe den Ring ausnutzen und somit den Kampf bestimmen kann. Weiter sagen Ullis Analysen, dass ich An-griff und Gegenangriff beherrsche, aber den Gegenangriff bevorzuge. Dabei sei ich kein Konter-, sondern ein Antwortboxer. Mal schauen, ob ich das erklären kann. Angriff und Gegenangriff sind dasselbe, nur zu unterschiedlichen Zeitpunkten. Ich kann mit meiner Schnelligkeit selbst die erste Aktion durchziehen, aber ich habe es lieber, wenn mein Gegner nach vorne geht. Die meisten geben sich irgendwann eine Blöße und darauf kann ich reagieren. Meist finde ich nach ein paar Runden ein Rezept gegen die typischen Angriffe eines Kontrahenten. Eine Antwort ist sicherer als ein Konter, denn eine Antwort beginnt immer mit einer Verteidigungshandlung, während

„...und damit neuer IBF-Weltmeister im Supermittelgewicht: Sven Ottke." 24. Oktober 1998 in Düsseldorf: Ich habe es geschafft und bin geschafft.

Auf die harte Tour: Der Kampf gegen Titelverteidiger Charles Brewer war alles andere als ein Spaziergang. Man kann es mir am Gesicht ablesen.

Alles unter Kontrolle: Ulli Wegner (und Physiotherapeut Walter Knieps) in meiner Ringecke. Oben rechts die Blessur aus dem ersten Kampf gegen Thomas Tate.

Eine Frage des Herzens: Die Spende für die Flutopfer.

Deutsche Bank
Aktiengesellschaft
Zahlen Sie gegen diesen Scheck
fünfzigtausend =
Betrag in Buchstaben
Überbringer

Währung: EUR Betrag: 50.000,–

nicht geändert oder gestrichen werden. Die Angabe einer Zahlungsfrist auf dem Scheck gilt als nicht geschrieben.
Konto-Nr.

0000000H

Betrag

dieses Feld nicht beschriften und nicht bestempeln

37070060J 11H

Immer im Bild:
Die ARD ist mein
Fernseh-Partner.

Gemeinsam sind wir stark: Manager Wilfried Sauerland und Trainer Ulli Wegner stehen mir immer zur Seite. Und das Bärchen (nach einem Diebstahl bereits das zweite) ist immer im Ring dabei (kleines Bild).

Urlaub, endlich Urlaub: Im „Club der Besten" entspanne ich mich am besten. Am Strand, beim Laufen, mit Marc-Steffen oder mit Gabi beim Volleyball - die Tage mit den anderen Spitzensportlern der Deutschen Sporthilfe sind wunderschön.

Der öffentliche Sven: Fotoshooting mit der Familie, mit vollem Einsatz beim Kölner Karneval, mit Action-Held Jackie Chan, mit anderen Promis von meiner PR-Agentur (Kai Pflaume, Thomas Helmer, Tina Ruland, Birgit Lechtermann und Yasmina Filali) sowie mit Christine Westermann und Götz Alsmann bei „Zimmer frei".

Mut zur Mode: Designerin Doris Hartwich hat mich für ihre Kollektion begeistert.

ein Konter in die Aktion des Gegners hinein geht. Ich kann auch kontern, bevorzuge aber aus Sicherheitsgründen erst einmal eine Stör-, Ausweich- oder Ablenkaktion und kann durch meine Schnelligkeit trotzdem Treffer landen. So, ich hoffe, ich habe jetzt alle Unklarheiten beseitigt. Ich glaube jedenfalls schon, dass ich ziemlich gut boxen kann (mit diesem Satz kann ich Ulli immer so schön auf die Palme bringen), aber ich glaube, dass die Amerikaner gar keine Ahnung haben, was wirklich gutes Boxen ist. Sie leben einfach davon, dass Zehntausende von jungen Burschen, 90 Prozent davon Farbige, in diesem Sport die einzige Chance sehen, aus der Armut herauszukommen. Ich glaube, dass in Europa die mit Abstand besseren und besser ausgebildeten Trainer arbeiten. Deswegen gibt es trotz der Nachwuchsschwierigkeiten in Deutschland immer wieder Boxer, die nach oben kommen. Auch wenn ich glaube, dass der Box-Boom bei uns schon wieder dem Ende entgegengeht.

Eine andere Regel für gutes Boxen stimmt überall auf der Welt. Zu einem faszinierenden Kampf braucht es zwei. Und das war ausgerechnet bei meinem ersten Auftritt für die ARD nicht der Fall. Wir sind wieder, zum zweiten Mal, nach Karlsruhe gegangen. Aber das, was ein Boxkampf werden sollte, wurde eine müde Bodybuilding-Show. Ich gebe es gerne zu, der Körperbau von Silvio Branco, meinem italienischen Gegner, hat mich schon beeindruckt. Der hatte höchstens zwei Prozent Körperfett und Muskeln, die so klar definiert waren, dass ich mir ein bisschen mickrig vorkam. Aber Boxen wollte er ganz offensichtlich nicht. So einen, der überhaupt nichts probiert hat, der wirklich gar nicht wollte, hatte ich noch nie im Ring. Nicht mal seine Trainer konnten ihn motivieren, etwas zu tun. Dabei haben sie ihn während des Kampfes sogar angebrüllt, sie würden sofort die Koffer packen, wenn er nicht endlich anfangen würde. Er hat einfach weiter seinen Body durch die Gegend geschaukelt. Dabei war er sogar WBU-Weltmeister, diese Piepe, was nur meine Meinung über diese Witz-Verbände unterstreicht. Das einzige, was Branco konnte, waren Innenhandschläge aufs Ohr. Ich habe noch Tage später ein Klingeln im Kopf gehabt und mich über den feigen Burschen geärgert. Nicht kämpfen wollen und dann noch unsauber schlagen – ich habe mich selten mal so aufgeregt über einen Gegner.

Es hat mich auch deswegen gestört, weil Karlsruhe für mich schon ein besonderes Pflaster ist. Gabi gibt sich bei jedem Kampf eine Riesenmühe, viele unserer Freunde und Bekannten an den Ring zu locken. Viel locken muss man ja nicht, aber es braucht eben auch jemanden, der die Karten organisiert, der sich um Übernachtungsmöglichkeiten kümmert und auch immer wieder nachhakt, wenn mal keine Antwort kommt. Vor allem was befreundete Sportler angeht, wirbelt Gabi bei jedem WM-Kampf und ich freue mich jedes Mal, wie viele kommen. Vor allem eben bei „Heimspielen" in Karlsruhe.

Es ist ja so, dass wir als Sportler-Ehepaar eine ganze Menge Kontakte haben. Man sage mir eine Sportart und ich kann garantiert jemanden nennen, mit dem wir befreundet sind. Sagen Sie jetzt bitte nicht Synchronschwimmen, weil Sie die Wette verlieren würden. Wir kennen die Bundestrainerin sehr gut und haben uns königlich amüsiert, als das Karlsruher Team bei der Deutschen Meisterschaft mit vier Männern in der Truppe angetreten ist. Gabi und ich gehen sehr gerne zu anderen Sport-Ereignissen, von der Ruder-WM 1999 in Köln über Fecht-Weltcups oder eine Turn-Gala – mir macht das Spaß. Aber der Höhepunkt eines jeden Jahres, die absolut schönste Zeit für mich ist der Club der Besten. Das sind sieben Tage, jeweils in einem Robinson-Club, die sind so genial, dass ich sie kaum beschreiben kann. Zum Club der Besten werden, wie der Name schon sagt, die besten Amateursportler einer Saison eingeladen. Also wimmelt es von Welt- und Europameistern und ich bin mittendrin. Das mag auf den ersten Blick überraschen, hat aber schon seinen guten Grund. Ich habe nie vergessen, wo ich herkomme. In diesem Fall sportlich gesehen. Die Deutsche Sporthilfe hat mich jahrelang finanziell unterstützt – und jetzt kann ich ein bisschen zurückgeben. Damit meine ich nicht das eventuell ein wenig höhere Medien-Interesse, wenn ich mit meiner Familie 1999 in Ägypten, 2000 in der Türkei, 2001 auf Fuerteventura oder 2002 wiederum in der Türkei mit den Besten der aktuellen Sporthilfe-Geförderten Urlaub mache, nein, ich mache auch sonst Werbung für diese sinnvolle Institution. Die Geschichte geht so, dass ich irgendwann einmal ein Sporthilfe-Abzeichen in meiner Sporttasche gefunden habe. Das war ganz am Anfang meiner Weltmeisterschafts-Erfolgsserie. Ich hielt das Ding ein wenig unschlüssig in der Hand und sagte dann: „Das kommt auf die Hose." Gabi hat es aufgenäht und seitdem gehört dieses kleine Schild mit zur Grundausrüstung. Diverse Zeitungen und Medien haben darüber berichtet, was wiederum gut für die Sporthilfe ist. Aber auch ohne diese Werbung würde ich vermutlich eingeladen werden. Irgendwie gehöre ich zum Sporthilfe-Inventar und freue mich jedes Mal wieder auf diesen Termin, der meist im September stattfindet.

Das erste Mal war ich 1991 in der Türkei dabei, als Belohnung für meinen EM-Titel bei den Amateuren. Man kann schon sagen, dass das ein einschneidendes Erlebnis in meinem Leben war, weil ich mich sofort wohlgefühlt habe und jede Menge anderer Athleten kennengelernt habe. Ich glaube, der Club der Besten hat meinen Horizont mehr erweitert als ich es mit Urlaubsreisen in alle vier Ecken der Welt hätte schaffen können. Sich mit anderen Sportlern auszutauschen, mit Menschen, die mich ohne große Nachfragen einfach verstehen können, ist Erholung pur. Inzwischen sind wir meist so um die 100 Athleten, viele bringen ihre Partner und Familien mit. Und immer wieder fasziniert mich, wie vollkommen entspannt das alles abgeht. Es gibt keinerlei Neid, niemand will dem anderen irgendetwas wegnehmen, selbst wenn mal ein Fernsehteam auftaucht, schert sich keiner drum, wenn einer oder eine ein bisschen mehr Scheinwerferlicht abbekommt. Wenn ich dann Wochen später wieder Geschichten über irgendwelche Feindschaften lese, dann lache ich mich schlapp. Sportler, zumindest die, die ich kenne, sind absolut pflegeleicht und ein superlustiger Haufen. Ganz egal, ob wir am Strand Volleyball spielen oder ob eine Gruppe ein Theaterstück einstudiert – Rodler-König Georg Hackl ist ein echtes Bühnentalent -, der Spaß regiert. So habe ich beispielweise die Rodlerin Sylke Otto kennen gelernt. Uschi Disl, die Biathletin, ist so ein wunderbar lieber Mensch, dass man sie einfach nur pausenlos in den Arm nehmen will. Grit Breuer finde ich supernett. Die Schwimmerinnen und Schwimmer, allen voran Thomas Rupprath oder Stev Theloke, kenne ich sowieso genauso wie die Wasserballer, mit denen ich schon legendäre Partys gefeiert habe. Leichtathleten von Heike Drechsler über Ingo Schultz bis Charles Friedek gehören dazu. Gewichtheber sind klasse. Ringer sowieso. Bobfahrer und Ruderer auch – ups. Jetzt habe ich genau das getan, was ich nicht wollte. Jede Menge Namen hinwerfen und den Anschein erwecken, ich sei ein toller Hecht. Darum geht es nicht. Jeder, der im Club der Besten dabei ist, könnte dieselbe Geschichte erzählen. Jeder ist ein genial un-komplizierter Typ. Wir haben zusammen Spaß und gönnen uns alles. Ganz einfach und einfach schön.

Komischerweise ertappe ich mich oft dabei, dass ich über die Leistungen dieser Sportler besser Bescheid weiß als über die aktuellen Entwicklungen in der Profibox-Szene. Dort kümmere ich mich fast nur um meine Gewichtsklasse und auch das nur, wenn in unserem Kölner Box-Gym im Büro von Ulli Wegner irgendwelche Artikel oder Ranglisten rumliegen. Aber mein Sportinteresse ist sonst schon breit gefächert. Und deswegen war ich auch mit der Wahl zur Sportlerin des Jahres 2002 nicht einverstanden. Ich finde Franziska van Almsick, die auf Platz eins kam, absolut bewundernswert. Als sie bei der EM in Berlin die Goldmedaille mit Weltrekord erschwommen hat, war ich gerade im Höhentrainingslager in St. Moritz zur Vorbereitung auf einen Kampf. Ich habe mitgefiebert und mitgejubelt und hatte am Ende wirklich Tränen in den Augen. Was Franziska durchgemacht hat, ist außerirdisch. Damals, 1992, ist sie mit 14 Jahren zum Star hochgeschossen worden und wurde sofort derart verklärt, dass sie dadurch garantiert ihrer Kindheit beraubt worden ist. Franzi hier, Franzi da – das muss brutal für sie gewesen sein. Trotzdem hat sie bis auf Olympia-Gold alles gewonnen. Und wird dennoch acht Jahre später in Sydney fertig gemacht, wie es nur selten einem Sportler passiert ist. Diese Häme hat mich fast kotzen lassen. Dass sie aus diesem Tief wieder nach oben gekommen ist, davor ziehe ich den Hut. Eine Wahnsinnsleistung. Aber trotzdem hätte, bei einer rein sportichen Wertung, der Preis für 2002 an Claudia Pechstein gehen müssen. Ich kenne Claudia aus Berliner Tagen und habe für sie ebenfalls riesengroße Bewunderung. Sie ist der größte Kämpfertyp, den ich kenne. Und das sage ich als Boxer. Ihre beiden Goldmedaillen, jeweils mit Weltrekord, bei den Olympischen Spielen von Salt Lake City, mit denen sie die erfolgreichste deutsche Olympia-Wintersportlerin aller Zeiten geworden ist, waren die überragende Leistung des Jahres 2002. Da gibt es nichts zu deuteln. Olympia steht weit über einer EM, ganz egal, wie emotional wertvoll Franzis Leistung war. Da habe ich, wie zu vielem anderen, eine ganz klare Meinung.

Dass wir Boxer bei der Sportler-Wahl immer nur weit abgeschlagen landen, ist wiederum eine andere Geschichte. Henry Maske wurde 1993 Weltmeister und kam gleich auf Platz eins. Seine Leistung und der Reiz des Neuen zusammen mit der Sympathiewelle, die Henry damals kurz nach der Wende entgegenschlug, haben das bewirkt. Aber der Reiz des Neuen ist längst verblasst, das Boxen hat durch Skandale und halbseidene Weltverbände seinen Teil dazu beigetragen. Außerdem glaube ich zu wissen, dass es zwei Sportarten gibt, die in den Sportredaktionen immer wieder erbitterte Diskussionen über Sinn und Unsinn, Sport oder kein Sport, auslösen. Profiboxen und Formel 1. So ist das eben. Ich kann mit meinem zehnten Platz für 2002 gut leben. Eine Chance, ein bisschen weiter nach vorne zu kommen, habe ich ja noch.

Mit der Erinnerung an die große Zeit von Henry Maske kriege ich jetzt auch wieder raffiniert die Kurve zu meinen WM-Kämpfen. Denn Anfang 2001 erschienen die ersten Zeitungsartikel, dass ich drauf und dran sei, Henry Maske in der Zahl der Titelverteidigungen zu übertreffen. Henry hatte als Halbschwergewichts-Weltmeister der IBF zehn Herausforderer abwehren können, ich war nach den Siegen über James Crawford aus den USA und den Franzosen Ali Ennebati exakt bei derselben Marke angekommen. Beide Male gewann ich vorzeitig, was in meinem Umfeld sogar zu gewissem Spott geführt hat. Als neuer Kampfname schlug ein Journalist „Iron" Sven Ottke vor – in Anlehnung an die großen K.o.-Siege von „Iron" Mike Tyson in dessen Glanzzeit. Aber ich wiederhole es gerne noch einmal:

Mein Svennie

11. Runde: Die Jugendfreundin

„Immer, wenn ich Svens schwarzes Rennrad bei uns zu Hause vor der Türe habe stehen sehen, bin ich lieber noch einmal zu einer Freundin gegangen. Ich habe ihn am Anfang nicht ausstehen können. Sein Vater hatte meine Mutter kennengelernt – und Svennie platzte mit seiner lauten und frechen Art mitten in mein Leben. Ich hatte ihn als Klischee des eher aufdringlichen Boxers in meinem Kopf – und weil meine Sportarten Reiten und Voltigieren sind, hatte er garantiert genauso Vorurteile, fand mich vermutlich blasiert. Das Eis ist dann geschmolzen, als er mir von einer Spanien-Reise völlig überraschend ein kleines Geschenk mitgebracht hat. Das hat er mir irgendwie so linkisch hingehalten, so betont nebenbei, dass ich mich zum ersten Mal für den Menschen hinter der Fassade interessiert habe. Die Zeit mit Sven war wunderschön, obwohl ich am Ende ziemlich getroffen war, dass er mir nicht früher die Wahrheit gesagt hat. Aber ich möchte keinen Tag zurückgeben. Svennie ist einfach unheimlich lieb, wenn er die Zeit dazu findet. Und mir hat immer an ihm imponiert, dass er sich selbst nicht so wichtig nimmt. Wenn ihm der Trubel um seine Person zu groß wird, und das ist meistens ziemlich schnell der Fall, verschwindet er notfalls durch die Hintertür.“

Ilona Beyer (36), arbeitet im sozialen Bereich.

Knockouts bedeuten mir nicht besonders viel. Crawford und Ennebati hatten sich einfach derart verausgabt, dass sie gar nichts mehr entgegenzusetzen hatten. Wie ich bereits beschrieben habe, ist mein größtes Faustpfand mein Fitnesszustand. Ich kann rundenlang Druck ausüben, bis meine Gegner langsamer und die Lücken größer werden. Bei Crawford hatten Ulli Wegner und ich zusätzlich auf den Videos gesehen, dass er im Nahkampf so gut wie gar nichts machte. Er dachte, mit Halten alleine kommt er klar. Falsch gedacht, ich konnte im Infight etwas probieren und habe ihn mit einem Schlag zum Körper erwischt. Das war's dann. Ansonsten erinnere ich mich, dass Ulli in diesem Kampf so gut wie keine lauten Kommandos geben musste. Das werte ich durchaus als Lob. Ennebati war eine andere Geschichte. Vor dem Franzosen hatte ich ziemlich Respekt, weil er aus dem Mittelgewicht hochkam und deswegen automatisch eine höhere Schnelligkeit als ein echter Supermittelgewichtler mitbrachte. In diesem Fall musste ich höllisch aufpassen, weil er immer wieder mit schnellen, kleinen Schritten den Ring eng und richtig Druck machte. Das Entscheidende war, dass mein Akku locker für zwölf Runden reichte, seiner aber nach zehn Runden plötzlich leer war. Zwei rechte Haken zum Kopf waren das Ende für Ennebati. Zwei K.o.-Siege nacheinander, das habe ich im Profilager nur dieses eine Mal geboten – und ich glaube, man müsste die Archive schon ganz genau durchkämmen, um so etwas auch in meiner Amateurzeit zu finden.

Nach dem Kampf gegen Ennebati war ich besonders schnell auf der Heimreise nach Karlsruhe. Ich hatte, in selbstbewusster Erwartung eines Sieges, eine Zusage für ein Golfturnier am Sonntagvormittag gegeben. Golf ist in den vergangenen Jahren meine nächste große Leidenschaft geworden. Beim ersten Versuch, das muss 1999 in einem supernoblen Golfklub in Dortmund gewesen sein, habe ich noch mit voller Wucht auf Ball und Rasen eingedroschen und dabei Fetzen so groß wie ein T-Bone-Steak aus dem Boden gerissen. Meine Jubelschreie, wenn der Ball mal geradeaus flog, sind bestimmt auch nicht so gut angekommen. Aber inzwischen bin ich ein echter Golfer geworden, einer, der nach jeder Runde giert, einer, der sein Handicap gerne noch weiter herunterspielen würde (derzeit habe ich Handicap 19) und einer, der leider seine Frau nicht von seiner Leidenschaft überzeugen kann. Gabi mag Golf nicht, und das ist vorsichtig ausgedrückt. Da kann ich argumentieren wie ich will. Ich jedenfalls genieße diesen immer neuen Kampf gegen mich selbst. Und ich genieße die Stunden an der frischen Luft, die Ruhe auf dem Golfplatz, die Entspannung, die mir eine Runde gibt. Ein Tiger Woods werde ich nie, aber nach meiner Box-Karriere will ich schon versuchen, mein Handicap deutlich zu drücken. Vielleicht kann mir Alexander Cejka ein paar

Tipps geben. Ich habe ihn bei einem Pro-Am-Turnier kennengelernt, wir telefonieren ab und zu. Ich finde es riesig, dass er sich die Teilnahmeberechtigung für die US-Tour erspielt hat. Wenn ich weiß, dass er irgendwo aktiv ist, checke ich seine Ergebnisse per Videotext. Golfprofi – diesen Traum habe ich verpasst. Mal schauen, wann Marc-Steffen so weit ist, einen Schläger zu halten. Wir müssen das nur irgendwie vor Gabi verheimlichen.

Habe ich eigentlich schon irgendwann einmal erwähnt, dass ich gerne in Magdeburg boxe? Hab' ich? Okay, aber ich habe noch lange nicht alles erzählt. Denn meine elfte Titelverteidigung fand wieder in der Bördelandhalle statt – und diesmal habe ich für einen kurzen Moment den Nachteil der ganzen Begeisterung zu spüren bekommen. Einzig und allein aus eigener Schuld. Mein Gegner war der damalige Weltranglisten-Erste, James Butler. Genauso wie Charles Brewer ein gefürchteter K.o.-Schläger. Ich habe ein Video gesehen, in dem er einen Gegner mit einem einzigen rechten Haken ausknockte, obwohl er nach Punkten hinten lag. Und genauso wie Brewer hatte er einen dieser gewaltigen Kampfnamen, „The Harlem Hammer", weil er, erraten, aus Harlem kam. Wie damals in der Presse berichtet wurde, hatte ich alle meine Glücksbringer in Position gebracht. Nicht nur Gabi kann die Geister beschwören, da habe ich auch meinen Teil dazu beizutragen. Mit einem Augenzwinkern, aber Rituale gehören bei vielen Spitzensportlern zur normalen Wettkampfvorbereitung. Bei mir in der Sporttasche jedenfalls lagen seit meinem ersten WM-Kampf immer die abgeschnittenen Zöpfe von Rebecca. Das war ihre Idee. Denn im Vorfeld des Kampfes hatte sie einen kleinen Zwist mit Gabi und mir, weil sie sich die Haare nicht waschen lassen wollte. Also haben wir irgendwann mal kategorisch gesagt: Wenn das so weiter geht, kommen die Haare eben ab. Rebecca ist ein kleiner Sturkopf – von wem um alles in der Welt sie das nur hat? Also ging's zum Friseur, aber ich fand es richtig süß, als sie mir die Zöpfchen dann in die Hand drückte. Neben diesem Talisman gibt es noch einen Schlumpf von Gabi, natürlich der Schwimmer-Schlumpf, ein Kreuz von der Schwiegermutter, ein Blink-Herzchen ebenfalls von Rebecca und natürlich das Bärchen.

Das Bärchen stammt aus Magdeburg. Bei einem öffentlichen Training vor meinem zweiten Auftritt in der Bördelandhalle, das war das Duell mit Lloyd Bryan, kam plötzlich ein kleines Mädchen auf mich zu und drückte mir den kleinen Teddy in die Hand. „Der bringt Glück", hat sie gesagt – und ich dachte: Na, wenn das so ist. Auf jeden Fall habe ich ihn seitdem immer mit – mit im Ring. Das Bärchen wird in die Schnürsenkel des linken Box-Stiefels eingebunden. Fotos davon sind schon durch einige Zeitungen gegangen. Und ich war wiederum ziemlich überrascht, als mich mal ein Redakteur einer Teddybär-Zeitschrift angerufen hat. Eine Sekunde habe ich an einen Scherzanruf gedacht, war's aber nicht. Die Story vom kleinen Teddy im Boxring soll per Internet inzwischen rund um die Welt gegangen sein. Auf jeden Fall ist mein Kampfrekord mit ihm bärfekt. Zur Komplettierung muss dann natürlich noch der rechte Box-Stiefel erwähnt werden. Dort mache ich meinen Ehering fest. Der muss einfach auch mit dabei sein, wenn ich kämpfe. Ich weiß noch, dass das auch so eine Sekundenentscheidung vor einem meiner ersten Kämpfe war. Ganz spontan, aber goldrichtig. Ohne Ehering geht jedenfalls gar nichts. Vor der Revanche mit Charles Brewer hatte ich ihn doch tatsächlich im Hotelzimmer liegen gelassen. In der ganzen Hektik der Vorbereitung hat sich dann netterweise Markus Beyer bereiterklärt, noch man schnell ins Hotel zu rasen. Denn ohne Ring kein Boxen.

Richtig fies fand ich, dass mir die Glücksbringer mit Ausnahme des Eherings zusammen mit meiner Sporttasche aus unserem Kölner Camp geklaut wurden. Muss schon ein wirklich toller Typ sein, der so etwas macht. Kann stolz drauf sein. Arschloch.

Gegen den Hammer aus Harlem hat alles prächtig funktioniert. Elf Runden lang zumindest. Es war, ganz im Gegensatz zu den Bedenken in meinem Umfeld, eine Box-Demonstration. Ich war richtig stolz auf mich. James Butler hat mich nicht gesehen. Es war fast so als würden wir uns in zwei unterschiedlichen Zeitzonen bewegen. Mit meiner im Laufe der Titelverteidigungen enorm gewachsenen Erfahrung, vor allem was das Gespür für Gefahr angeht, bin ich oft unheimlich nahe an ihn heran, habe Treffer fast nach Belieben gesetzt und war trotzdem wieder weg, ehe er reagieren konnte. Die Halle hat getobt. Und auch wenn ich sonst die Stimmung ganz gut wegblenden kann, hat es mich diesmal regelrecht mitgerissen. Zu sehr mitgerissen. Denn ich habe etwas getan, was ich noch nie getan habe und hoffentlich nie wieder tun werde. Ottke, der Oberschlaue, dachte plötzlich, er sei ein Zauberer. Ich wollte der ganzen Euphorie noch eines draufsetzen, wollte Butler in der zwölften Runde mindestens einmal zu Boden schicken, vielleicht sogar stoppen. Rumms, machte es gleich zu Beginn dieser letzten Runde – und plötzlich stand ich unter Strom. Butler hat es natürlich gemerkt und tobte los wie ein Irrer. Zum Glück habe ich soviel Substanz, dass ich solche Schläge auch wegstecken kann. Aber geärgert hat es mich über alle Maßen. Wenn ich mir vorstelle, dass ich wegen eines solchen Anfängerfehlers mal einen Kampf verlieren sollte, dann wird mir richtig schlecht. Da kann Magdeburg so toll sein wie es auch wirklich ist – aber ich glaube, wenn ich meinen Titel los wäre, käme das auch nicht so gut für die Stimmung. Ulli Wegner braucht mir nach so einem Ding gar nicht groß etwas sagen. Macht er auch nicht, weil er weiß, das ich selbst mein größter Kritiker in solchen Dingen bin. Wichtiger als beim Analysieren von Fehlern ist der Trainer sowieso in der Vorbereitung auf den Kampf. Das andere ist Vergangenheit – und in dem Falle war ja außer meinem Stolz, dem Stolz, gegen einen Weltklasse-Gegner nichts abzubekommen, nichts beschädigt worden.

Was ich mit der Kampfvorbereitung durch Ulli meine, wurde beim nächsten Kampf extrem deutlich. Wobei das, was ich erzählen will, in dem Getöse rund um dieses Duell garantiert untergegangen ist. Geplant war eigentlich eine halbwegs normale Titelverteidigung. Erstens hatte ich mit Butler gerade wieder einmal den Weltranglisten-Ersten der IBF besiegt und damit nach einer ungeschriebenen Regel des modernen Profiboxens das Recht auf einen leichteren Gegner erworben. Zweitens aber saß mein Manager Wilfried Sauerland zum ersten Mal nicht am Ring. Weil Markus Beyer einen zweiten Anlauf auf eine WM verdient hatte und der Termin meines Kampfes mit dem in Thailand stattfindenden Kongress des Weltverbandes WBC kollidierte, fehlte mit ihm ein ganz wichtiger Rückhalt. Es ist schon so, dass ich großen Wert darauf lege, dass Herr Sauerland vor Ort ist. Wer, wenn nicht er, kann mit seinen jahrzehntelangen Beziehungen dafür garantieren, dass alles sauber zugeht. Aber natürlich war mir klar, dass Markus Herrn Sauerland an seiner Seite brauchte, um die WBC-Offiziellen zu überzeugen. Als ich dann hörte, ich bekomme einen Gegner, der erst zehn Profikämpfe absolviert hatte, dachte ich: Naja, da kommt einer aus der leichten Kategorie, damit Wilfried beruhigt um die halbe Welt fliegen kann. Vermutlich war es auch genau so gedacht. Ulli jedenfalls hat mich zwar voll trainieren lassen, aber keine große Welle gemacht, was die Qualität meines Herausforderers anging. Dafür gab es auf anderen Ebenen pausenlos Wirbel mit Anthony Mundine.

Dieser Typ war der einzige in meiner gesamten Laufbahn, auf den ich einen echten Hass hatte. So ein unverschämtes Großmaul ist mir noch nie über den Weg gelaufen. Das begann schon damit, dass Mundine, der in Australien eine bemerkenswerte Karriere als Rugbyspieler hinter sich hatte, nach dem 11. September 2001 seine Klappe aufriss. Die USA seien an den Attentaten selbst schuld, war der Hammerspruch dieses Clowns. Ich dachte, ich höre nicht richtig. Da sterben 3000 unschuldige Menschen einen widerlichen Tod und der Kerl macht die dicke Lippe. Noch etwas passierte zum ersten Mal: Ich bekam Fanpost aus Australien mit der Bitte, Mundine doch das Maul zu stopfen. Die Briefe waren alle in derselben Tonlage: Bitte denken Sie nicht, dass dieser arrogante Chaot für uns Australier spricht. Wir drücken Ihnen die Daumen, dass Sie ihn im Ring bestrafen. Später sagte Mundine dann noch, er wolle mich im Ring umbringen. Und ähnlich schwachsinniges Zeug. Das war schon eine ganz besonders dämliche Nummer. Trotzdem sind wir mit einer ganz normalen Vorbereitung an den Kampf herangegangen. Wir hatten ein Video mit zwei Kämpfen des Großmauls, zwei Kämpfe, in denen er wirklich nicht sonderlich gefährlich aussah. Aber dann war plötzlich Alarm im Hafen. Wir waren bereits in Dortmund, wo der Kampf in der Westfalenhalle stattfand. Und Ulli ging wie immer zum Pressetraining meines Gegners. Es war ein Volltreffer auf den Alarmknopf. Ich weiß noch, wie Ulli zurückkam, mich sofort im Hotel aufstöbern ließ und ganz neue Erkenntnisse verkündete. Wir haben in Windeseile noch ein weiteres Video organisiert – und da sah Mundine ganz anders aus. Schnell. Verdammt schnell. Und wenn ich das sage, dann will das schon etwas heißen.

Über den Kampf gegen Mundine könnte ich ellenlang erzählen. Und ein paar Anmerkungen gönne ich mir dann auch noch. Aber in diesem Fall ist die beste Beschreibung schon gedruckt worden. Am Montag nach dem Kampf in der „Berliner Morgenpost". Diesen Artikel, den sich Gabi über das Internet besorgt hat, finde ich einfach so treffend, dass er in dieses Buch gehört. Die Überschrift hieß:

Einmal Hölle und zurück

Um die Bedeutung dieses Kampfes zu erklären, reicht ein Satz von Sven Ottke. Nachdem die Schwerstarbeit getan war, als der 34-jährige alte und neue Supermittelgewichts-Titelverteidiger des Weltverbandes IBF locker seine Pressekonferenz gab, während sein Gegner im Unfallkrankenhaus des Dortmunder Klinikums K 5 auf Schädelverletzungen hin untersucht wurde, griff Ottke ganz nach oben. Ausgerechnet dieser nüchterne Bursche, der Normalo im oft wenig normalen Profiboxen meinte: „Vielleicht war es Gottes Wille."

Eher nicht. Gott hätte weit Wichtigeres zu tun, als sich um Petitessen zu kümmern. Selbst wenn dieser tempogeladene und ab Runde acht hoch spektakuläre Kampf für 6000 Fans in der Dortmunder Westfalenhalle 29:40 Minuten lang den Mittelpunkt alles Irdischen darstellte. Aber Gott hat mit Ottkes K.o.-Sieg über den Australier Anthony Mundine, der seine großen Sprüche neuneinhalb Runden lang mit einer bemerkenswerten Leistung unterstrich, nichts zu tun. Gottvertrauen schon.

Dieser Ottke, der als zweifacher Amateur-Europameister und dreimaliger Olympiateilnehmer als Sicherheitsboxer verschrien war und der auch nach nun 25 durchweg siegreichen Berufsbox-Auftritten in ignoranten Ecken dieser Welt als zweibeiniges Schlafmittel verspottet wird, wagt sich inzwischen weiter in die Hölle als 99 Prozent seiner Kollegen. Und vermag es, einen Tag voller Zweifel und einen Kampf entgegen allen Fahrplänen mit einem der spektakulärsten Knockouts der vergangenen 15 Jahre zu beenden.

Er geht dorthin, wo es knallhart wird. Nimmt die Zuschauer mit, bis diesen nur noch Seufzer und Ächzer über die Lippen kommen. Oder einfach schrille Schreie. Aber er findet dort wieder heraus. Sven Ottke hasst diesen Ort, an dem seine Nase weiter zerquetscht oder seine Lippen wieder einmal deformiert werden, nach wie vor. Aber er weiß, dass es bei Gagen von knapp unter einer Million Mark noch ein paar Mal sein muss, ehe sich Mühe und Stress für ein Leben lang gelohnt haben. Und er weiß, dass er dank der Arbeit mit Trainer Ulli Wegner immer noch über das körperliche Navigationssystem verfügt, das ihn zurück ins Paradies führt.

Nie hat das besser funktioniert als in Runde neun, als Mundine der zuerst taktisch clever im Rückwärtsgang boxte, plötzlich wild anstürmte. Doch Ottke tauchte irrlichternd schnell unter einem brutalen Schwinger durch, zeigte in höchster Bedrängnis seine Klasse - und schlug eine Runde später zurück. Mundine, das Großmaul, lief im Nahkampf in eine „perfekt getimte rechte Hand". Ein Schlag, den Ottke zu „meinen besten in fast 20 Jahren Boxen" zählt, in einem „meiner drei, vier härtesten Kämpfe". Und der trotz der Neckerei von Wegner („Lucky Punch") einfach das Produkt abertausendfacher Wiederholung in der Trainingshalle ist.

Für Mundine, der einen möglichen Sieg witterte, legte diese kurz geschlagene Rechte an Oberkiefer und Schläfe die Welt in Trümmer - und für über drei Minuten noch mehr als das. Der 26-jährige Ex-Rugby-Star war bewusstlos. Völlig weg. Zwei Ärzte und ein Gewühl von Helfern kümmerten sich um den zweimal Besorgnis erregend zuckenden Verlierer. Ottke unterbrach sogar seinen Jubel, um nach dem Zustand seines Gegners zu fragen. Als er dann aus Mundines Mund hörte „I'm okay" war der Abend endgültig gerettet. Zumindest in Raum 7 der Katakomben, wo Ottke den obligatorischen Blick in den Spiegel erst nach der innigen Umarmung seiner hoch-schwangeren Ehefrau Gaby riskierte. Um dann trotz kleiner Blessuren zu strahlen wie einer, der eben aus einem schlimmen Traum geweckt wurde - vom Lottoboten.

Am Morgen noch hatte er beim rituellen Gang zum Friseur - „überall kürzer, an der Seite sehr kurz und bitte sauber ausrasieren" für 35

Mark – Mundine immer wieder analysiert. „Schnell. Verdammt schnell. Und tausendprozentig von sich überzeugt. Das wird die Härte zehn." Wenn er gewusst hätte, dass damit die finale Runde beschrieben war, hätte er sicher nachmittags schlafen können. So aber nicht. Obwohl das ganze Ottke-Lager den Atem anhielt. Vielleicht auch deswegen.

Letztlich blieb die Luft dem Kontrahenten weg. In Raum 5 saß der Geschlagene, abwesend an einer offenen Blutblase unter dem rechten Fußballen zupfend. Vielleicht hörte er den Lärm seiner Helfer, die von Betrug krakeelten, weil Mundine wegen absichtlichen Kopfstoßes eine extrem selten ausgesprochene Doppelstrafe bekommen hatte (zwei Punkte Abzug) und Ottke unmittelbar vor Ende der achten Runde nach einem Treffer bedingten Stolperer und dem erstmaligen Bodenkontakt als Profi nicht angezählt wurde. Als spielten der Fehler des Ringrichters, der einen Ausrutscher gesehen haben wollte, oder die Spekulation über ein eventuelles Punkturteil noch eine Rolle, nachdem der K.o.-Matador und Dauer-Provokateur selbst voll erwischt worden war.

Dann gab es fast noch eine Prügelei mit dem Notarzt, der den Herausforderer per Trage zur ohne schwerwiegenden Befund bleibenden Untersuchung bringen wollte. Niemals. Schande. Skandal. Anthony Mundine durfte gehend die Halle verlassen. Man sperrte extra ein paar Türen auf, um ihn auf kürzestem Weg zum Krankenwagen zu bringen. Weiß Gott, ob er es gemerkt hat, dass das Blaulicht im so genannten Wirtschaftshof der Westfalenhalle leuchtete. Dort, wo leere Bierfässer und Flaschen verladen werden. 30 Minuten nach Mitternacht, in gespenstischer Stille, wurden Anthony Mundine und sein Traum vom Titel endgültig abserviert.

Genau so war es. Wobei ich in zwei Dingen noch Ergänzungen liefern kann. Bei der Szene in Runde acht, in der ich plötzlich auf dem Boden lag, mag irgendwie eine Hand von Mundine mit dabei gewesen sein. Schlagwirkung aber war es auf keinen Fall. Ich war voll da, wie im ganzen Kampf – der Alarmruf von Ulli in den Tagen vor dem Duell hatte eine perfekte Wirkung gehabt. Die Beschwerden vom Team Mundine fand ich jedenfalls vollkommen lächerlich. Denn, wenn es die Schlagwirkung gewesen wäre, hätte der Australier einen Riesenvorteil gehabt, weil der Ringrichter mir ja eben nicht die Verschnaufpause durch das Anzählen ermöglicht hätte. So aber war es absolut korrekt. Die zweite Ergänzung ist noch einmal ein Blick in mein Seelenleben. Ich hatte nicht das geringste Mitleid mit Mundine.

Nie zuvor und nie danach und hoffentlich nie mehr in meinem Leben habe ich einen Gegner gehabt, der mir so auf die Nerven gegangen ist. Ein bisschen Show kann ich ja vertragen, aber Mundine war ein dummer Sprücheklopfer. Er hat darum gebettelt, richtig Dresche zu bekommen. Und ich bin heute noch überglücklich, dass mir das gelungen ist. Man soll ja, wie erwähnt, nie nie sagen. Und wenn ich behaupte, dass mir K.o.s nichts bedeuten, dann gilt das auch – mit dieser einzigen Ausnahme. Anthony Mundine, das Großmaul, hat genau das bekommen, was er verdient hat.

Dass Gabi zum Zeitpunkt dieses Kampfes hochschwanger war, steht in dem Zeitungsartikel. Wir wussten zu diesem Zeitpunkt schon, dass es ein Junge wird. Und mein Entschluss, ihn Marc-Steffen zu nennen, stand ebenfalls schon fest. Nur wollte ich das nicht an die große Glocke hängen, also kam es zu einem kuriosen Missverständnis mit einem Teil der Presse – und mit meiner Mutter. Ziemlich oft bin ich gefragt worden, wie unser Sohn denn heißen würde. Und irgendwann ist mir dann der Satz rausgerutscht, den mein Schwiegervater mal aus heiterem Himmel in eine der dauernden Namens-Diskussion geworfen hat: „Wir können ihn ja Otto Ottke nennen." Das war natürlich die perfekte Schlagzeile. Otto Ottke. Und meine Mutter ist fast in Ohnmacht gefallen. Sie hat sofort angerufen und versucht, ihr Veto einzulegen. Es hat eine Weile gedauert, bis ich ihr die Hintergründe dieser Otto-Geschichte erklären konnte.

Auch diesmal war ich bei der Geburt dabei, wobei ich im Gegensatz zum ersten Mal Gabi gar nicht so gut helfen konnte. Marc-Steffen auf die Welt zu bringen war viel schwieriger und dauerte viel länger als bei Rebecca. Gabi muss irrsinnige Schmerzen durchlitten haben und ich kam mir so völlig hilflos vor. Auf jeden Fall war ich heilfroh, als ich am 31. Dezember 2001 den kleinen Fratz endlich in den Händen halten konnte. Er kam ja zwei Wochen nach dem zuvor errechneten Geburtstermin, mit 53 Zentimeter Länge und 4200 Gramm Kampfgewicht - und war vollkommen sauber. Wie er so dalag, sah er richtig kernig aus, so richtig mit Muskeln und so. Ich glaube, der erste Satz, den ich zu Gabi gesagt habe war: „Er sieht aus, als wäre er im Trainingslager gewesen." Für Rebecca war es in den ersten Wochen schon eine Umstellung. Immerhin hatte sie über neun Jahre im Mittelpunkt gestanden und plötzlich drehte sich alles um das Brüderchen. Aber ich glaube, Gabi, Rebecca und ich haben das schon ganz gut hinbekommen. Jedenfalls entwickelt sich Marc-Steffen prächtig. Bereits nach nicht einmal einem Jahr, wir waren gerade im Weihnachtsurlaub 2002 auf Fuerteventura, hat er angefangen zu laufen. Ich sag's heute schon. Der Kleine wird ein Athlet. Die ersten Erfahrungen hat er als vermutlich jüngster Gast auf dem „Ball des Sports" der Deutschen Sporthilfe am 1. Februar 2002 in Frankfurt gesammelt.

Solche Termine sind für mich kein bisschen Pflicht, sondern ein Genuss. Unter Sportlern habe ich mich, wie erwähnt, schon immer wohlgefühlt. Das hat sich bei anderen Auftritten in der Öffentlichkeit, die das Weltmeister-Leben so mit sich bringt, erst im Laufe der Zeit entwickelt. Inzwischen habe ich sogar Spaß daran, mal bei „St. Angela" als Nebenrolle aufzutreten, oder mich von Stefan Raab verulken zu lassen. Raab hatte einen meiner weniger lustvollen Fernsehauftritte ausgegraben und dann, als ich Gast bei ihm war, breitgetreten. Ich sollte für eine Quiz-Sendung Begriffe umschreiben und dazu den Text von einem Teleprompter ablesen. Ich weiß ja nicht, wie viel Übung man dazu braucht – ich brauchte jedenfalls eine Menge. Vor allem die Beschreibung eines Gartenzwerges brachte mich an den Rand des Tobsuchtsanfalls – und die gemeinen, gemeinen Menschen bei dieser Sendung haben natürlich auch die Pannen-Bänder aufgehoben. Ich habe mich jedenfalls vollkommen zum Larry gemacht, und Gabi war auch keine große Hilfe. Sie ist in Stefan Raabs Sendung vor Lachen fast kollabiert. Hahaha. Nein, ich kann schon über mich lachen. Und ich kapiere die Regeln des Showgeschäfts von Jahr zu Jahr mehr. Es ist halt so, dass man mitspielt, selbst wenn man mit einem Affen, der angeblich malen kann, in einen Raum gesperrt wird und plötzlich das Chaos ausbricht. Hey, wer da nicht sofort nach der versteckten Kamera sucht, der kriegt auch sonst garantiert nichts mehr mit. Aber man will dann doch kein Spielverderber sein und sagt sich, okay, ich verstehe Spaß. Insgesamt ist das schon ein langer, bunter, wundersamer und manchmal wunderbarer Weg von meinem ersten Fernseh-Interview auf der Baustelle, damals, 1985 nach dem ersten Amateurtitel, bis hin zu „Biolek" oder „Zimmer frei". Ich bin, unterstützt durch die unermüdliche Arbeit meiner PR-Agentur, verdammt weit gekommen. Auch in dieser Hinsicht.

9 Vier Siege und ein unmoralisches Angebot

Endspurt auf der Zielgeraden

Das Wettkampf-Jahr 2002 begann für mich mit dem Spaziergang, den wir eigentlich einen Kampf zuvor erwartet hatten. Weil mein K.o. gegen Mundine auf dem fünften Kontinent für eine Menge Aufsehen gesorgt hatte, war das dortige Fernsehen gleich noch einmal daran interessiert, dass ich einen Australier boxe. Zusätzliche Einnahmen aus dem Verkauf von TV-Rechten kommen meinem Manager natürlich recht. Und ich boxe sowieso jeden, den mein Team aussucht. Wobei der inzwischen zu Universum gewechselte Matchmaker Jean-Marcel Nartz mit Wilfried Sauerland und Ulli Wegner für die Auswahl gesorgt hat. Rick Thornberry war vom Auftreten her das absolute Gegenteil von Mundine. Ein korrekter, ruhiger Sportler, der allerdings nicht viel mehr als seinen Ehrgeiz und einen harten Schädel mit in den Ring brachte. Ein glattes zu Null war das Resultat. Zwölf Runden für mich auf allen drei Punktzetteln, keine einzige für Thornberry. Heißt 120:108. Viel mehr ist dazu nicht mehr zu sagen.

Höchstens noch zehn Millionen Sachen. Besser gesagt: zehn Millionen Mark. Denn ein Angebot in dieser Höhe hatte ich vor dem Thornberry-Kampf bekommen. Ausgerechnet von Klaus-Peter Kohl, dessen Universum-Boxstall einen vielbeachteten, hochdotierten Vertrag mit dem ZDF abgeschlossen hatte. Kohl lockte mich mit einem Angebot für vier Kämpfe, die mir die erwähnte Summe einbringen sollten. Ich gebe zu, dass mir im ersten Moment schon heiß und kalt geworden ist. Automatisch überprüft man dann seinen laufenden Vertrag, das würde jeder normale Arbeitnehmer auch machen. Aber nach reiflicher Überlegung habe ich mich entschieden, bei Sauerland zu bleiben. Ich wäre doch völlig unglaubwürdig geworden, wenn ich plötzlich bei dem Mann angeheuert hätte, über dessen Spielzeug WBO ich mich seit Jahren lustig gemacht hatte. Geld ist verdammt wichtig, keine Frage, aber Geld ist nicht alles. Ich bin hundertprozentig davon überzeugt, die richtige Entscheidung getroffen zu haben. Die zehn Millionen waren eine Versuchung, mehr nicht. Ich erledige die Dinge eben auf meine Art und Weise.

Dazu gehört auch mein Sponsor „Condomi". Ich habe ja nicht nur durch die Wahl dieses Sponsors für Aufsehen gesorgt, sondern auch dadurch, das ich im wahrsten Sinn des Wortes meine Haut zu Markte trage. Das hat mal ein Journalist ganz clever über den Condomi-Schriftzug geschrieben, den ich bei den Boxkämpfen auf dem Rücken trage. Diese Tätowierung auf Zeit wird immer am Donnerstag vor dem Kampf aufgetragen und wäscht sich im Verlauf einer Woche wieder ab. Ich stehe tausendprozentig dazu. Ich glaube, dass die Aids-Gefahr schon wieder viel zu sehr aus den Köpfen vor allem von jungen Menschen verschwunden ist. Darauf hinzuweisen, dass man mit Kondomen sicherer lebt, ist deswegen etwas völlig Normales.

Ich habe schon viel über mein Verhältnis zu Ulli Wegner erzählt. Wir sind ein perfektes Team. Ulli wäre kein guter Trainer, wenn er nicht selbst nach klar gewonnenen Kämpfen noch immer ein bisschen Kritik in seiner Kampfanalyse verstecken würde. Aber im Juni 2002 hat er mich in höchsten Tönen gelobt. Mein zweites Aufein-andertreffen mit Thomas Tate bezeichnet Ulli als die beste taktische Leistung meiner Laufbahn. Ich gebe ihm Recht. In diesem Kampf hat alles gepasst. Tate, wie erwähnt, boxt immer im gleichen Tempo – und ich war perfekt vorbereitet. Der Kampf war in Nürnberg, was bedeutet, dass ich am Vorabend bei der Rodel-Olympiasiegerin Sylke Otto mit Nudeln satt fit gemacht werde - und Sylkes Knoblauchsoße ist eine Wucht. In der zweiten Runde habe ich Tate voll erwischt, er ging zu Boden und durch die Schlagwirkung platzte sein Trommelfell. Ich hatte mehrmals den Eindruck, auch dieser Kampf könnte vorzeitig zu Ende gehen. Das ist nicht passiert, aber super deutlich war es allemal. Irgendwie habe ich den Eindruck, dass ich bei Wiederholungen zehnmal mehr dazu lerne als meine Gegner. Mir soll's recht sein.

Zu dieser Zeit, im Juni 2002, hatten Gabi und ich uns entschlossen, uns einen lange gehegten Wunsch zu erfüllen. Mit zwei Kindern war es Zeit, die Mietwohnung in der Sonntagstraße aufzugeben und ein Haus zu kaufen. Der Umzug fiel ausgerechnet in die Vorbereitungszeit auf meinen nächsten Kampf. Eine große Hilfe war ich Gabi und den ganzen Familienmitgliedern und Freunden, die beim Modernisieren kräftig mitgeholfen haben, wirklich nicht. Einen einzigen Tag vor der Abreise zum Training habe ich selbst mitgewerkelt, wobei mein Versuch, die alte Badewanne und die alte Duschwanne mit einem normalen Hammerbeil herauszuschlagen auch nicht hundertpro-zentig klappte. Jedenfalls saß ich, während Gabi und viele Helfer das Haus auf Vordermann brachten, in Leipzig – und damit mittendrin in der Gegend, in der die große Flut des Jahres 2002 Häuser zu Hunderten platt gemacht hat. Das war der Oberhammer, als ich die Bilder gesehen habe. Da kaufe ich gerade ein Haus, eines in der Nähe eines völlig ungefährlich aussehenden Kanals, der dort durch den Wald hinter unserem kleinen Grundstück fließt. Und andere Menschen, die in den zwölf Jahren seit der Wende jeden Pfennig in

Mein Svennie

12. Runde: Der Journalist

„17 Jahre Berichterstattung über Sven Ottke – und alles begann mit einem Missverständnis. Eigentlich war ich damals,1985, als junger Reporter der BZ im Leistungszentrum in der Berliner Deutschlandhalle, um eine Story über die boxenden Brüder Michael und Mathäus Gusnick zu recherchieren. Aber das gestaltete sich ziemlich schwierig – die beiden kamen einfach nicht. Sven war da – und ist seitdem bis zum heutigen Tag im Blickpunkt meiner Berichterstattung geblieben. Damals malträtierte er den Sandsack unter den Augen von Landestrainer Bubi Dieter und hatte kein Problem, als Aushilfs-Geschichte einzuspringen. Ich konnte ja nicht ohne Thema in die Redaktion zurückkommen. Eine Woche später liefen wir uns beim nächsten Bundesliga-Kampf über den Weg, Svennie wickelte gerade seine Bandagen um die Fäuste und sagte: „Ist doch ganz gut geworden für 'ne „Not-Story."

Matthias Brzezinski (47), von 1983 bis 1995 Box-Experte der Berliner „BZ" und seit 1995 bei der „Berliner Morgenpost".

So locker und offen ist er bis heute. Sven nimmt sich auch als Star nicht übertrieben wichtig. Er kann zuhören, ist für jede Idee empfangsbereit – sagt aber genauso ehrlich, wenn ihm etwas nicht passt, er von einer Sache keine Ahnung oder kein Interesse daran hat. Er bringt die Sachen auf den Punkt – im Boxring und außerhalb. Erfrischend unkompliziert – auch 17 Jahre nach unserem kuriosen Kennenlernen."

ihr Haus gesteckt haben, stehen plötzlich vor dem Nichts. Da gab es einen Amateurfilm, der zeigte, wie das Wasser durch eine enge Straße raste und zuerst einen Baucontainer gegen eine Häuserecke knallen ließ, dann kam eine Telefonzelle hinterher. Oder die andere Szene, in der fünf Menschen auf einer alleine stehen gebliebenen Hausmauer saßen, ganz ruhig dort saßen, und auf Rettungskräfte warteten. Mir war sofort klar, dass ich mich der unglaublichen Spendenbereitschaft, die in Deutschland spürbar wurde, anschließen würde. Das war kein großer Schritt. Ich stehe auf der Sonnenseite des Lebens und was dort im Flutgebiet passiert ist, hat mir das noch einmal überdeutlich gemacht. Das folgende Telefonat mit Gabi war der Knüller. Ob man es glaubt oder nicht, sie stand gerade im Baumarkt an der Kasse, weil sie Fliesen für unser Haus kaufen wollte. Die Fliesen haben vermutlich keine hundert Euro gekostet, aber am Ende des Telefonats waren es 50.000 Euro mehr. Das war die Summe, die ich mir als Spende vorgenommen hatte. Und obwohl Gabi zuerst richtig erschrocken ist, hat sie schnell zugestimmt.

Ich gebe offen zu, dass die Sache mich ziemlich abgelenkt hat. Ich hatte in Leipzig zu viele andere Dinge im Kopf, dabei hätte ich mich auf meinen Gegner, Joe Gatti, konzentrieren sollen. So aber habe ich mit vielen Leuten gesprochen, wie ich das mit der Spende am sinnvollsten rüberbringe. Ich wollte ja nicht als großer Max dastehen, sondern als Vorbild andere Menschen dazu bringen, vielleicht auch zehn oder 50 Euro zu spenden. Und mittendrin in der unmittelbaren Kampfvorbereitung kam mir auch noch die Idee, das mit meiner Bekanntgabe der Botschafterrolle für die Leipziger Olympiabewerbung für das Jahr 2012 zu verbinden. Auch das kommt von Herzen. Stuttgart hatte mich bereits angesprochen, weil ich ja als Karlsruher um die Ecke wohne. Düsseldorf hatte angefragt, weil ich ja in Köln trainiere. Aber ich habe beide Male abgesagt, weil ich sowieso Leipzig favorisiert habe. Ich bin der Meinung, dass der Osten weiter jede Hilfe braucht, die ganz Deutschland nur geben kann. Wenn ich in den neuen Bundesländern bin, der Sauerland-Stall hatte ja neben Magdeburg und Leipzig auch schon Veranstaltungen in Riesa und Chemnitz, dann sehe ich auf den ersten Blick, dass die Abwanderung nach wie vor enorm sein muss. Olympia 2012 wäre eine Riesennummer für den Aufbau Ost. Das ist meine Argumentation. Und dazu stehe ich.

Um das alles richtig rüberzubringen, habe ich in den Tagen vor dem Kampf mehr um meine Rede gekümmert, die ich nach dem Sieg im Ring halten wollte, als mich auf den Sieg selbst vorzubereiten. Und dann hat mich Gatti auch noch mit seiner Taktik überrascht. Wieder was dazugelernt, kann ich im Nachhinein sagen. Ich hatte zuvor noch nie einen Gegner, der, und mit dieser Einschätzung bin ich mir absolut sicher, gar nicht vorhatte, über zwölf Runden zu gehen. Gattis Denkweise muss ungefähr so gewesen sein: Sechs Runden volle Kanne und volle Kanone. Wenn es klappt ist's gut, wenn nicht, gehe ich eben unter. Ich habe diesen wilden Ansturm überstanden, aber mehr Treffer genommen als ich bei perfekter Vorbereitung eingesteckt hätte. Denn erst nach ein paar Runden habe ich kapiert, was Sache ist. Dann konnte ich allerdings ganz cool abwarten, bis er sein Pulver verschossen hatte. In Runde acht hatte ich ihn zum ersten Mal auf dem Boden, in Runde neun kam ein zuge-gebenermaßen wunderschöner K.o. hinterher. Diese Rechte war reif für einen Lehrfilm. Sauber mit Finten vorbereitet, die Aktion des Gegners abgepasst, das Gewicht auf dem richtigen Fuß und aus der Schulter heraus auf den Punkt durchgezogen. Schicht im Schacht. Und die Rede mit der Spende und meinem Olympia-engagement habe ich auch einigermaßen sauber herausgebracht.

Was mich dann aber völlig angekotzt hat, war das Nachspiel, das Mister Gatti inszeniert hat. Er war rund um den Kampf ein tadelloser Sporler, ist sogar, als ich nach ihm in den Raum der Pressekonferenz kam, aufgestanden und hat applaudiert. Aber einen Tag später erzählte er Geschichten vom Pferd. Ich hätte überhaupt keine K.o.-Power, deswegen könne das alles nicht mit rechten Dingen zuge-gangen sein. Der Vorwurf lautete: Sven Ottkes Bandagen oder Handschuhe waren manipuliert. So eine Nummer ärgert mich kolossal. Schlechte Verlierer sind etwas Widerliches. Was meine K.o.-Power angeht, hätte Gatti ja mal bei einem ganz bestimmten Australier nachfragen können. Aber was mir am meisten stinkt, ist, dass nach solchen Lügengeschichten immer etwas hängen bleibt. Man kann sich verteidigen wie man will, der Vorwurf ist in der Öffentlichkeit. Aber trotzdem will ich mal aufklären, was beim Bandagieren passiert: Kein Kämpfer darf seine Bandagen bekom-men, ohne dass ein Mitglied, meistens der Assistenztrainer, des gegnerischen Lagers dabei ist. Auch von Gatti war ein Aufpasser in meiner Kabine, als Dennie Mancini sich mit meinen Fäusten beschäftigt hat. Wenn die Bandagen fertig sind, werden sie vom Ringrichter des Kampfes oder dem Supervisor der IBF abgezeichnet. Das passiert mit einer Unterschrift über die ganze Länge der Bandage, damit verhindert wird, dass man die Bandagen noch einmal neu wickeln kann. Die Unterschrift wirkt praktisch wie ein Siegel. Und auch dabei ist der Aufpasser des anderen Boxers noch anwesend. Die Handschuhe wiederum werden vom Ringrichter in die Kabine gebracht und ebenfalls signiert. Bleiben da noch Fragen offen? Joe Gatti ist einfach ein mieser Verlierer. Ich kümmere mich lieber um andere Dinge. Gabi und ich haben uns einige Vorschläge für die

Verwendung unseres Spendengeldes machen lassen. Ich wollte schon wissen, was damit passiert. Entschieden haben wir uns dafür, den Wiederaufbau eines Sport- und Jugendzentrums mitzufinanzieren. Das passt.

Der letzte Kampf des Jahres 2002 fand wieder in der Arena in Nürnberg statt. Ich mag die Halle, weil sie sehr eng wirkt, ohne wirklich eng zu sein. Die Atmosphäre kommt einfach gut rüber. Und bei dem Duell mit dem Dänen Rudi Markussen konnte ich die Hilfe durch das Publikum gut gebrauchen. Vielleicht war die Routine der immerhin schon 16 Titelverteidigungen schuld, aber ich habe Markussens Kondition unterschätzt. Jedenfalls hatte ich alle Hände voll zu tun. Am meisten hat mich geärgert, dass ich einen Fehler gemacht habe, von dem ich dachte, ich hätte ihn längst abgestellt. Ich habe mich in der ersten Runde überraschen lassen. Der Volltreffer von Markussens rechter Hand gehört in die Top Drei der härtesten Dinger, die ich als Profi einstecken musste. Der Aufwärtshaken von Brewer in meinem allerersten Titelkampf und das dumme Ding in der letzten Runde gegen James Butler komplettieren diese miese Rangliste. Auf eine genaue Wertung mit den Plätzen eins, zwei und drei habe ich wirklich keine Lust. Zum Glück, da kommt Routine positiv zum Tragen, habe ich längst gelernt, solche Momente zu vertuschen. Markussen hat wirklich nicht gemerkt, dass diese Hand mich unter Strom gesetzt hat. Insgesamt hat er das Tempo zwölf Runden lang erstaunlich hoch gehalten. Zum Glück hatte er einen Durchhänger in den mittleren Runden. Da habe ich den Vorsprung herausgeboxt, der dann auf den Punktrichterzetteln keine Zweifel ließ. Acht Runden für mich, vier für ihn – das war schon so, aber ich hatte es mir viel leichter vorgestellt.

Die 16. Titelverteidigung, mein 17. erfolgreicher WM-Kampf, hätte gut und gerne mein letzter Auftritt als Profi sein können. Wenn ich mich an meine eigenen Worte gehalten hätte. 2002 soll Schluss sein, habe ich immer wieder gesagt. Auch Rebecca hatte ich mal versprochen „Wenn Du acht Jahre bist, höre ich auf." Im Juni 2002 wurde sie neun – und ich boxe immer noch. Der Grund: Ich fühle mich topfit, sehe keinen großen Verschleiß und deshalb keinen Grund, abrupt alles hinzuschmeißen. Ein bisschen werde ich also noch weitermachen. Mal schauen, was die nächsten Kämpfe bringen. Mein großes sportliches Ziel ist seit Jahren eine Titelvereinigung. In dem Moment, in dem jetzt darüber rede, sieht es ganz gut aus. Das wäre schon ein echter Knüller auf der Zielgeraden meiner Karriere.

Ja, dort sehe ich mich, auf der Zielgeraden – aber ich fühle mich immer noch so gut, dass ich einen sauberen Endspurt hinlegen will.

10 Nimm's so wie es ist, und mach' das Beste daraus

„Ich lebe meinen Traum"

Mein Co-Autor hat gesagt, am Ende dieses Buches müsse eine Botschaft stehen. Ich solle mir ein paar Gedanken machen. Na gut, ich probiere das mal.

Ich glaube, ich habe alles erzählt, alles Wichtige zumindest, und hoffe, dass sich jeder Leser daraus das richtige Bild machen kann. Ich bin so wie ich bin. Und meiner Meinung nach vor allem deshalb, weil ich keine großen Ansprüche oder Erwartungen habe. Nimm's so wie es ist und mach' das Beste daraus, lautet mein Motto.

So, wie mein Leben bisher gelaufen ist, müsste ich eigentlich jeden Tag in die Kirche gehen. Ich habe so viel Glück gehabt, so viel erreichen können, dass es mich manchmal fast umhaut, wenn ich darüber nachdenke. Natürlich habe ich knallhart dafür gearbeitet und gelebt, aber das tun andere auch und werden von bösen Verletzungen gestoppt oder geraten irgendwie in eine Lebenskrise und müssen den Sport aufgeben. Ich hatte immer das Gefühl, dass ich einen Schutzengel habe. 1987 zum Beispiel, als ich mit zwei anderen Berliner Amateurboxern, Frank Zegel und Michael Gusnick, von einem Nationalmannschafts-Lehrgang aus Hennef zurück nach Berlin fuhr. Frank Zegel saß am Steuer seines weißen BMW – und bei Tempo 170 ist ein Reifen geplatzt. Ich habe auf der Rückbank geschlafen und plötzlich gab es diesen mörderischen Knall und alles um mich herum war Chaos. Wir haben uns mehrmals überschlagen – aber bis auf eine Arm-verletzung bei Frank ist nichts passiert. Als Sportler hatte ich ebenfalls so gut wie nie Verletzungspech. Ich hatte zwei nicht sehr komplizierte Operationen im Knie und in jeder Hand musste einmal eine Kapsel repariert werden. Sonst nichts. Mein Körper hält die Wahnsinns-Belastung des Boxsports seit über 20 Jahren durch.

Ich habe eine wunderbare Frau und zwei supertolle Kinder. Ich habe eine Menge Geld verdient, ein eigenes Haus, vor dem zwei Autos stehen. Ich habe die ganze Welt kennen gelernt und Dutzende von Freunden gefunden. Freunde, die bleiben werden, auch wenn ich nicht mehr im Rampenlicht stehe. Mehr kann ein Mensch nicht verlangen.

Eine Sorge habe ich doch. Was mache ich eigentlich, wenn die Scheinwerfer ausgehen? Ich habe nie Angst, ich weiß, dass ich im Großen und Ganzen immer klarkommen werde. Aber die Frage, was ich nach dem Boxen tun werde, tun soll, treibt mich schon um. Ich bin garantiert kein Mensch, der auf Dauer zu Hause sitzt und Geld vom Konto holt, um zu leben. Ich brauche etwas, das mich fordert. Auch geistig fordert. Sonst werde ich unruhig und treibe mich und mein Umfeld an den Rand des Wahnsinns. Ich würde gerne im TV-Bereich Fuß fassen, aber nicht als Pausenclown, sondern mit einer Perspektive. In dem Moment, in dem ich das sage, kommt auch schon die Frage hoch, ob ich das Zeug dazu habe? Ob ich mich, falls ich die Chance bekommen würde, auch voll hineinknien könnte? Ich kann mir auch sehr gut vorstellen, zu Mercedes-Benz zurückzukehren. Am liebsten in den Bereich Sportmarketing. Auch dafür würde ich mich gerne weiterbilden, weiterentwickeln. Wenn ich nur heute schon wüsste, dass ich das packe.

Ich habe also Bammel davor, beim Sprung zurück ins völlig normale Leben irgendwie zu stolpern. Ich habe in den vergangenen Monaten deutlicher als je zuvor gespürt, dass ich zu Hause fehle, dass ich Gabi mit vielen Dingen und unseren beiden Kinder in gewisser Weise alleine lasse. Aber was passiert, wenn ich immer zu Hause bin? Ich hoffe, wir kriegen das gemeinsam hin, selbst wenn ich am Anfang vielleicht ein bisschen ins Schwimmen gerate.

Ist schon komisch. Irgendwie komme ich mir vor, als müsste ich mich jetzt schon auf ein zweites Leben vorbereiten. Dabei stehe ich noch mittendrin im ersten. Mittendrin in jenem Leben, das lange Zeit eine Achterbahnfahrt war. Aber eine Achterbahnfahrt ins Glück.

Es gibt Momente, die sind einfach unbeschreiblich schön. Sonntagmorgen zu Hause in unserem Schlafzimmer. Wenn der kleine Marc-Steffen zwischen Gabi und mir liegt und sich Rebecca mit dazukuschelt. Das ist das Höchste, dafür lohnt sich alles.

Training begeistert mich noch wie am ersten Tag, damals, 1982. Von einer vollen Halle nach einem WM-Triumph gefeiert zu werden, ist ein geiles Gefühl. Eines, um das man uns Sportler wirklich beneiden darf. Aber das wirklich Wichtige im Leben sind andere Dinge. Ein Sonntagmorgen mit der Familie etwa. da spüre ich, dass ich etwas aus meinem Leben gemacht habe. Dass ich, das Problemkind, der angeblich zu kleine Amateur-Mittelgewichtler, der Profi ohne große Perspektive, immer wieder die Zweifel besiegt habe. Ich habe einfach nie aufgegeben, habe mich auf meine Fähigkeiten verlassen und ab und zu die Zähne zusammengebissen, wenn es besonders hart wurde. Vielleicht kann ich auf diese Weise ein kleines Beispiel sein, dass man sehr, sehr viel erreichen kann, wenn man nur an sich glaubt. Ich jedenfalls glaube, dass Sport ein ganz wichtiger Teil in der Entwicklung eines Kindes sein kann. Man ist beschäftigt, weg von der Straße, man gewinnt Selbstvertrauen, man lernt Disziplin. Wenn ich an die Sparmaßnahmen denke, an die Schwimmbäder und Sporthallen, die zu Hunderten geschlossen werden, wenn ich höre, dass alle auch noch so minimalen Anreize für ehrenamtliche Tätigkeiten in Sportvereinen weiter herunter-geschraubt werden, dann frage ich mich, warum man dort kürzt wo man meiner Meinung nach am meisten erreichen kann. Kinder sind die Zukunft, der Satz ist genauso banal wie großartig. Und Kinder, dazu gehören auch Jugendliche, brauchen Hilfe an allen Ecken und Enden. Ich hatte jede Menge Hilfe. Aus der Familie, von Freunden, im Verein, im Sport allgemein – und ich bin dankbar dafür.

Deshalb ist das meine Botschaft: Wenn wir unseren Kindern helfen, ihnen Halt und Ziele geben, dann helfen wir uns selbst am Meisten.

Ich sage es noch einmal: Man nehme mich als Beispiel und denke darüber nach, was passiert wäre, wenn es kein Box-Training beim Spandauer BC gegeben hätte, etwa, weil die Stadt Berlin die Betreiber-Zuschüsse für die Gehrke-Halle gestrichen hätte. Oder, wenn meine Trainer die Lust verloren hätten, weil sie nicht einmal mehr Fahrtkosten pauschal abrechnen dürfen. Was wäre aus mir geworden?

Was aus mir geworden ist, das steht in diesem Buch. Und wenn Sie mich demnächst mal sehen, live im Boxring, in irgendeiner Fernsehsendung oder auch einfach nur privat auf der Straße, dann hoffe ich, dass man mir ansieht, wie ich diese dreieinhalb Jahrzehnte sehe. Ich will einfach nur sagen: Ich lebe meinen Traum.

Sven Ottke

Mein Svennie

Pressekonferenz: Der Macher

„Man soll niemals nie sagen. Aber irgendwie fehlt mir die Vorstellungskraft, dass wir noch einmal einen Boxer erleben werden, der erst mit knapp 30 Jahren ins Profilager wechselt und dann über 15 Titelverteidigungen aneinanderreiht. In einem der großen drei Weltverbände wohlgemerkt. Nicht irgendwo in der Buchstabensuppe der Witz-Verbände.

Sven ist ein außergewöhnlicher Profi, der alle Erwartungen weit übertroffen hat. Wir wollten ihn zuerst das „Phantom" nennen, weil er so irrwitzig schnell ist. Aber der treffende Kampfname wäre das „Chamäleon".

Wilfried Sauerland (62), führte neben Sven Ottke auch Graciano Rocchigiani, Henry Maske und Markus Beyer zu WM-Titeln.

Ich habe noch nie einen Kämpfer gesehen, der sich so perfekt auf seine Gegner einstellen kann. Manchmal ärgert mich das als Promoter. Weil Sven seine Kontrahenten so genau analysiert, dass er immer nur einen Tick besser boxt. Er geht dabei so rationell mit seinen Möglichkeiten um, dass es schon wieder eine Kunst ist. Ist der Gegner von normaler Qualität, ist Sven einen Tick besser. Also etwas besser als normal. Ist der Gegner Weltklasse, ist Sven allerdings wieder eine Kleinigkeit besser. Und das sind die Kämpfe, die mich über alle Grenzen begeistern. Bei denen ich in der ersten Reihe jede Runde, jede Aktion mitgehe. So sehr, dass ich dann in Svens Umkleide meinen mitgebrachten zweiten Anzug auspacken und anziehen muss, um zur Siegerparty wieder präsentabel zu sein.

Ich lege hier gerne das Geständnis ab, dass ich Sven damals bei der Vertragsunterzeichnung Anfang 1997 als potenziellen Europameister eingekauft habe. Nur als Europameister. Wenn damals die sprichwörtliche gute Fee gekommen wäre und mir gesagt hätte, Sven Ottke gewinnt eine WM und verteidigt sie dreimal, hätte ich sofort eingeschlagen. Um so schöner ist das, was sich seit Oktober 1998, seit Svennies WM-Triumph gegen Charles Brewer, entwickelt hat.

Und meine Schuld für die Ungläubigkeit habe ich inzwischen auch abgetragen. Denn bei dem spektakulären Duell gegen den Australier Anthony Mundine konnte ich zum allerersten Mal nicht live dabei sein. Ich war mit Svens Stallkollegen Markus Beyer in Thailand, um beim Kongress des Weltverbandes WBC die Weichen für eine WM-Chance zu stellen. Über 10.000 Kilometer Entfernung waren die Nachrichten von der Nervosität in unserem Lager unerträglich. Ich war fix und fertig - und dann schickte mir mein Sohn Nisse eine SMS: „Wow, what a knockout." Erst nach meinem hektischen Telefonat hatte ich die Gewissheit, dass der Richtige durch K.o. gewonnen hatte. Danke, Svennie. Und manchmal darf man doch **nie** sagen. Ich werde nie mehr bei einem Deiner Kämpfe fehlen. Versprochen."

Die Amateurzeit

ANFANG UND ENDE

1. Kampf: 3. Oktober 1982 beim Spandauer Juliusturm-Turnier:
Halbweltergewicht: Sven Ottke (Spandauer BC 26) Punktsieger über Mehmet Jücel (Olympia 75 Berlin)

335. und letzter Kampf: 1. März 1997 beim Bundesliga-Kampf Sparta Flensburg – SV Halle
Mittelgewicht: Sven Ottke (Flensburg) 17:3-Punktsieger über Jozsef Gilewski (Halle) – 286. Sieg.

DEUTSCHE MEISTERSCHAFTEN, SENIOREN

23. November 1985 in Haselünne:
Finale Mittelgewicht: Sven Ottke 4:1-Punktsieger über Manfred Zielonka (Düren/ Olympiadritter 1984)

1. November 1986 in Bochum:
Finale Mittelgewicht: Sven Ottke RSC (Überlegenheit)-Sieger 3. Runde über Sandro Unglaub (Amberg)

7. November 1987 in Nürnberg:
Finale Mittelgewicht: Sven Ottke kampflos gegen Gerhard Schoberth (Bayreuth)

29. Oktober 1988 in Schriesheim:
Finale Mittelgewicht: Sven Ottke 5:0-Punktsieger über Gerhard Schobert (Bayreuth)

28. Oktober 1989 in Berlin:
Finale Mittelgewicht: Sven Ottke 5:0-Punktsieger über Thomas Reinecke (Leverkusen)

27. Oktber 1990 in Hamburg:
Finale Mittelgewicht: Sven Ottke kampfloser Sieger gegen Norbert Nieroba (Ahlen)

26. Oktober 1991 in Köln
Finale Mittelgewicht: Sven Ottke 5:0-Punktsieger über Norbert Nieroba (Ahlen)

31. Oktober 1992 in Karlsruhe:
Finale Halbschwergewicht: Sven Ottke (Karlsruher SC) 21:7-Punktsieger über Torsten May (Frankfurt/Oder)

30. Oktober 1993 in Bochum:
Finale Halbschwergewicht: Sven Ottke 14:9-Punktsieger über Jan Schwank (Flensburg)

29. Oktober 1994 in Berlin:
Finale Halbschwergewicht: Thomas Ulrich (Spandauer BC 26) 21:7-Punktsieger über Sven Ottke

21. Oktober 1995 in Duisburg:
Finale Mittelgewicht: Sven Ottke 16:10-Punktsieger über Dirk Eigenbrodt (Frankfurt/Oder)

26. Oktober 1996 in Riesa:
Finale Mittelgewicht: Sven Ottke RSC (Überlegenheit)-Sieger 3. Runde über Kai Kurzawa (Chemnitz) - 11. Titelgewinn

OLYMPISCHE SPIELE

17. September bis 2. Oktober 1988 in Seoul
Mittelgewicht:
1. Vorrunde: Sven Ottke 5:0-Punktsieger über Aaron Jacobashvili (Israel)
2. Vorrunde: Sven Ottke 4:1-Punktsieger über Ha Jong-Ho (Südkorea)
Achtelfinale: Sven Ottke 5:0-Punktsieger über Ruslan Taramow (UdSSR)
Viertelfinale: Egerton Marcus (Kanada) 5:0-Punktsieger über Sven Ottke

26. Juli bis 9. August 1992 in Barcelona
Mittelgewicht:
1. Vorrunde: Sven Ottke 15:2-Punktsieger über Richard Santiago (Puerto Rico)
Achtelfinale: Sven Ottke 9:2-Punktsieger über Brian Lentz (Dänemark)
Viertelfinale: Ariel Hernandez (Kuba) 14:6-Punktsieger über Sven Ottke

20. Juli bis 4. August 1996 in Atlanta
Mittelgewicht:
1. Vorrunde: Sven Ottke 11:4-Punktsieger über Jean-Paul Mendy (Frankreich)
Achtelfinale: Ariel Hernandez (Kuba) 5:0-Punktsieger über Sven Ottke

WELTMEISTERSCHAFTEN

Einer von 286 Siegen - hier gegen Rüdiger May.

17. September bis 1. Oktober 1989 in Moskau
Mittelgewicht:
Achtelfinale: Sven Ottke 22:17-Punktsieger über Mark Antony Edwards (England)
Viertelfinale: Sven Ottke 32:15-Punktsieger über Michal Franek (CSSR)
Halbfinale: Angel Espinosa (Kuba) 13:3-Punktsieger über Sven Ottke - **Bronze**

15. bis 24. September 1991 in Sydney
Mittelgewicht:
Achtelfinale: Sven Ottke 22:3-Punktsieger über Prince Tongi Taupongi (Solomon-Inseln)
Viertelfinale: Alexander Lebsjak (UdSSR) 21:16-Punktsieger über Sven Ottke

7. bis 16. Mai 1993 in Tampere
Mittelgewicht:
1. Vorrunde: Sven Ottke 13:1-Punktsieger über Alexander Lebsjak (UdSSR)
Achtelfinale: Ariel Hernandez (Kuba) 2:2 /22:14-Punktsieger über Sven Ottke

EUROPAMEISTERSCHAFTEN

EUROPAMEISTERSCHAFTEN

29. Mai bis 6. Juni 1987 in Turin
Mittelgewicht:
Achtelfinale: Sven Ottke RSC (Überlegenheit)-Sieger 3. Runde über Stefan Angehrn (Schweiz)
Viertelfinale: Henryk Petrich (Polen) K.o-Sieger 1. Runde über Sven Ottke

29. Mai bis 3. Juni 1991 in Athen
Mittelgewicht:
Achtelfinale: Andrej Kurnjawka (UdSSR) 4:1-Punktsieger über Sven Ottke

7. bis 12. Mai 1991 in Göteborg
Mittelgewicht:
Achtelfinale: Sven Ottke 43:7-Punktsieger über Dragomir Poleksic (Jugoslawien)
Viertelfinale: Sven Ottke 43:11-Punktsieger über Stephen Wilson (Schottland)
Halbfinale: Sven Ottke 35:29-Punktsieger über Alexander Lebsjak (UdSSR)
Finale: Sven Ottke 43:13-Punktsieger über Michael Franek (CSSR) - **Gold**

6. bis 12. September 1993 in Bursa
Halbschwergewicht:
Achtelfinale: Sven Ottke 9:1-Punktsieger über Daniel Lugurici (Rumänien)
Viertelfinale: Sven Ottke 12:0-Punktsieger über Zurab Paliani (Georgien)
Halbfinale: Sinan Samil Sam (Türkei) 4:2-Punktsieger über Sven Ottke – **Bronze**

29. März bis 7. April: Europameisterschaften in Vejle
Mittelgewicht:
Achtelfinale: Sven Ottke 2:0-Punktsieger über Adailik Agajew (Aserbaidschan)
Viertelfinale: Sven Ottke 11:5-Punktsieger über Brian Johansen (Dänemark)
Halbfinale: Sven Ottke 6:0-Punktsieger über Jean-Paul Mendy (Frankreich)
Finale: Sven Ottke 3:1-Punktsieger über Zsolt Erdei (Ungarn) - **Gold**

SONSTIGE WICHTIGE ERGEBNISSE

Erste internationale Medaille 1985 beim Nachwuchsturnier in Bydgoszcz/Polen:
Mittelgewicht, Halbfinale: Andrea Magi (Italien) 4:1-Punktsieger über Sven Ottke –
Bronze

Erste Länderkampfberufung am 13. Dezember 1985 in Berlin gegen Dänemark:
Mittelgewicht: Sven Ottke 2:1-Punktsieger über Palle Kaiser (Dänemark)

Erster Turniersieg im Juni 1986 beim Alpencup in Wels/Österreich:
Mittelgewicht, Finale: Sven Ottke 3:0-Punktsieger über Pietro Pellizaro (Italien)

Weitere Turniersiege:
1989 und 1990 Stockholm Box Open
1991 Intercup in Schriesheim und TSC-Turnier in Berlin
1992 Vorolympisches Turnier in Barcelona und Box-Gala Berlin
1994 Chemiepokal in Halle
1995 Multi Nations Turnier in Liverpool

Insgesamt 111 **Auswahlberufungen** durch den Deutschen Amateurbox-Verband (DABV) für Länderkämpfe und internationale Turniere

DUELLE MIT SPÄTEREN WELTKLASSE-PROFIS

Henry Maske (Frankfurt/Oder)

Finale des Berliner TSC-Turniers am 27. September 1987:
Mittelgewicht: Henry Maske 5:0-Punktsieger über Sven Ottke
Länderkampf DDR-BRD in Rostock am 20. November 1987:
Mittelgewicht: Henry Maske K.o.-Sieger 1. Runde über Sven Ottke

Thomas Ulrich (Spandauer BC 26)

Deutsche Meisterschaften in Berlin am 29. Oktober 1994:
Finale, Halbschwergewicht: Thomas Ulrich 21:17-Punktsieger über Sven Ottke
Bundesliga, Boxring Brandenburg – Boxring Berlin am 8. Januar 1995 in Frankfurt/Oder
Halbschwergewicht: Thomas Ulrich 18:12-Punktsieger über Sven Ottke
Bundesliga, Boxring Berlin – Boxring Brandenburg am 25. Februar 1995 in Berlin:
Halbschwergewicht: Sven Ottke 23:17-Punktsieger über Thomas Ulrich

Dariusz Michalczewski (Bayer Leverkusen)

Bundesliga, Boxring Berlin – Bayer Leverkusen,
1. April 1989, Mittelgewicht: Sven Ottke 3:0-Punktsieger über Dariusz Michalczewski
28. April 1990, Mittelgewicht: Sven Ottke 2:1-Punktsieger über Dariusz Michalczewski

Torsten May (Frankfurt/Oder)

Deutschland-Liga, Boxring Berlin – Boxring Brandenburg in Berlin, 16. Dezember 1990:
Halbschwergewicht: Sven Ottke 3:0-Punktsieger über Torsten May
Bundesliga, Boxring Berlin – Boxring Brandenburg am 24. Januar 1992:
Halbschwergewicht: Sven Ottke 5:0-Punktsieger über Torsten May
Finale der Deutschen Meisterschaften in Karlsruhe, 31. Oktober 1992:
Halbschwergewicht: Sven Ottke 21:7-Punktsieger über Torsten May
Bundesliga, Boxring Brandenburg – Boxring Berlin in Frankfurt/Oder, 20. März 1993:
Halbschwergewicht: Sven Ottke 27:21-Punktsieger über Torsten May

Michael Moorer (USA)

Länderkampf Deutschland – USA am 8. Juli in Berlin und 10. Juli in Peißenberg:
Berlin, Mittelgewicht: Sven Ottke 3:0-Punktsieger über Michael Moorer
Peißenberg, Mittelgewicht: Michael Moorer 3:0-Punktsieger über Sven Ottke

Chris Byrd (USA)

Länderkampf USA-Deutschland in West Palm Beach am 11. Spril 1992:
Mittelgewicht: Sven Ottke 3:0-Punktsieger über Chris Byrd

Juan Carlos Gomez (Kuba)

Chemiepokal in Halle am 6. März 1994:
Finale Halbschwergewicht: Sven Ottke 9:9/49:38-Punktsieger über Juan Carlos Gomez

Die Profikarriere

1. Kampf, 22. März 1997 in Berlin:
Punktsieg, 6 Runden, über Eric Davis (USA)

2. Kampf, 13. April 1997 in Köln:
Technischer K.o.-Sieg, 2. Runde, über Jason Hart (England)

3. Kampf, 26. April 1997 in Leipzig:
Punktsieg, 6 Runden, über Teimuratz Kikelidze (Russland)

4. Kampf, 1. Juni 1997 in Riesa:
Punktsieg, 6 Runden, über Andy Flute (England)

5. Kampf, 22. Juni 1997 in Köln:
Punktsieg, 8 Runden, über Juri Filipko (Russland)

6. Kampf, 30. August 1997 in Berlin:
Punktsieg, 6 Runden, über Fermin Chirino (Venezuela)

7. Kampf, 18. Oktober 1997 in Wien:
Punktsieg, 8 Runden, über Roman Babajew (Russland)

8. Kampf, 13. Dezember 1997 in Düsseldorf:
Deutsche Meisterschaft im Halbschwergewicht:
Punktsieg, 10 Runden, über Saidi Ali (Deutschland)

9. Kampf, 28. Februar 1998 in Dortmund:
Disqualifikationssieg, 5. Runde, über Allen Smith (USA)

10. Kampf, 21. März 1998 in Berlin:
Punktsieg, 8 Runden, über Stephane Nizard (Frankreich)

11. Kampf, 30. Mai 1998 in Riesa:
WBC-International-Meisterschaft im Halbschwergewicht:
Punktsieg, 12 Runden, über Asmir Vojnovic (Kroatien)

12. Kampf, 22. August 1998 in Leipzig:
Punktsieg, 10 Runden, über William Krijnen (Niederlande)

13. Kampf, 24. Oktober 1998 in Düsseldorf:
IBF-Weltmeisterschaft im Super-Mittelgewicht:
2:1-Punktsieg, 12 Runden, über Titelverteidiger Charles Brewer (USA)
116:112, 115:113, 111:117 – Rekord Brewer: 32-5

14. Kampf, 27. Februar 1999 in Berlin:
IBF-Weltmeisterschaft im Super-Mittelgewicht:
Technischer K.o.-Sieg, 3. Runde, über Giovanni Nardiello (Italien)
Rekord Nardiello: 17-2-1

15. Kampf, 8. Mai 1999 in Düsseldorf:
IBF-Weltmeisterschaft im Super-Mittelgewicht:
3:0-Punktsieg, 12 Runden, über Gabriel Hernandez (Dom. Republik)
118:110, 118:110, 119:109 – Rekord Hernandez: 13-0-2

16. Kampf, 4. September 1999 in Magdeburg:
IBF-Weltmeisterschaft im Super-Mittelgewicht:
3:0-Technischer Punktsieg, 11. Runde, über Thomas Tate (USA)
97:93, 97:93, 96:94 – Rekord Tate: 36-5

17. Kampf, 27. November 1999 in Düsseldorf:
IBF-Weltmeisterschaft im Super-Mittelgewicht:
3:0-Punktsieg, 12 Runden, über Glencoffe Johnson (USA)
115:113, 115:113, 116:112 – Rekord Johnson: 36-3

18. Kampf, 11. März 2000 in Magdeburg:
IBF-Weltmeisterschaft im Super-Mittelgewicht:
3:0-Punktsieg, 12 Runden, über Lloyd Bryan (Jamaika)
117:109, 118:108, 120:106 – Rekord Bryan: 20-3

19. Kampf, 3. Juni 2000 in Karlsruhe:
IBF-Weltmeisterschaft im Super-Mittelgewicht:
3:0-Punktsieg, 12 Runden, über Tocker Pudwill (USA)
119:107, 119:106, 118:107 – Rekord Pudwill: 34-3

20. Kampf, 2. September 2000 in Magdeburg:
IBF-Weltmeisterschaft im Super-Mittelgewicht:
3:0-Punktsieg, 12 Runden, über Charles Brewer (USA)
116:112, 116:111, 113:116 – Rekord Brewer: 35-6

21. Kampf, 16. Dezember 2000 in Karlsruhe:
IBF-Weltmeisterschaft im Super-Mittelgewicht:
3:0-Punktsieg, 12 Runden, über Silvio Branco (Italien)
117:111, 117:111, 116:112 – Rekord Branco: 40-4-2

22. Kampf, 24. März 2001 in Magdeburg:
IBF-Weltmeisterschaft im Super-Mittelgewicht:
K.o.-Sieg, 8. Runde, über James Crawford (USA)
Rekord Crawford: 33-2-2

23. Kampf, 9. Juni 2001 in Nürnberg:
IBF-Weltmeisterschaft im Super-Mittelgewicht:
Technischer K.o.-Sieg, 11. Runde, über Ali Ennebati (Frankreich)
Rekord Ennebati: 30-2-1

24. Kampf, 1. September 2001 in Magdeburg:
IBF-Weltmeisterschaft im Super-Mittelgewicht:
3.0-Punktsieg, 12 Runden, über James Butler (USA)
118:109, 118:109, 119:108 – Rekord Butler: 18-1

25. Kampf, 1. Dezember 2001 in Dortmund:
IBF-Weltmeisterschaft im Super-Mittelgewicht:
K.o.-Sieg, 10. Runde, über Anthony Mundine (Australien)
Rekord Mundine: 10-0

26. Kampf, 16. März 2002 in Magdeburg:
IBF-Weltmeisterschaft im Super-Mittelgewicht:
3:0-Punktsieg, 12 Runden, über Rick Thornberry (Australien)
120:108, 120:108, 120:108 – Rekord Thornberry: 25-3

27. Kampf, 1. Juni 2002 in Nürnberg:
IBF-Weltmeisterschaft im Super-Mittelgewicht:
3:0-Punktsieg, 12 Runden, über Thomas Tate (USA)
119:108, 118:109, 116:111 – Rekord Tate: 41-6

28. Kampf, 24. August 2002 in Leipzig:
IBF-Weltmeisterschaft im Super-Mittelgewicht:
K.o.-Sieg, 9. Runde, über Joe Gatti (Kanada)
Rekord Gatti: 30-7

29. Kampf, 16. November 2002 in Nürnberg:
IBF-Weltmeisterschaft im Super-Mittelgewicht:
3:0-Punktsieg, 12 Runden, über Rudy Markussen (Dänemark)
116:112, 116:112, 116:112 – Rekord Markussen: 27-0

wero press

Verlag weropress
Schwabenmatten 3
79292 Pfaffenweiler
Tel. 07664/600015
Fax: 07664/8574
postmaster@weropress.de

Weitere lieferbare Bücher - eine Auswahl

- **Mehr als ein Job.** Reinhard Heß - die Autobiographie des Skisprung-Bundestrainers - aufgezeichnet von Egon Theiner. ISBN 3-0809049-4-1
- **Fliegen & Siegen.** 50+1 Jahre Internationale Vierschanzen-Tournee. Robert Kauer, Raymund Stolze, Klaus Taglauer. Neuauflage des offiziellen Jubiläumsbuches. Hannawalds „Grand Slam". ISBN 3-9806973-9-8
- **Der Feuerkopf. Gold, Silber, Bronze.** Versch. Autoren u.a. Hans-Reinhard Scheu, Werner Kirchhofer (†), Oskar Beck und Martin Hägele. Beiträge von Dieter Thoma, sowie Bundestrainer Reinhard Heß. Die Lebensgeschichte des Skispringers Dieter Thoma. ISBN 3-9805991-0-0
- **Menschen, Tore & Sensationen.** Günter Netzer, Waldemar Hartmann, Robert Kauer, Wolfgang Jost. WM 1930 - 2006, Geschichte und Geschichten. ISBN 3-9806973-7-1
- **Titel, Tränen & Triumphe.** Robert Kauer, Wolfgang Jost. EM 1960 - 2000. Geschichte und Geschichten. ISBN 3-9806973-5-5
- **Verletzt...was tun?** Sportverletzungsratgeber von Dr. H.-W. Müller-Wohlfahrt/H.J. Montag (†). ISBN 3-9806973-1-2
- **Injured...what now?** Dr. H.-W. Müller-Wohlfahrt/H.J. Montag (†). Englische Ausgabe des deutschen Bestsellers „Verletzt...was tun?". ISBN 3-9806973-2-0
- **Der Trainer oder die andere Seite des Fußballs.** Frank Nägele. Roman aus der Welt des Profifußballs. ISBN 3-9805310-2-3
- **Das Kapital der Trainer.** Hirt/Ebner. Handbuch (Kunstleder, attraktive Ausführung) für Fußballtrainer. ISBN 3-9805310-1-5
- **Stuttgart kommt...der VfB.** Beck/Hägele/Schulze. Fußballbuch über die Geschichte des VfB. ISBN 3-9805310-6-6
- **Müsli, Steilpaß, Tor.** Roy Kieferle. Ernährungsratgeber, auch für Hobby-Sportler. ISBN 3-9805991-2-4
- **Lächeln mit den Bayern.** Uwe Fajga. 111 lustige Geschichten über Deutschlands berühmtesten Fußballverein. ISBN 3-9806973-8-X
- **Jahrhunderthelden.** Oskar Beck. Packende Stories über die Helden des Sports. ISBN 3-9805991-7-5
- **Mit Spaß zum Erfolg.** Sepp Maier. Modernes Torwart-Training mit dem Fußballweltmeister. ISBN 3-9805991-5-9
- **Die Droge Eishockey.** Günter Klein. Kritischer Report über die schnellste Sportart der Welt. ISBN 3-9805991-8-3
- **Feuer auf Eis.** Adolfo Salzer. Geschichten, die nur das Eishockey schreibt. ISBN 3-9806973-6-3
- **Höher, Schneller, Weiter.** Karl Roithmeier. Präsentiert von Gerd Müller. Die tollsten Sportrekorde von A - Z. ISBN 3-9805991-6-7

• Bücher • online-shop • Bücher • online-shop • Bücher •

www.weropress.de

Anhang
15. März 2003: Doppelweltmeister und eine Feier mit Früchtetee

Doppelt hält besser

Alle Welt spricht über die zwölfte Runde, ich spreche über zwölf Runden. Ein Kampf, zumindest einer wie ich ihn mir vorstelle, dauert zwölf Runden. Aber bitte: Fangen wir mit Runde zwölf gegen Byron Mitchell an. Mit der letzten Runde im Vereinigungs-Titelkampf im Supermittelgewicht der Weltverbände IBF und WBA. Jene Runde zwölf, in der ich 10.500 Zuschauer in der Max-Schmeling-Halle und fast zehn Millionen an den Fernsehschirmen an jenen Punkt mitgenommen habe, den ich selbst die Hölle nenne. Jener Punkt, an dem ein Boxkampf schief gehen kann.

Diese kurz geschlagene Rechte von Mitchell habe ich kaum gesehen. Erst im allerletzten Moment war mir klar: Hoppla, da trifft was. Aber man merkt an meiner Reaktion, dass ich nicht darauf gefasst war. Wie jeder, der dieses Buch bis hierher gelesen hat, weiß, schaue ich mir meine Kämpfe grundsätzlich nicht noch einmal auf Video an. Ich sammle lieber meine Kräfte für die nächste Aufgabe. Aber mindestens 200 Menschen haben mir erzählt, dass es ausgesehen haben muss, als würde ich ungebremst gegen eine Wand laufen. Dass ich dann im Rückwärtsgang im wahrsten Sinn des Wortes geflüchtet bin, Mitchells wilden Schwingern ausweichen konnte, noch einmal nach vorne gestolpert bin, um ihn festzuhalten und dann – allerdings so 60, 70 Sekunden nach dem verdammten Treffer – wieder souverän die Kampfführung übernommen habe.

In mir drin sah das so aus: Nach so einem Ding spürt das Hirn nichts außer der Gefahr, vielleicht noch eine Hand mitzunehmen. Ich war getroffen, aber in jeder Sekunde klar. Kein Schmerz, kein Ausfall des Systems, kein Filmriss – aber ein grellrotes Alarmlicht im Kopf. Aufpassen, du Dummkopf, mach' den Laden dicht. Selbst der Stolperer war mir bewusst. Wir waren im Clinch, Mitchell ging einen Schritt zurück und ich wurde mitgezogen. Völlig undramatisch – im Gegenteil: So etwas bringt wichtige Sekunden. Ich habe natürlich mitbekommen, wie die Leute geschrieen habe. Aber das war nur Getöse. Wirklich gehört habe ich nur meinen Trainer. Auf Ullis Stimme bin ich irgendwie eingestellt, so dass seine Kommandos selbst beim größten Lärm durchkommen. „Lauf, lauf weg", hat er gebrüllt. Aber das war sowieso angesagt.

Irgendwann, in der Halle war immer noch riesengroße Aufregung, kam dann für mich persönlich die Entwarnung. Es klingt verrückt: Aber ich habe an Mitchells Augen gesehen, dass er sein letztes Pulver verschossen hatte. Er konnte keine weiteren Treffer landen und hatte, das muss so eine Minute vor dem Schlussgong gewesen sein, diesen Blick, der ausdrückte: „Mist. Der steht ja immer noch." In dieser Sekunde hat er etwas getan, was er elf Runden und zwei Minuten nicht getan hat. Er hat aufgegeben. Byron Mitchell hat die Segel gestrichen.

Dann kam der Gong und fast gleichzeitig, so schien es mir, flog mir auch schon der erste Gratulant um den Hals. Es war mein Manager Wilfried Sauerland. Weiß der Himmel, wie Wilfried so schnell durch die Seile und quer durch den Ring gekommen ist. Für mich war in diesem Moment alles klar. Ich hatte gewonnen. Ich hatte dieses riesengroße Ziel erreicht. Dann kam auch Mitchell und sagte etwas was klang wie: „You are the champ." Du bist der Champion, wenn ein Gegner das sagt, ein starker, super trainierter und hoch eingeschätzter Gegner, ist das ein ganz süßes Bonbon.

Es ist schon lustig. Während die Halle mich gefeiert hat, ist bei mir der Ärger hochgekrochen. Ich hätte mich noch im Ring in den Hintern gebissen, wenn ich diesen Kampf in der letzten Runde hergeschenkt hätte. Weil eigentlich alles so gelaufen ist, wie ich mir das vorgestellt hatte. Am Punkturteil für mich kann es nicht den geringsten Zweifel geben. Ich lache über den angeblich Unparteiischen, der den Kampf mit vier Runden für Mitchell gewertet hat: Mister Condé-Lopez aus Puerto Rico. Schade, dass ich ihn nicht mehr persönlich getroffen habe. Ich hätte ihm gerne über die Straße geholfen – alleine findet er seinen Weg bestimmt nicht. Aber im Endeffekt ist das egal. Ulli und ich hatten Mitchell perfekt analysiert. Ich wusste, dass er nicht die beste Verteidigung hat und dass ich mit schnellen Schlagserien punkten konnte. Genau so ist es gekommen.

Meiner Meinung nach habe ich – außer der zwölften Runde – allenfalls in den Runden drei, vier und fünf Nachteile gehabt. Der Rest gehörte mir. Ein „zu Null" gegen einen Weltmeister-Kollegen konnte ja wirklich niemand erwarten.

Vor allem nicht nach dem Vorgeplänkel. Genauso wie ich mich über die Anerkennung aus dem Mitchell-Lager nach dem Kampf gefreut habe, genauso komisch und gefährlich fand ich die Freundlichkeit meines Gegners vor dem Duell. Ich war überrascht und ehrlich gesagt sogar sauer auf meinen Manager, dass ich erst in der Pressekonferenz zwei Tage vor dem Kampf von der Punktrichter-Besetzung erfuhr. Zwei Herren von der WBA und dazu dieser Typ aus Puerto Rico,

Ein erhebendes Gefühl: Meine Doppel-Weltmeister-Feier im Ring. Auf den Schultern von Security-Chef Peter Althof und in den Armen von Ulli Wegner. Meine Frau, die zwölf Runden lang tausend Tode gestorben ist, kann auch schon wieder jubeln.

Ein hartes Stück Arbeit: Meine schnellen Trefferserien waren gegen Byron Mitchell der Schlüssel zum Erfolg. Elf Runden lang lief alles nach Plan, ich konnte die wichtigen Treffer setzen. Über die zwölfte Runde werde ich mich noch jahrelang ärgern.

Eine kurze Nacht: Zuerst ste
das Relaxen in der Kabine a
(kleines Bild oben rechts, m
Gabi und meinem Manage
Wilfried Sauerland), dan
kommen die ersten Gratu
lanten (kleines Bild links m
meinem neuen Sponso
Peter M. Zimmermann). Au
der VIP-Party begann dan
der lockere Teil des Abend
(oben mit den Schauspiele
innen Michaela May und Ge
Kling, unten mit Gabi sow
Jochi und Wilfried Sauerland

dessen Namen ich nicht mehr nennen will. Der trug zwar das IBF-Abzeichen, hatte aber zuvor immer bei WBA-Weltmeisterschaften seine Spesen kassiert. Eigentlich war der Kampf eine reine WBA-Veranstaltung.

Also habe ich mir Mitchells gute Laune und seine Herzlichkeit auf eine wenig beruhigende Weise erklärt: Der weiß schon, dass alles für ihn geregelt ist und bleibt deswegen so locker. Tja, war wohl nicht so – Byron Mitchell hat sich als echter Gentleman präsentiert. Aber, so komisch es klingt: Mein leichter Verfolgungswahn war eine wichtige Motivationshilfe. Ich war super konzentriert, was sich alleine daran ablesen lässt, dass ich an den Kampftag so gut wie keine Erinnerungen habe. Bis auf die Tatsache, dass mein Lieblingsverein Borussia Mönchengladbach eine böse Klatsche in der Bundesliga bekommen hat. Aber ich weiß nicht mal mehr, gegen wen. Der psychische Druck vor dieser Doppel-WM war schon enorm. Selbst bei meinem allerersten Titelkampf im Oktober 1998 hatte ich weniger zu verlieren.

Ich habe mich immer noch nicht ganz von dem Ereignis des Mitchell-Kampfes gelöst. Jetzt, in diesem Moment, in dem mein Co-Autor und ich an diesem schnellen Zusatzkapitel arbeiten, genieße ich die Anerkennung und Wertschätzung der Fans und der Medien. Aber mit einem großen Schuss Realitätssinn. Die BZ in Berlin hat mich als neuen Max Schmeling gefeiert. Bei der Deutschen Presse-Agentur lautete der erste Satz, ich sei der bessere Henry Maske. Das ist nett formuliert, das ehrt mich, aber sorry: Ich will kein neuer Soundso oder besserer X-Ypsilon sein. Ich mache mein Ding. Mit Genugtuung, mit einem kleinen Schuss Euphorie, aber auch mit Realitätssinn.

Denn im nächsten Kampf setze ich alles wieder neu aufs Spiel. Wenn der Ringrichter das Kommando gibt, hilft mir keine Schlagzeile mehr. Und ich glaube nicht, dass sich ein Gegner davon beeindrucken lässt, wenn ich ihm zurufe: Hey, ich war aber in der Johannes-B.-Kerner-Show. Im nächsten Kampf muss ich nur eines tun: Beweisen, dass ich besser bin und die Weltmeister-Titel zu Recht trage. So einfach und hart ist das in meiner Sportart.

Sie hätten mich sehen sollen in der Nacht nach dem Sieg über Mitchell. Den WBA-Gürtel hatte einer von Mitchells Co-Trainern wieder abgeholt, ich bekomme irgendwann ein Original zugeschickt. Ich hatte erstaunlich wenig Probleme mit der Dopingprobe: Liefertermin war exakt um 1:12 Uhr, falls es jemand interessiert. Dann ging's zur Presskonferenz, kurz in den VIP-Bereich und dann endlich ins Hotel Hamburg.

Dort saß ich noch ein Stündchen bei meinem Jugendfreund Christian. Genauer gesagt, ich saß am Boden vor dem Tisch, um mich mit

„Crilles" kleiner Tochter Nina unterhalten zu können. Sie hat mich ausgefragt, ob es denn schlimm gewesen sei. Ob es denn noch weh tun würde. Und warum ich überhaupt immer wieder boxen würde. Sie hat mir erzählt, wie sie mitgezittert hat. Aber dann wollte sie auch alle Neuigkeiten über meine Tochter Rebecca wissen, die genauso alt ist wie Nina. Alles über die Lieblingsfächer in der Schule, Hobbys und so. Und wann sie sich endlich mal wiedersehen können. Ich habe ein Kännchen Früchtetee getrunken und ihr immer geantwortet. Dankenswerter Weise haben mich die Menschen drumherum weitgehend in Ruhe gelassen. Das waren wunderbare Minuten der Entspannung. Auch wenn Sie sich sicher unter einer Doppel-Weltmeister-Siegesfeier etwas anderes vorgestellt haben. Aber Feuerwerk, Badewannen voll Champagner oder Table Dance hat es nicht gegeben. Brauche ich nicht.

Gegen vier Uhr bin ich hoch aufs Zimmer, habe schon geschlafen, als Gabi ein wenig später nachkam. Doch schon um acht Uhr bin ich hellwach hochgeschreckt. Das ist dieser Zeitpunkt, in dem das Adrenalin verrückt spielt. Plötzlich spürt man alles doppelt intensiv. Jeder Zentimeter Haut, jede einzelne Faser der Muskeln brennt wie Feuer. Also bin ich leise aufgestanden, um Gabi nicht zu wecken, habe meine Laufschuhe genommen und bin eine Stunde durch den Berliner Tiergarten gejoggt. Ich habe erstaunlich viele Menschen getroffen, aber niemand hat gegrüßt. Das konnte keiner glauben, dass dort Sven Ottke läuft.

Aber ich war es wirklich. Während dieser gut zehn Kilometer lief noch einmal ein ganzer Film in meinem Gehirn ab. Meine hartnäckige Erkältung, die den ganzen Januar über mit bestimmt 30 Vitamin-Infusionen bekämpft wurde. (Ich hasse Spritzen und Kanülen.) Die super Vorbereitung in Kienbaum, wo man mir als zusätzliche Grippe-Vorsorge immer Berge von frischem Obstsalat hingestellt hat. Die 1000 Interviews im Medientrubel von Berlin. Mein neuer Sponsor www.sv-ag.com, dessen Schriftzug auf dem Rücken ich immer wieder im Spiegel gecheckt habe. Die Nationalhymnen als Streichkonzert. Ullis ruhige Kommandos in der Ecke. Mein super Gefühl bis zur elften Runde. Dieser abgefuckte Fehler. Und dann mein Jubelschrei nach der Urteilsverkündung. Zusammen ergibt das als Lohn für alle Strapazen zwei Weltmeistergürtel um den Bauch. Doppelt hält besser.

Als ich nach meinem Morgenlauf ins Hotel zurückkam, fragte mich einer der Angestellten völlig verdutzt: Herr Ottke, wo kommen Sie denn her? Die Antwort lautet: Von verdammt weit her. Von einer wunderschönen Reise. Und ich verspreche: Das war immer noch nicht der Schlusspunkt.